2014

人类绿色发展报告

HUMAN GREEN DEVELOPMENT REPORT 2014

北京师范大学经济与资源管理研究院
西南财经大学发展研究院　　著

联合国工业发展组织—
联合国环境规划署绿色
工业平台中国办公室

亚太绿
色发展
中　心

城市绿色发展
科技战略研究
北京市重点实验室

联袂
支持

北京师范大学出版集团
BEIJING NORMAL UNIVERSITY PUBLISHING GROUP
北京师范大学出版社

U0731566

图书在版编目（CIP）数据

2014人类绿色发展报告／北京师范大学经济与资源管理研究院，西南财经大学发展研究院著. —北京：北京师范大学出版社，2014.10
（当代中国发展报告）
ISBN 978-7-303-12667-5

Ⅰ.①2… Ⅱ.①北… ②西… Ⅲ.①绿色经济—经济发展—研究报告—世界—2014 Ⅳ.①F113.3

中国版本图书馆CIP数据核字（2014）第032801号

营 销 中 心 电 话	010-58802181 58805532
北师大出版社高等教育分社网	http://gaojiao.bnup.com
电 子 信 箱	gaojiao@bnupg.com

2014 RENLEI LÜSEFAZHAN BAOGAO

出版发行：北京师范大学出版社 www.bnup.com
　　　　　北京新街口外大街19号
　　　　　邮政编码：100875

印　　刷：北京鹏润伟业印刷有限公司
经　　销：全国新华书店
开　　本：210 mm×285 mm
印　　张：15.25
字　　数：340千字
版　　次：2014年10月第1版
印　　次：2014年10月第1次印刷
定　　价：55.00元

策划编辑：马洪立	责任编辑：戴　轶
美术编辑：焦　丽	装帧设计：焦　丽
责任校对：李　菡	责任印制：陈　涛

总负责人

李晓西　北京师范大学经济与资源管理研究院名誉院长
　　　　西南财经大学发展研究院院长

参与讨论和评审的专家学者

Wilfried Luetkenhorst　德国发展研究所研究员

盛馥来　联合国环境规划署高级经济专家

张世钢　联合国环境规划署驻华代表

张金华　联合国环境规划署亚太办事处项目官员

王　东　联合国开发计划署项目官员

Gorild Heggelund　联合国开发计划署高级气候变化顾问

李　琳　世界自然基金会中国副首席代表

吴昌华　气候组织大中华区总裁

王　圳　联合国工业发展组织项目干事

马　健　联合国工业发展组织驻华代表处项目官员

朱春全　世界自然保护联盟驻华代表

韩国义　瑞典斯德哥尔摩国际环境研究院高级研究员

刘　伟　北京大学副校长

郝芳华　北京师范大学副校长

边慧敏　西南财经大学副校长

卢　迈　中国发展研究基金会秘书长

夏　光　环境保护部环境与经济政策研究中心主任

潘家华　中国社会科学院可持续发展研究中心主任

黄　平　中国社会科学院美国研究所所长

王　毅　中国科学院科技政策与管理科学研究所副所长

薛　澜　清华大学公共管理学院院长

马　中　中国人民大学环境学院院长

宋旭光　北京师范大学国民核算研究院院长

张世秋　北京大学环境科学与工程学院教授

施发启　国家统计局经济核算司首席统计师

参与修订指标解释的专家学者

杜育红　北京师范大学教育学部教授

张正旺　北京师范大学生命科学学院教授

田贺忠　北京师范大学环境学院教授

张　琦　北京师范大学经济与资源管理研究院教授

王红瑞　北京师范大学水科学研究院教授

张生玲　北京师范大学经济与资源管理研究院教授

张占军　北京师范大学脑与认知科学研究院副教授

王天明　北京师范大学生命科学学院副教授

王　诺　北京师范大学经济与资源管理研究院副教授

林卫斌　北京师范大学经济与资源管理研究院副教授

研究助理

刘一萌　宋　涛

研究团队成员

刘一萌　白瑞雪　李　晶　荣婷婷　宋　涛　李　菲

晏　凌　蔡　宁　刘　杨　李英子　吴依桐　闵德龙

前面的话

　　首先，我要向关注与支持本报告研究的专家学者们表示最衷心的感谢。我对联合国副秘书长和联合国环境规划署执行主任阿奇姆·施泰纳先生的支持深为感谢。今年2月我在哈佛大学访问期间，与施泰纳先生沟通了本研究的进展情况，他回信对我们从事人类绿色发展研究表示了赞同与鼓励，同时还对我们持续推进中国绿色发展的相关研究寄予了很大的期望。感谢联合国秘书长特别顾问、联合国可持续发展行动网络（SDSN）主任、哥伦比亚大学杰弗里·萨克斯教授对我们的这项研究给予了很大的肯定和鼓励，认为本报告"是对可持续发展目标（SDGs）的重要贡献"。早在本报告出版之前，他就将本报告的初稿及时与他在SDSN的同事分享。我还要由衷地感谢参与本报告讨论评审以及指标解释修订的所有专家学者，他们分别来自联合国环境规划署（UNEP）、联合国开发计划署（UNDP）、联合国工业发展组织（UNIDO）、世界自然基金会（WWF）、世界自然保护联盟（IUCN）、气候组织、瑞典斯德哥尔摩国际环境研究院等国际机构，以及国家统计局、环境保护部环境与经济政策研究中心、中国发展研究基金会、中国科学院、中国社会科学院、北京大学、清华大学、中国人民大学、北京师范大学、西南财经大学等国内政府政策部门、学术研究机构和大学。专家们从各自的专业领域角度出发，在本研究的不同阶段提供了非常有价值的意见，他们的智慧为本报告的完善做出了重要贡献。

　　感谢北京师范大学和西南财经大学对本研究的支持，为本研究提供了良好的条件。北京师范大学生命科学学院、环境学院、教育学部、脑与认知科学研究院、水科学研究院、经济与资源管理研究院等院系的多位教授直接参与了报告指标解释的修订，西南财经大学为本研究提供了经费支持。感谢参与本报告写作的研究团队所有成员，他们对本研究投入了大量的有益工作。正是由于每一位成员的努力与辛勤工作，报告才最终得以顺利完成和出版。感谢北京师范大学出版社和德国Springer出版公司对本报告出版所给予的支持。来自北京师范大学副校长、北京师范大学出版集团董事长杨耕教授，北京师范大学出版社总编辑叶子老师、副总编辑李艳辉老师等的大力支持，北京师范大学出版社马洪立老师、谢曦老师、戴轶老师以及 Springer 出版公司负责本出版项目的 S. Rajeswari 等多位出版社工作人员的高效沟通与工作是本报告顺利出版的基础。

2014 年 9 月 14 日

导　言

联合国 2000 年启动的千年发展目标(MDGs)将在 2015 年到期,如何接续这个宏伟的规划,进一步促进人类的可持续发展,已成为全世界关注的大事。可持续发展是人人共同分享经济增长且与地球无限期和谐的社会发展。2012 年"里约＋20"联合国可持续发展峰会,不仅启动和提倡全球可持续发展目标(SDGs)的讨论进程,而且肯定了绿色经济是实现可持续发展的重要手段之一。在这样的背景下,我们进行了人类绿色发展指数的研究,力求用简明的指标反映各国在提高人类福祉和社会公平的同时显著降低环境风险和生态稀缺方面的努力,以配合 SDGs 的规划,实现促进激励、共同进步的目的。

人类是从原始社会、农业社会、工业社会一步步发展起来的。人类发展的任何阶段都离不开与自然的关系。在原始社会,人类凭借简单的工具,从大自然获取有限的生存资料而繁衍发展;在农业社会,人类利用自然、开发资源的步伐加快,但这是在生态仍具有活力与恢复能力条件下的继续发展;在工业社会,科技进步加快,大工业改造利用与破坏自然的程度一步步加深,人口膨胀更加剧了人类与地球承载能力的矛盾,人类是否能够可持续发展到今天成为一个问题。

2000 年 9 月,在联合国千年首脑会议上,世界各国领导人就消除贫穷、饥饿、疾病、文盲、环境恶化和对妇女的歧视,商定了一套有时限的目标和指标(MDGs):消灭极端贫穷和饥饿,普及小学教育,促进男女平等并赋予妇女权利,降低儿童死亡率,改善产妇保健,与艾滋病、疟疾和其他疾病做斗争,确保环境的可持续能力,全球合作促进发展。累计有 8 大目标和 53 个指标①被置于全球议程的核心,所有目标的完成时间是 2015 年——这是一幅由全世界所有国家和主要发展机构共同展现的蓝图。"千年发展目标已成为历史上最成功的全球反贫困推动力。在实现多项具体目标方面已取得了重大的实质性进展,包括将生活在极端贫困中的人口减半以及将无法持续获得改善饮用水源的人口比例减半。城市贫民窟居民的比例显著下降。在与疟疾和肺结核的斗争中已取得了卓越的成绩。在卫生及小学教育领域也取得了明显

---

① 联合国千年发展目标(Millennium Development Goals,MDGs)是联合国全体 191 个成员国一致通过的一项行动计划,并于 2000 年 9 月联合国首脑会议上由 189 个国家签署《联合国千年宣言》正式做出承诺。

的进步。"①

联合国高层专家小组正在研讨如何在MDGs取得进展的基础上，拟定"后2015发展议程"和SDGs框架②，向联合国提交一个包括消除贫困、促进男女平等、提供教育机会、确保健康卫生、保障可持续能源、创造就业机会、促进经济增长、维护公平与和平、提升有效管理、全球合作持续发展的全面规划。根据有关文件，这将包括12个大目标，54个子目标。显然，不论是涵盖的内容，还是对行动效果的预期，这都是一个力求超越MDGs的新的行动议程。当然，要制定全面合理的科学规划并一步步有效实施，需要多方配合，群策群力。

我们希望借助"人类绿色发展"的理念及其指数，自觉自愿地参与这项伟大的工程。人类绿色发展指数力求为人类与地球的双重持续发展(Dual-Sustainable Development，DSD)做简单"体检"。在很长一个时间里，地球的可持续发展被理解为从属于人类的可持续发展，被当作人类发展的环境与条件来看待。今天，我们需要更辩证地、更重视地看待地球的可持续问题了：这不仅与人类可持续发展紧密相关，同时，地球本身也应有同人类一样的生存权与发展权，即地球需要保持干净，需要保持生机自调节能力。事实上，早在1980年，联合国环境规划署(UNEP)、世界自然保护联盟(IUCN)和世界自然基金会(WWF)就提出了《世界自然资源保护大纲》，指出："必须研究自然的、社会的、生态的、经济的以及利用自然资源过程中的基本关系，以确保全球的可持续发展。"这里提到的"全球可持续发展"，已包含两个方面持续发展的意思。社会的、经济的，显然是"人类可持续发展"的内容；而自然的、生态的，显然是"地球可持续发展"的内容。如果深化这种理念，就自然涉及当前联合国为2015年后可持续发展规划提出的两个方面，即一方面是全人类要健康地生存，可持续地发展；另一方面则是节约资源与提高利用效率，保护生态环境，使地球健康地生存，可持续地发展。人类绿色发展指数的编制，只是希望通过简明且易形成共识的指标，突出人类与地球的双重持续(DSD)，为绿色发展水平树立一面镜子，鼓舞各国从国情出发，在相应的发展阶段上实现最具可持续能力的发展战略。

我们将人类绿色发展简单地概括为："吃饱喝净、健康卫生、教育脱贫、天蓝气爽、地绿河清、生物共存"，并以此来选择确定12个人类绿色发展的指标。这些指标体现着重视环境保护与发展，体现着重视经济和社会发展。可以说，"人类绿色发

---

① 摘自联合国《2013年千年发展目标报告》"前言"。

② UN High-Level Panel of Eminent Persons on the Post-2015 Development Agenda, *A New Global Partnership*: *Eradicate Poverty and Transform Economics Through Sustainable Development*, Available at: http://www.un.org/sg/management/pdf/HLP_P2015_Report.pdf, 2013-05-30.

展"不仅涉及每一个人，更涉及一代人和未来的人类；不仅指个人的范围或一个区域，更指整个世界基础——地球。

人类绿色发展指数与人类发展指数的关系

联合国开发计划署于1990年首次在对人类发展进行定义后，提出并测度了人类发展指数（HDI）。HDI认为，人类发展并不仅仅是收入、财富的增加，而是人类不断扩大自身需求的过程。对任何一种发展水平来说，人们都有三个基本需求，即获得健康生活水平的需求、获得文化知识的需求以及提高生活品质的需求。根据人均国民收入、出生时预期寿命、学校教育年限（包括平均受教育年限和预期受教育年限）进行测算，并依测算结果，进行人类发展指数的国别排序。因此，HDI以"预期寿命、教育水准和生活质量"三项基础变量组成了综合指标。HDI指标看起来简单，但却是建立在公平、实质自由的正义论和福利经济学基础上的，建立在以"可行能力"为人类发展主要概念的深刻理解上的。HDI的提出，还可以追溯到亚里士多德、康德等早期哲学家的理念，以及亚当·斯密、李嘉图、马歇尔以及马克思等人的贡献。[1]

人类绿色发展指数（HGDI）则是从HDI重点关注人类公平的生存与发展已历20多年之后，在气候变化和环境恶化已对人类造成前所未有威胁的时候，为HDI增加了一个G——Green（绿色），力求在联合国关注人类全面发展的时候，为人类面临的地球危机更集中地表达忧虑。换言之，如果说HDI体现了从"物为中心"到"人为中心"的变化，那HGDI则强调了从"人为中心"到"地球人为中心"的新变化；如果说HDI强调了人类需求的不断扩大，那HGDI则强调了人类需求本身也到了受限制的时候。在提倡"人为中心"的时代，人类总量超过50亿人，地球还可以承受，还可以被"无限索取"，因此强调"人为中心"就可以了；而在"地球人为中心"的今天，人类总量超过70亿人，"当今技术支持下的世界经济已经超出了多个地球极限"[2]，人类与地球的关系出现了危机，处理好人与地球的关系已成为必须强调、必须置疑的核心问题了，成为了实现"人为中心"的关键。

---

① UNDP，*Human Development Report* 1990，Oxford：Oxford University Press，1990：9.
② 地球极限中限定人类在地球体系中的9个安全运行空间：温室气体排放、氮磷负荷、臭氧层枯竭、化学污染、淡水消耗、海洋酸化、土地用途变化、悬浮微粒负荷以及生物多样性损失。参见可持续发展行动网络领导委员会：《可持续发展行动议程》，2013，第2页。

目　录

人类绿色发展指数(HGDI)的理论、编制与测算　　1

人类绿色发展指数(HGDI)指标解释　　19

1. 极端贫困类指标：低于最低食物能量摄取标准的人口比例　　21

2. 收入类指标：不平等调整后收入指数　　34

3. 健康类指标：不平等调整后预期寿命指数　　41

4. 教育类指标：不平等调整后教育指数　　49

5. 卫生类指标：获得改善卫生设施的人口占一国总人口的比例　　56

6. 能源类指标：一次能源强度　　69

7. 气候变化类指标：人均二氧化碳排放量　　83

8. 空气污染类指标：PM$_{10}$　　96

9. 土地类指标：陆地保护区面积占土地面积的比例　　111

10. 森林类指标：森林面积占土地面积的百分比　　124

11. 水类指标：获得改善饮用水源的人口占一国总人口的比例　　136

12. 生态类指标：受威胁动物占总物种的百分比　　149

附录　HGDI 与 IHDI 排名比较　　163

附表　　169

附表 I　人类绿色发展指数 12 个指标 123 个国家数据表　　171

附表 II　人类绿色发展指数 7 个指标 123 个国家 1990—2010 年数据变化表　　196

附表 III　人类绿色发展指数 4 个辅助指标数据表　　223

主要执笔人　　230

表　目

表 0-1　人类绿色发展指数指标体系　　7

表 0-2　资源环境的可持续发展 6 个指标的相关系数　　8

表 0-3　社会经济的可持续发展 6 个指标的相关系数　　8

表 0-4　人类绿色发展指数测评国家　　9

表 0-5　人类绿色发展指数 12 个指标最大值和最小值的选择　　11

表 0-6　123 个国家人类绿色发展指数及排名　　12

表 1-1　极端贫困类指标选择用表　　23

表 1-2　2010 年"低于最低食物能量摄取标准的人口比例"指标排名最低的 20 个国家　　29

表 1-3　1991—2010 年各国"低于最低食物能量摄取标准的人口比例"的动态变化情况　　29

表 2-1　2010 年"不平等调整后收入指数"指标排名最高和最低的 20 个国家　　37

表 2-2　1990—2010 年各国"收入指数"的动态变化情况　　38

表 3-1　2010 年"不平等调整后预期寿命指数"指标排名最高和最低的 20 个国家　　44

表 3-2　1990—2010 年各国"预期寿命指数"的动态变化情况　　45

表 4-1　2010 年"不平等调整后教育指数"指标排名最高和最低的 20 个国家　　52

表 4-2　1990—2010 年各国"教育指数"的动态变化情况　　53

表 5-1　公布该指标的国际组织和机构　　57

表 5-2　使用该指标的世界著名指数和报告　　58

表 5-3　卫生类指标选择用表　　58

表 5-4　2010 年"获得改善卫生设施的人口占一国总人口的比例"指标排名最高和最低的 20 个国家　63

表 5-5　1990—2010 年各国"获得改善卫生设施的人口占一国总人口的比例"指标的动态变化情况　65

表 6-1　国际研究机构报告中"一次能源强度"指标使用情况　　71

表 6-2　世界著名指数中"一次能源强度"指标使用情况　　71

表 6-3　"一次能源强度"指标选择用表　　73

表 6-4　2010 年"一次能源强度"指标排名最高和最低的 20 个国家　　78

表 6-5　1990—2010 年各国"一次能源强度"指标的动态变化情况　　79

表 7-1　气候变化类指标选择用表　　85

表 7-2　2010 年"人均二氧化碳排放量"指标排名最低和最高的 20 个国家　　91

表 7-3　1990—2010 年各国"人均二氧化碳排放量"指标的动态变化情况　　92

表 8-1　各机构/国家制定的 PM 空气质量指导值　　98

表 8-2　综合指数/数据库使用或发布 PM 指标情况　　99

表 8-3　空气污染类指标选择用表　　100

表 8-4　2010 年"PM$_{10}$"年均浓度水平排名最高和最低的 20 个国家　105

表 8-5　1990—2010 年各国"PM$_{10}$"指标的动态变化情况　107

表 9-1　国际上部分使用和公布该指标的机构和数据库　113

表 9-2　国际上部分使用该指标的综合性指数研究　113

表 9-3　土地类指标选择用表　114

表 9-4　2010 年"陆地保护区面积占土地面积的比例"指标排名最高和最低的 20 个国家　118

表 9-5　1990—2010 年各国"陆地保护区面积占土地面积的比例"指标的动态变化情况　119

表 10-1　森林类指标选择用表　128

表 10-2　2010 年"森林面积占土地面积的百分比"指标排名最高和最低的 20 个国家　131

表 10-3　1990—2010 年各国"森林面积占土地面积的百分比"指标的动态变化情况　132

表 11-1　国际上使用和公布该指标的组织、机构　137

表 11-2　以该指标为基础的世界著名指数　138

表 11-3　水类指标选择用表　138

表 11-4　2010 年"获得改善饮用水源的人口占一国总人口的比例"指标排名最高和最低的国家　143

表 11-5　1990—2010 年"获得改善饮用水源的人口占一国总人口的比例"指标的动态变化情况　144

表 12-1　生态类指标选择用表　152

表 12-2　2010 年"受威胁动物占总物种的百分比"指标排名最高和最低的 20 个国家　157

表 12-3　2010 年"受威胁植物占总物种的百分比"指标排名最高和最低的 20 个国家　159

附录表 1　人类绿色发展指数(HGDI)与不平等调整后人类发展指数(IHDI)排名比较　165

附录表 2　HGDI 和 IHDI 排名差异超过 20 位的国家　167

图 目

图 0-1　人类绿色发展指数排名前 20 位和后 20 位的国家　　15

图 1-1　1991—2010 年"低于最低食物能量摄取标准的人口比例"指标变化率最大的国家　　32

图 5-1　1990—2010 年"获得改善卫生设施的人口占一国总人口的比例"指标变化率最大的国家　　67

图 6-1　1990—2010 年"一次能源强度"指标变化率最大的国家　　81

图 7-1　1990—2010 年"人均二氧化碳排放量"指标变化率最大的国家　　94

图 8-1　1990—2010 年"PM_{10}"指标变化率最大的国家　　109

图 9-1　1990—2010 年"陆地保护区面积占土地面积的比例"指标变化率最大的国家　　122

图 10-1　1990—2010 年"森林面积占土地面积的百分比"指标变化率最大的国家　　134

图 11-1　1990—2010 年"获得改善饮用水源的人口占一国总人口的比例"指标变化率最大的国家　　147

人类绿色发展指数（HGDI）的理论、编制与测算

本部分①展示了123个国家绿色发展指数的排序，以及我们为人类与地球的"双重持续发展"（DSD）做出的各国绿色发展"体检表"。这项工作背后有什么理论支撑？根据什么原则和方法来编制指标体系并进行测算？从这项工作的进程中还能为可持续发展目标（SDGs）提些什么建议呢？

>> 0.1 HGDI 的理论支撑点 <<

以下，拟从与阿玛蒂亚·森理论的对比中来说明人类绿色发展指数（HGDI）的理论支撑点。

人类发展指数（HDI）的理论基础是由诺贝尔经济学奖得主阿玛蒂亚·森提出的。他在《以自由看待发展》一书中论证了发展是涉及经济、政治、社会、价值观等众多方面的一个综合过程，它意味着消除贫困、人身束缚、各种歧视压迫、缺乏法治权利和社会保障的状况，从而提高人们按照自己的意愿来生活的能力。阿玛蒂亚·森指出："一个人的'可行能力'（Capability）指的是此人有可能实现的、各种可能的功能性活动的组合。"它既包括"有足够的营养和不受可以避免的疾病之害"等这些"很初级的要求"，也包括"参与社区生活和拥有自尊"等"非常复杂的活动或者个人的状态"。"初级的要求"可与基本的"可行能力"相联系，后者则与自由与公正相联系。可以看到，阿玛蒂亚·森将自由与能力联系起来，用能力来界定、解说自由，从个人的可行能力、实质自由的视角来看待社会的正义。

HGDI 的理解与阿玛蒂亚·森的可行能力理论有三点区别。

第一，阿玛蒂亚·森对人的可行能力解释立足于个人，而 HGDI 对人的可行能力不仅借鉴了对个人的解释，更立足于人类，立足于国家或一类整体。例如，从人的可行能力看，穷人在选择食物上的可行能力低于富人；但若是从人类角度看，不论穷人、富人，进而不论是发展中国家还是发达国家，都必须在地球环境制约下行动，人类的所有行动与活动是在地球上进行的，而各国的行动对本国的影响，受制于全球自然条件变化的影响。进而言之，HGDI 认为，人的可行能力与人的可行条件是不可分割的。人行动不仅需要有能力，更需要有条件，其中地球这个自然条件是最基本的。人活着，首先要吃、穿、住、行，那就要有吃、穿、住、行的基本条件和生存发展环境。

第二，阿玛蒂亚·森认为，人的可行能力不依赖于其拥有的资源，而 HGDI 认为，人类的

---

① 本部分是在李晓西教授主持下完成的。李晓西教授完成了理论与编制思路，蔡宁、宋涛、刘杨几位博士完成了测算的基础工作，项目组成员们则提供了进行测算的各指标，因此，本部分是合作创新的成果。

可行能力必须依赖于相应拥有的资源。按照阿玛蒂亚·森的解释，如果一个身有残疾者，或者一个老者，或者一个疾病缠身者，与一个身体健康者进行比较，即使他拥有超越于健康者之上的基本物品，但在实际生活中他仍然是一个弱者。也就是说，尽管他拥有较多的基本物品，但他仍然缺乏可行能力，缺乏享受自己有理由珍视的生活的实质自由。因此阿玛蒂亚·森指出，应当依据一个人所具有的可行能力，而不是依据其所拥有的资源来判断个人处境。但是，对人类来讲，人类本身是一个整体，面对的地球也是一个整体，判断人类的可行能力不同于判断个人的可行能力，因此必须依据人类所拥有的资源来判断人类如何发展这一问题。

第三，阿玛蒂亚·森认为自由是发展的首要目的，自由也是促进发展的不可缺少的重要手段，人作为发展的主体，在全面的社会交往和变革中发挥主动作用。而 HGDI 认为，人作为发展的主体确实发挥着主动作用，但人类发展中的自由是有限制的，最大的限制来源于人类得以生存与发展的地球。1972 年在斯德哥尔摩举行的联合国人类环境会上对可持续发展理念的讨论，已表明人类对自己的发展方式产生了疑虑，甚至可以说，出现了发展方式的危机。传统的发展模式开始危及人类生存，已出现资源危机、水与土地污染、物种灭绝和森林面积大量减少等严峻形势。一份全球 95 个国家的 1 360 名科学家联合研究提交的报告指出，目前人类活动已使地球上约 2/3 的自然资源面临枯竭。① 人类已走到十字路口，面临着生存还是死亡的选择。在这种历史性选择面前，人类已没有了太多自由。

综上，HDI 关注人的可行能力，而 HGDI 还关注地球支持人类发展的可行能力。

那么，什么是"人类的可行能力"？美国著名心理学教授理查德·M. 勒纳在其《人类发展的概念与理论》一书中写道："促进人类发展的行为是从哪里来的？大体上说，人类行为的唯一来源无非是人的基因遗传（天性）及其所处的环境经历和情境（教养）影响……这两类因素（遗传和环境）的交互作用共同解释了行为发展。"②他还说："从最普遍的意义上讲，发展意味着变化，但是，虽然有发展的地方一定有变化，但并不是所有的变化都是发展性的……发展这一概念意味着结构在一段时间之内发生的系统和延续性变化。"③这些观点对于我们理解"人类可行能力"是有意义的。他告诉我们，可行能力是人类行为的能力，而这取决于"天性"与"环境"两类因素的交互作用。换言之，在讨论"人类发展行为与能力"时，至少需要两个维度，应把"天性"即"发展的本体"与"发展的环境"都考虑进去，而发展的本体与客体在相互作用中有规律性的、可持续的变化才构成了真正科学意义上的人类发展。

综上，人类生存与发展，既需要有人类的行为或借用阿玛蒂亚·森的人的"可行能力"，同时也必须考虑到人类生存与发展的环境。人与自然的相互作用和关系，使得二者均得以可持续，才构成了"发展"。人是大自然生命进化的产物，"天人合一"是中国古人对人与自然关系最富哲

---

① 《科学家联合研究结果：全球 2/3 自然资源面临枯竭》，来源于搜狐新闻中心，载 http://news. sohu. com/20050331/n224942853. shtml，2005-03-31。

② ［美］理查德·M. 勒纳：《人类发展的概念与理论》，北京，北京大学出版社，2011，第 17 页。

③ 同上书，第 19 页。

理的表达。HGDI 相比 HDI 多出的"G——Green",就在强调人与环境的关系。进而言之,HGDI的理论基础是整个人类与自然的永久性的共存、发展与演进,是强调人类发展权利不能突破地球供给能力的极限。2015 年以后,人类如何生存与发展,不仅仅取决于人类自身的制度安排与技术创新,关键是如何与地球和谐相处。

需说明的是,HGDI 虽扩展了 HDI 的理论约束条件,但并未否定 HDI 关于人类发展,从以财富为中心,到以人为中心转变的理念宗旨。恰恰相反,HGDI 继承了 HDI 的理念及其指标,如在测算 HGDI 指数时,借用了 HDI 对不平等调整后的三大指标。

>> 0.2 HGDI 的编制原则 <<

HGDI 的编制原则包括以下几个方面。

0.2.1 有效但有限的原则

HGDI 指标体系的建构是为了全面配合联合国可持续发展和环境保护"后 2015 议程"的研究,做有效但有限的工作。我们的研究试图达到促进各国绿色发展的有限目的,而不是通过 HGDI 的排名替代绿色GDP核算、绿色绩效评估,更不是对联合国为 2015 年后可持续发展规划做全面解读。我们的报告仅仅为方便各国理解与推广,鼓励先进,促进后进,有效推进人类的绿色发展,树立一面镜子让大家进行比照。正因为如此,本书力求用最基本、最重要的要素来测度人类绿色发展水平。

0.2.2 绿色与发展相结合的原则

只讲绿色不讲发展,是缘木求鱼;只讲发展不讲绿色,是竭泽而渔。① 绿色发展的核心是"既要绿色,又要发展",实现"绿色"与"发展"的和谐并进。提出绿色发展的背景是经济增长与资源、环境、生态之间的矛盾,但这并不表示我们否定经济增长,而是在寻求一种新的经济增长方式。绿色发展首先是一个发展问题,没有发展,就没有绿色发展。发展在未来相当长一段时间内仍然是世界的主旋律,而绿色发展是要将发展的主旋律谱以绿色的音符。不论是发达国家还是发展中国家,持续健康的经济发展都是重要的,而资源、环境、生态的可持续也是很重要的。虽然各国面临的主要问题有所不同,但是绿色发展应该是共同的主题,绿色经济成果为我们构筑共同期待的未来。

0.2.3 共同责任与同等测度原则

1992 年《联合国气候变化框架条约》提出,发达国家和发展中国家在应对气候变化时承担"共

---

① 周生贤:《离开环保谈经济发展是"竭泽而渔"》,载《求是》,2011(4)。

同但有区别的责任",这是非常重要的。这不仅有助于保护全球环境,同时也有助于保护发展中国家发展经济的权利。要指出的是,我们的报告不涉及对不同国家发展规划和措施的直接评价,而是根据共同指标来进行相对性的排名,因此它执行的是同等测度的原则。我们希望不同发展阶段的国家在绿色发展阶段互相学习和借鉴,多一点支持少一点指责,以促进全球的绿色发展事业。当然,我们仍要强调,在实际执行中,要依经济发展阶段与国情不同而有所区别,即强调实践中"有区别"的一面。

0.2.4 人类发展的包容与公平原则

亚洲开发银行 2007 年提出了包容性增长的概念,其实质就是共享式的发展。这个理念已成为国际社会共识,成为联合国的主张。"包容性增长"强调要公平合理地分享经济增长成果;强调在经济发展的同时,要获得社会的发展和人的发展[①];强调最大限度地创造就业机会,确保民众基本福利和在整个发展过程中的机会平等、公平参与,推动社会公平发展。而"人类绿色发展"除了要求经济增长的资源节约与环境友好,同样要求社会发展的平等与公平。包容与公平是人类发展的目标之一,也是绿色发展的内在要求。HGDI 的指标,尤其是其中的社会经济发展指标,均体现着包容与公平精神,比如,让人们都能吃饱和喝上干净水的指标,就体现着"初级公平"的要求。

>> 0.3 HGDI 的指标选择及指标体系构建 <<

直接或间接反映人类绿色发展的评价体系相当多,如福利类指数、绿色经济指数、环境资源生态指数等,涉及多达 20 个以上的指标体系。在研究中,仅用于比较的绿色经济指标就包括世界银行(WB)的"财富核算与生态系统服务评价"(WAVES)、联合国环境规划署(UNEP)的绿色经济指标使用指导、经济合作与发展组织(OECD)的绿色增长指标、欧洲环境署(EEA)的绿色经济指标、全球绿色经济指数(GGEI)等。如何在各类指标体系的比较研究中,形成一种别具特色又有实用性的绿色发展指数,显然是需要探索的。这个新指数的特色应在于易于操作和通俗易懂,应以最简明的方式反映人类绿色发展水平,不宜因过分强调全面而难以理解和实施。这方面,联合国开发计划署(UNDP)所做的 HDI 给了我们很大的启发。更要提及的是,千年发展目标(MDGs)和 SDGs 的设想对我们的指标选择有更为直接的帮助。

研究工作伊始,我们便大范围、多角度、全方位地搜集各类指标,并对全球影响力较大的指标体系进行深度剖析,从中研学指标的选用方式。根据人类绿色发展的基本内容,我们确定

① 引自 2011 年 4 月 15 日胡锦涛同志在博鳌亚洲论坛年会开幕式上的讲话。

了社会经济的可持续发展和资源环境的可持续发展两大类维度的 12 个领域。在每个领域中普选的相关指标多者达到 40 个，少者达到 20 个，经多次集体讨论、反复比较、认真研究，最终筛选确定每个领域 1 个最经典、最具代表性的指标。

为便于各国的使用和理解，我们选取的指标尽量是单一指标。为保证指标的权威性和数据的持续可得性，我们的指标均源自国际组织公开出版的年鉴或数据库。

在以上 12 个指标的基础上，我们构建了人类绿色发展指数指标体系，如表 0-1 所示。

表 0-1　　　　　　　　　　　　　　人类绿色发展指数指标体系

人类绿色发展两个方面	人类绿色发展12个领域	指标名称	指标属性	指标权重（%）
人类绿色发展指数（社会经济的可持续发展）	极端贫困	低于最低食物能量摄取标准的人口比例	逆	8.33
	收　入	不平等调整后收入指数	正	8.33
	健　康	不平等调整后预期寿命指数	正	8.33
	教　育	不平等调整后教育指数	正	8.33
	卫　生	获得改善卫生设施的人口占一国总人口的比例	正	8.33
	水	获得改善饮用水源的人口占一国总人口的比例	正	8.33
资源环境的可持续发展	能　源	一次能源强度	逆	8.33
	气候变化	人均二氧化碳排放量	逆	8.33
	空气污染	PM_{10}	逆	8.33
	土　地	陆地保护区面积占土地面积的比例	正	8.33
	森　林	森林面积占土地面积的百分比	正	8.33
	生　态	受威胁动物占总物种的百分比	逆	8.33

如表 0-1 所示，人类绿色发展指数指标体系从"吃饱喝净、健康卫生、教育脱贫、天蓝气爽、地绿河清、生物共存"6 个人类绿色发展的初级目标和基本条件出发，选择了两个维度，共 12 个领域的指标来衡量各国的绿色发展水平。

在权重设定方面，鉴于各指标要素的影响和作用可能并不相同，为了保证指数测度的公平客观，课题组充分参考国内外相关研究成果，组织国内、国外专家研讨会 3 次，对各指标的重要程度进行论证，并采用类似"德尔菲法"进行权重分配。

我们同时考虑到，如果这些指标之间存在着不等的相关性，是否按不等权重处理更科学？相关性高的指标可以权重低一些，如森林、生态和土地，给人们直观的感觉是，它们相关性会高一些，因此，这几个指标的权重是否可略低一点；反之，相关性不高的指标可否权重高一些？鉴于这种考虑，课题组用 SPSS 20 等多种工具分别计算并比较两大维度各 6 个指标之间的相关系数。结果显示，资源环境的可持续发展 6 个指标之间的相关系数多在 0.2 以下，如表 0-2 所示。

表 0-2   资源环境的可持续发展 6 个指标的相关系数

N＝123	气候变化	空气污染	森　林	生　态	土　地	能　源
气候变化	1.000	−0.023	−0.164	0.003	−0.054	−0.006
空气污染	−0.023	1.000	−0.249	−0.096	−0.138	0.031
森　林	−0.164	−0.249	1.000	−0.079	0.399	0.025
生　态	0.003	−0.096	−0.079	1.000	−0.111	−0.217
土　地	−0.054	−0.138	0.399	−0.111	1.000	0.127
能　源	−0.006	0.031	0.025	−0.217	0.127	1.000

从表 0-2 中看到，资源环境的可持续发展 6 个指标之间的相关系数超过 0.3 的仅有一组：森林和土地为 0.399，相关度是低的，其余指标之间的相关度就更低了，且每个指标的重要性难分高低。

相比之下，社会经济的可持续发展 6 个指标的相关系数相对较高，如表 0-3 所示。

表 0-3   社会经济的可持续发展 6 个指标的相关系数

N＝123	水	卫　生	健　康	教　育	收　入	贫　困
水	1.000	0.712	0.741	0.611	0.584	−0.622
卫　生	0.712	1.000	0.839	0.771	0.727	−0.650
健　康	0.741	0.839	1.000	0.766	0.764	−0.660
教　育	0.611	0.771	0.766	1.000	0.786	−0.569
收　入	0.584	0.727	0.764	0.786	1.000	−0.596
贫　困	−0.622	−0.650	−0.660	−0.569	−0.596	1.000

表 0-3 显示，社会经济的可持续发展 6 个指标相关度超过 0.7 的有：水与卫生相关度为 0.712，水与健康相关度为 0.741，卫生与健康相关度为 0.839，卫生与教育相关度为 0.771，卫生与收入相关度为 0.727，教育与健康相关度为 0.766，收入与健康相关度为 0.764，收入与教育相关度为 0.786。但考虑到社会经济指标间紧密的联系，而且每个指标在各自领域都具有很强的代表性，因而降低某一指标的权重似不妥。

总的来说，"社会经济的可持续发展"和"资源环境的可持续发展"两个维度突出了人类与地球双重可持续发展的同等重要性。综合多领域专家们的意见，"社会经济"和"资源环境"对可持续发展同等重要，因此二者各享 50％的权重。

每个维度的 6 个下属指标从不同领域、不同角度阐释和反映了"社会经济"和"资源环境"的发展状况，表明每个人类绿色发展领域同等重要，难分轻重。因此，这两个维度下的 6 个指标也都进行均权处理，每个三级指标的权重为 8.33％。当然我们也认为，等权重这种简明的方法会有一定的不足之处，在没有更好的方法进行权重差别处理的情况下，本报告暂且接受之。

还要说明的是，在确定每一绿色发展领域的主指标以后，如果该领域还有其他同样具有代表性的指标，我们则将其作为辅助指标对该领域的研究进行补充说明。12 个领域中，根据信息的完整性，我们最终选取了 4 个辅助指标，分别是：森林领域的"其他林地面积占土地面积的百分比"指标，生态领域的"受威胁植物占总物种的百分比"指标，能源领域的"可替代能源和核能占能源使用总量的百分比"指标，卫生领域的"城市垃圾回收率"指标。但受指标所覆盖国家的数量和统计数据的时段限制，可供筛选的辅助指标太少。

为分析近年来每个国家在某一领域的改善与发展情况，在数据可以获得的前提下，我们还收集了主指标自 1990 年以来的动态变化数据，作为动态指标深入研究。12 个领域中，根据信息的完整性，我们最终选取了 7 个动态指标，分别是：气候变化领域的"人均二氧化碳排放量动态变化"指标，空气污染领域的"PM_{10}动态变化"指标，森林领域的"森林面积动态变化"指标，土地领域的"陆地保护区面积占土地面积的比例动态变化"指标，水领域的"获得改善饮用水源的人口占一国总人口的比例动态变化"指标，卫生领域的"获得改善卫生设施的人口占一国总人口的比例动态变化"指标，能源领域的"一次能源强度动态变化"指标。辅助指标和动态指标的详细解释参见本报告中"指标解释"部分。

>> **0.4 HGDI 测评国家选择** <<

我们的报告对世界 123 个国家的 HGDI 进行了测评。测评国家的选择基于两个原因：首先是数据的完整性，进入测评的国家必须有 11 个及 11 个以上指标的数据，不足者难以列入；其次是对国际公认的非主权实体，包括属地、领地及其他地区，不作为国家纳入测评中。如表 0-4 所示。

表 0-4　　　　　　　　　　　　人类绿色发展指数测评国家

大　洲	数　量	国家名称
欧　洲	37	阿尔巴尼亚、爱尔兰、爱沙尼亚、奥地利、白俄罗斯、保加利亚、比利时、冰岛、波兰、波斯尼亚和黑塞哥维那、丹麦、德国、俄罗斯联邦、法国、芬兰、荷兰、捷克、克罗地亚、拉脱维亚、立陶宛、卢森堡、罗马尼亚、马其顿、挪威、葡萄牙、瑞典、瑞士、塞浦路斯、斯洛伐克、斯洛文尼亚、土耳其、乌克兰、西班牙、希腊、匈牙利、意大利、英国
北美洲	12	多米尼加共和国、哥斯达黎加、海地、洪都拉斯、加拿大、美国、墨西哥、尼加拉瓜、萨尔瓦多、特立尼达和多巴哥、危地马拉、牙买加
南美洲	11	阿根廷、巴拉圭、巴拿马、巴西、玻利维亚、厄瓜多尔、哥伦比亚、秘鲁、委内瑞拉、乌拉圭、智利
亚　洲	36	阿联酋、阿塞拜疆、巴基斯坦、巴林、菲律宾、格鲁吉亚、哈萨克斯坦、韩国、吉尔吉斯斯坦、柬埔寨、卡塔尔、科威特、黎巴嫩、马来西亚、蒙古、孟加拉国、缅甸、尼泊尔、日本、沙特阿拉伯、斯里兰卡、塔吉克斯坦、泰国、土库曼斯坦、乌兹别克斯坦、新加坡、叙利亚、亚美尼亚、也门伊朗、以色列、印度、印度尼西亚、约旦、越南、中国
非　洲	25	阿尔及利亚、埃及、埃塞俄比亚、安哥拉、贝宁、博茨瓦纳、多哥、刚果共和国、刚果民主共和国、加纳、加蓬、津巴布韦喀麦隆、科特迪瓦、肯尼亚、利比亚、摩洛哥、莫桑比克、南非、尼日利亚、塞内加尔、苏丹、坦桑尼亚、突尼斯、赞比亚
大洋洲	2	澳大利亚、新西兰

由表 0-4 可知，这 123 个国家包括 37 个欧洲国家，12 个北美洲国家，11 个南美洲国家，36 个亚洲国家，25 个非洲国家，2 个大洋洲国家，基本覆盖了世界上主要的发达国家和发展中国家。

>> 0.5　HGDI 测算方法 <<

为了使各国绿色发展水平具有可比性，HGDI 全部采用相对指标，具体包括两类：一类是强度相对指标。这类指标是指一个统计量相对于另一个参照统计量（如人口、面积、体积等）的比值，它可以剔除人口、面积等差异对总量性质统计指标的影响，如用于比较各国能源使用效率及气候变化等情况。另一类是结构形式指标，它反映了部分与总体的关系，如用于衡量各国在森林面积、陆地保护区面积、生物多样性等方面的合理程度，或评价政府在改善饮用水源、改善卫生设施等公共领域的作用力度等。显然，利用相对指标有利于不同量纲指标之间进行有效运算。

对评价指标进行一致性处理是指数测算的重要环节。在对比分析人类发展指数（HDI）、环境可持续指数（ESI）、环境绩效指数（EPI）、全球竞争力指数（GCI）等国际权威指数测算方法的基础上，我们采用最大最小值法对 HGDI 的指标进行标准化，即先确定 12 个指标的最大值和最小值，然后进行标准化。

我们查阅了大量相关资料，并与统计专家、课题组成员等探讨了不同方法的优劣，来确定每一指标的最大值和最小值。有四种情况：第一种情况是不平等调整后收入指数、不平等调整后预期寿命指数和不平等调整后教育指数的最大值和最小值完全借用了联合国开发计划署的规则，最大值取 1980—2010 年可观测数据中的最大值，最小值则分别为 100 美元、20 岁和 0 年。[1]第二种情况是有些指标的最大值可为 100/100，即最大值可为 1，如"获得改善卫生设施的人口占一国总人口的比例"和"获得改善饮用水源的人口占一国总人口的比例"。第三种情况是若干指标的最小值为 0，如"陆地保护区面积占土地面积的比例"、"森林面积占土地面积的百分比"和"受威胁动物占总物种的百分比"。第四种情况是借鉴 HDI 的研究方法，借用可信区间的思路，来剔除数列中异常高或异常低的数值的影响。具体讲，我们按照标准化公式将指标折算为 0～1 之间的标准值，对超过第 95 个百分位值的少数几个国家，如果是正指标的极大值则赋值为 1，极小值则赋值为 0；反之，逆指标的极大值赋值为 0，极小值赋值为 1。在 12 个指标中这种方法涉及其中的 8 个。

这里有一个重要问题需要讨论，即能否借用权威机构或聘请专家来确认某一指标的最大值或最小值？或借用历史数据建模推算某一指标的最大值或最小值？在尝试实施这种思路的过程中，我们发现会产生新的问题。例如根据世界卫生组织（WHO）所制定的"空气质量准则"[2]，

---

[1]　*Human Development Report* 2010，Available at：http://hdr.undp.org/en/reports/global/hdr2010/.

[2]　世界卫生组织：《世界卫生组织关于颗粒物、臭氧、二氧化氮和二氧化硫的空气质量准则》，2006。

"PM_{10}"的指导值为 $20ug/m^3$，在全球范围内被广泛引用。但如果采用这一指导值作为"PM_{10}"指标的最大值，所测算的 123 个国家中就会有 85 个国家的"PM_{10}"指标值高于此最大值，那意味着这 85 个国家标准后的值都是相同的，就会将它们的差异性数据信息舍弃了，这显然不合理。

综上，我们列出表 0-5 以供概览。

表 0-5　　　　人类绿色发展指数 12 个指标最大值和最小值的选择

指标名称	最小值确定	最大值确定
低于最低食物能量摄取标准的人口比例	0	第 95 个百分位值
不平等调整后收入指数	100 美元	1980—2010 年 可观测数据最大值
不平等调整后预期寿命指数	20 岁	
不平等调整后教育指数	0 年	
获得改善卫生设施的人口占一国总人口的比例	第 95 个百分位值	100
一次能源强度	第 95 个百分位值	第 95 个百分位值
人均二氧化碳排放量	第 95 个百分位值	第 95 个百分位值
PM_{10}	第 95 个百分位值	第 95 个百分位值
陆地保护区面积占土地面积的比例	0	第 95 个百分位值
森林面积占土地面积的百分比	0	第 95 个百分位值
获得改善饮用水源的人口占一国总人口的比例	第 95 个百分位值	100
受威胁动物占总物种的百分比	0	第 95 个百分位值

最大最小值标准化法的优势是：如果指标各年度选取的最大最小值保持不变或者相对稳定，那么采用最大最小值标准化的测算结果可以实现年度可比。同时，最大最小值标准化法在一定程度上能够缓和各样本之间的悬殊差异程度，测算结果相对稳定可靠。

指标标准化后，出现有 0 值，所以按照事先赋予的权数，以算术平均法分别对两个维度各 6 个指标进行加权综合，分别获得社会经济和资源环境可持续发展的单项分值。随后，用几何平均法对这两个维度进行合成，最终计算得到 HGDI。几何平均法的运用，旨在强调两个维度要均衡发展，任何维度上表现不佳都会影响综合指数的大小，突出了不同维度的同等重要性。

需要说明的是，在测算过程中为体现 HGDI 的包容性，我们曾参照 HDI 的不平等调整后的人类发展指数测试方法，同时试图用阿特金森指数进行调整。但试算过程中我们发现，如果严格按照英国著名经济学家安东尼·B. 阿特金森[①]的方法，在确定每个指标的密度函数和不平等厌恶参数时需要收集的数据量太大，部分国家的关键数据很难获取，无法实现对 123 个国家所有指标的调整。

另外，需要说明的是，对缺少指标数据的国家，我们根据实际情况采取不同的补值方法：对测算年缺少数据，但其邻近年份数据又可得的情况，我们以该国家靠近测度年最近一年的数据补值，如立陶宛 2010 年"获得改善饮用水源的人口占一国总人口的比例"数据不可得，但其

---

① ［美］安东尼·B. 阿特金森、弗兰科伊斯·布吉尼翁：《收入分配经济学手册》(第一卷)，北京，经济科学出版社，2009。

2009 年数据可得，我们用 2009 年数据补值；对由于客观原因，指标数据不可得的情况，我们以该国家所属区域或组织的均值补值，如意大利"获得改善卫生设施的人口占一国总人口的比例"数据不可得，我们以经济合作与发展组织国家均值补值。对于任何一个空缺指标的处理，均在对采取多种方法获得的结果进行比较后确定，并做详细的记录说明。

>> 0.6　HGDI 测算结果及分析 <<

在人类绿色发展指数指标体系的基础上，我们测评得到 2010 年 123 个参评国家的 HGDI 及排名，如表 0-6 所示。

表 0-6　　　　　　　　　　　　123 个国家人类绿色发展指数及排名

排　名	国　家	大　洲	指数值	排　名	国　家	大　洲	指数值
深绿色发展水平国家				62	突尼斯	非洲	0.616
1	瑞　典	欧　洲	0.830	63	澳大利亚	大洋洲	0.616
2	瑞　士	欧　洲	0.815	64	罗马尼亚	欧　洲	0.616
3	斯洛伐克	欧　洲	0.806	65	尼加拉瓜	北美洲	0.612
4	德　国	欧　洲	0.801	66	萨尔瓦多	北美洲	0.608
5	拉脱维亚	欧　洲	0.791	67	菲律宾	亚　洲	0.603
6	日　本	亚　洲	0.781	68	新加坡	亚　洲	0.602
7	挪　威	欧　洲	0.780	69	危地马拉	北美洲	0.601
8	奥地利	欧　洲	0.777	70	吉尔吉斯斯坦	亚　洲	0.599
9	芬　兰	欧　洲	0.773	71	土耳其	欧　洲	0.593
10	哥斯达黎加	北美洲	0.770	72	乌克兰	欧　洲	0.591
11	新西兰	大洋洲	0.766	73	约　旦	亚　洲	0.591
12	卢森堡	欧　洲	0.760	74	卡塔尔	亚　洲	0.590
13	爱沙尼亚	欧　洲	0.760	75	越　南	亚　洲	0.585
14	英　国	欧　洲	0.758	76	巴拉圭	南美洲	0.584
15	斯洛文尼亚	欧　洲	0.752	77	缅　甸	亚　洲	0.583
16	立陶宛	欧　洲	0.751	78	伊　朗	亚　洲	0.576
17	捷　克	欧　洲	0.748	79	摩洛哥	非洲	0.571
18	巴　西	南美洲	0.748	80	乌拉圭	南美洲	0.567
19	委内瑞拉	南美洲	0.745	81	斯里兰卡	亚　洲	0.567
20	法　国	欧　洲	0.745	82	玻利维亚	南美洲	0.564
21	波　兰	欧　洲	0.734	浅绿色发展水平国家			
22	比利时	欧　洲	0.729	83	印度尼西亚	亚　洲	0.563
23	白俄罗斯	欧　洲	0.725	84	阿尔及利亚	非洲	0.555
24	意大利	欧　洲	0.725	85	埃　及	非洲	0.546
25	马来西亚	亚　洲	0.723	86	中　国	亚　洲	0.544
26	匈牙利	欧　洲	0.715	87	加　纳	非洲	0.540

排 名	国 家	大 洲	指数值	排 名	国 家	大 洲	指数值
27	丹 麦	欧 洲	0.713	88	特立尼达和多巴哥	北美洲	0.536
28	克罗地亚	欧 洲	0.711	89	塞内加尔	非 洲	0.531
29	希 腊	欧 洲	0.706	90	乌兹别克斯坦	亚 洲	0.520
30	哥伦比亚	南美洲	0.705	91	叙利亚	亚 洲	0.518
31	爱尔兰	欧 洲	0.703	92	沙特阿拉伯	亚 洲	0.514
32	荷 兰	欧 洲	0.701	93	南 非	非 洲	0.509
33	厄瓜多尔	南美洲	0.695	94	尼泊尔	亚 洲	0.506
34	葡萄牙	欧 洲	0.695	95	哈萨克斯坦	亚 洲	0.506
35	以色列	亚 洲	0.694	96	塔吉克斯坦	亚 洲	0.505
36	巴拿马	南美洲	0.693	97	利比亚	非 洲	0.495
37	塞浦路斯	欧 洲	0.691	98	贝 宁	非 洲	0.494
38	智 利	南美洲	0.688	99	柬埔寨	亚 洲	0.487
39	韩 国	亚 洲	0.688	100	巴 林	亚 洲	0.481
40	加拿大	北美洲	0.682	101	阿联酋	亚 洲	0.477
41	加 蓬	非 洲	0.676	102	喀麦隆	非 洲	0.474
中绿色发展水平国家				103	印 度	亚 洲	0.466
42	保加利亚	欧 洲	0.675	104	科特迪瓦	非 洲	0.464
43	阿尔巴尼亚	欧 洲	0.673	105	蒙 古	亚 洲	0.444
44	马其顿	欧 洲	0.672	106	孟加拉国	亚 洲	0.441
45	多米尼加共和国	北美洲	0.671	107	土库曼斯坦	亚 洲	0.441
46	西班牙	欧 洲	0.669	108	巴基斯坦	亚 洲	0.440
47	洪都拉斯	北美洲	0.660	109	津巴布韦	非 洲	0.426
48	博茨瓦纳	非 洲	0.657	110	刚果共和国	非 洲	0.416
49	亚美尼亚	亚 洲	0.655	111	赞比亚	非 洲	0.415
50	牙买加	北美洲	0.655	112	科威特	亚 洲	0.412
51	秘 鲁	南美洲	0.653	113	安哥拉	非 洲	0.409
52	波斯尼亚和黑塞哥维那	欧 洲	0.652	114	尼日利亚	非 洲	0.407
53	墨西哥	北美洲	0.643	115	多 哥	非 洲	0.361
54	冰 岛	欧 洲	0.639	116	也 门	亚 洲	0.357
55	黎巴嫩	亚 洲	0.636	117	肯尼亚	非 洲	0.351
56	泰 国	亚 洲	0.635	118	苏 丹	非 洲	0.331
57	阿塞拜疆	亚 洲	0.628	119	坦桑尼亚	非 洲	0.315
58	俄罗斯联邦	欧 洲	0.628	120	海 地	北美洲	0.272
59	格鲁吉亚	亚 洲	0.622	121	刚果民主共和国	非 洲	0.259
60	阿根廷	南美洲	0.620	122	埃塞俄比亚	非 洲	0.247
61	美 国	北美洲	0.620	123	莫桑比克	非 洲	0.227

注：1. 本表排序是根据人类绿色发展指数体系和各指标 2010 年数据的测算而得；2. 本表按人类绿色发展指数的指数值从高到低排序；3. 本表测算数据来自世界银行、联合国环境规划署、联合国开发计划署、国际能源署、联合国粮农组织、世界卫生组织、世界保护监测中心、世界自然保护联盟等数据库。

我们将参评的 123 个国家，按其绿色发展指数排序分为高、中、低三个等级。排名第 1～41 位的国家为深绿色发展水平国家，排名第 42～82 位的国家为中绿色发展水平国家，排名第 83～123 位的国家为浅绿色发展水平国家。这三个等级的绿色发展水平分类是一种简单的相对排序分类，即一种非定义性的现象分类。严格的定义性分类和排序的现象性分类的实用价值究竟如何还有待进一步探讨。三个等级的分界线上下的国家指数值差异实际上是比较小的，但三个等级国家指数的平均数值差别还是非常明显的，分别是 0.738、0.620、0.444。一般情况下，绿色由浅入深表明绿色发展水平的从低到高。但是，各国情况尤其是自然条件情况差别很大，深绿是否代表每个国家的最理想的绿色发展水平，还应具体情况具体分析。

从以上测算结果还可以发现，目前，各国人类绿色发展在发展阶段和空间层次上都具有鲜明的特征。人类绿色发展水平往往与国家经济发展阶段高度相关，发达国家的人类绿色发展水平普遍较高，发展中国家的人类绿色发展水平相对较低。排名前列的国家主要为欧洲发达国家，而新兴工业化国家和发展中国家的人类绿色发展水平相对较低（见图 0-1）。从测度结果我们可以看出，尽管当今世界经济格局已经发生重大变革，新兴市场国家经济发展迅速，在国际经济政治领域的地位与日俱增，但广大新兴市场国家在绿色发展领域仍处于相对落后阶段。未来，对于如何将传统经济发展方式向以绿色经济为代表的可持续发展方式转变，仍有待努力。

中国坚持走可持续发展道路对全世界有着重大影响。中国人口众多、经济规模巨大，绿色消费的资源影响、绿色产业的国内外辐射作用、新能源产业在世界经济中的引领作用，均是国际社会高度关注的。

2008 年，正值千年发展目标（2000—2015 年）实现进程的关键中间点，世界领导人汇集在纽约，对历史性的千年宣言发表后世界所取得的进步进行评估。由联合国驻华系统和中华人民共和国外交部合作完成的《中国实施千年发展目标进展情况报告》引起世界关注。自 1990 年以来，中国贫困人口数下降了三亿多，对第一个千年发展目标的全球进展做出了巨大贡献。事实上，如果没有中国减少贫困的努力，人类将不可能实现千年发展目标中将贫困人口减少一半的目标。

当然我们也要看到，虽然中国已经远远超过了千年发展目标所设定的脱贫任务，但如何使中国剩余的贫困人口脱离贫困线、落实环境保护的各项指标、提高资源利用效率等仍需要巨大的努力。从测算结果看，在 123 个国家中，中国 HGDI 排名第 86 位，处于浅绿色发展水平阶段，中国绿色发展任重而道远。

2013 年 7 月 18 日习近平同志在"致生态文明贵阳国际论坛 2013 年年会"的贺信中讲道："走向生态文明新时代，建设美丽中国，是实现中华民族伟大复兴的中国梦的重要内容。中国将按照尊重自然、顺应自然、保护自然的理念，贯彻节约资源和保护环境的基本国策，更加自觉地推动绿色发展、循环发展、低碳发展，把生态文明建设融入经济建设、政治建设、文化建设、社会建设各方面和全过程，形成节约资源、保护环境的空间格局、产业结构、生产方式、生活方式，为子孙后代留下天蓝、地绿、水清的生产生活环境。""保护生态环境，应对气候变化，维护能源资源安全，是全球面临的共同挑战。中国将继续承担应尽的国际义务，同世界各国深入

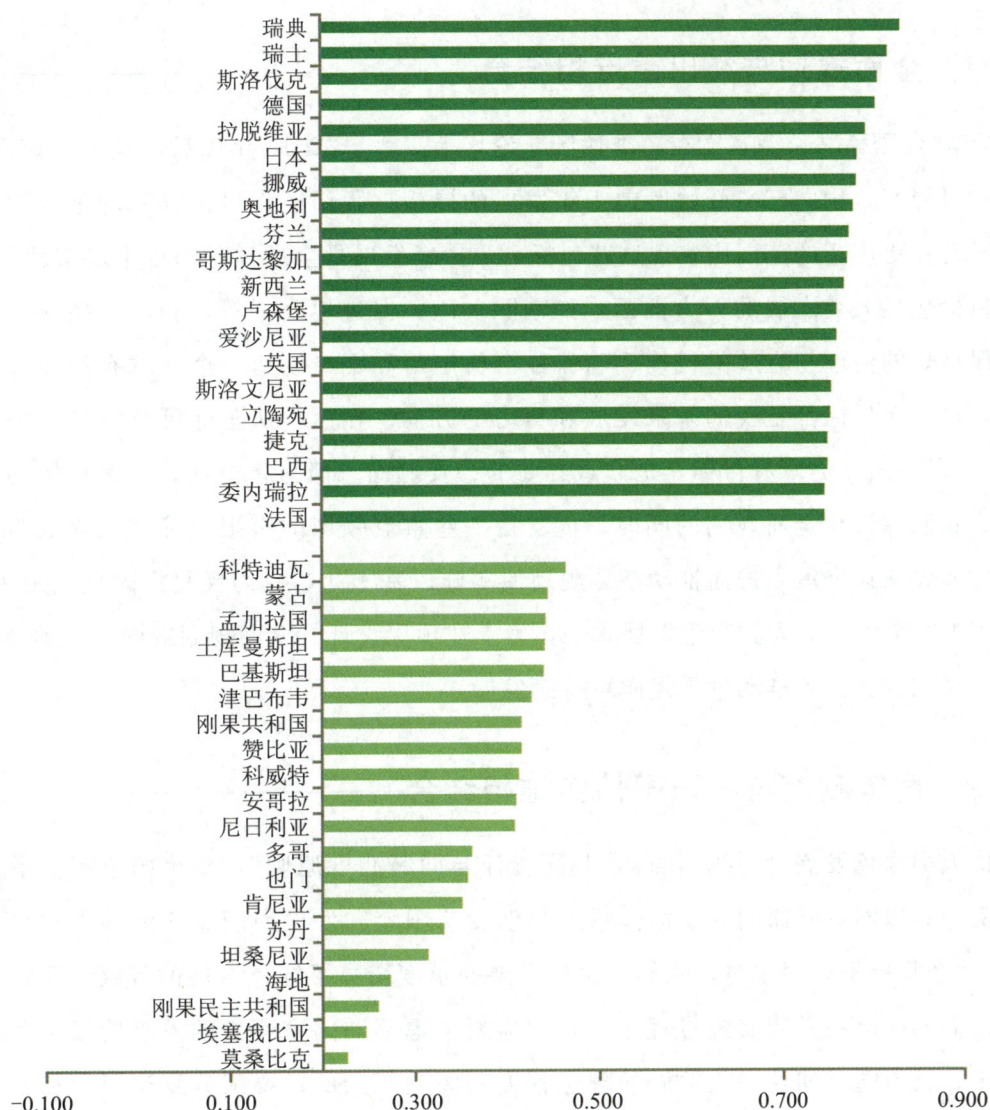

图 0-1 人类绿色发展指数排名前 20 位和后 20 位的国家

注：排名前 20 位的国家属于深绿色发展水平国家，因此用深绿色表示；排名后 20 位的国家属于浅绿色发展水平国家，因此用浅绿色表示。

开展生态文明领域的交流合作，推动成果分享，携手共建生态良好的地球美好家园。"①

>>0.7 对 SDGs 的五点建议——从 HGDI 测算中得到的启示<<

通过对 MDGs 到 SDGs 演进的研究，在认真分析地球环境令人担忧的发展趋势基础上，我们提出了人类绿色发展指数并对 123 个国家的绿色发展水平进行了测度和研究，在此过程中产生了若干想法，以下对联合国正在制定的 SDGs 提五点建议。

---

① 《习近平致生态文明贵阳国际论坛 2013 年年会的贺信》，来源于新华网，载 http://news.xinhuanet.com/2013-07/20/c_116619687.htm，2013-07-20。

0.7.1 全面规划与突出重点相结合

2013 年联合国秘书长潘基文在冬季达沃斯论坛上表示,"2015 年以后,我们应该继续努力。去年 6 月在'里约',我们已经开始考虑千年发展的展望。我们还将讨论和评论千年发展目标的情况,是不是在更广泛的范围内实现这些目标。可持续发展是全球日程的重中之重。"[①]全球可持续发展的目标包括人类发展的方方面面,如消除贫困、促进男女平等、确保食品安全和良好的营养、确保良好的治理与有效的机构、确保社会稳定与和平、创建一个全球有利环境和促进长期融资等,每一个目标都是我们未来发展和努力的方向。显然,从全球可持续发展角度来全面规划 2015 年以后的人类发展目标,是非常必要的、及时的。但另一方面,众多目标的实现是很不容易的。我们建议在全面规划的同时,也支持一些重点领域的有限目标率先规划与实施,力求在若干方面先取得进展,进而推动整体规划的实施。基于此,我们反复推敲挑选出了 12 个指标,测度了 123 个国家的人类绿色发展水平,力求在顶层设计、全面规划的同时,动员各方,突破重点。二者结合,合力推动世界走向可持续发展。

0.7.2 同等测度与按照国情实施相结合

在评价人类绿色发展时,我们强调"共同责任与同等测度原则",每个国家都要承担人类绿色发展的义务,以同一套简明的指标体系来测度发达国家和发展中国家之间的人类绿色发展情况。在用 12 个指标衡量国家时,我们从绿色发展的角度衡量了绿色发展的等级,深绿色的发展是更值得提倡的。但在具体实施过程中,我们需要考虑不同国家所处的发展阶段,明确不同国家在短、中、长不同时期其绿色发展的理想程度判断是复杂的;要区分发达国家和发展中国家在承担推进绿色发展中的不同责任:发达国家有责任也有能力运用技术与资金推动人类绿色发展,而发展中国家要继续消除贫困、推动社会进步,处理好发展与保护环境的关系。那种不考虑不同国家不同发展阶段的所谓"绿色贸易堡垒",是不能提倡的;那种只讲经济发展、不顾环境保护的倾向也是不能允许的。

0.7.3 需要政府、社会和民众联手实现

全球可持续发展目标的实现,实质上是人类经济发展方式的根本性转型。现在的发展方式,已不能阻止环境的恶化,也不能可持续地解决人类的贫困。我们所提出的 12 个指标,包括了贫困、缺水、卫生、教育、空气、资源、能源、生态等最重要的方面,也是最容易达成共识的领域。既然如此,就需要政府、工商界、民间社会、专家群体、地方、非政府组织、社区领导者

[①] 潘基文:《首先要兑现千年发展目标承诺》,来源于新浪财经,载 http://finance.sina.com.cn/hy/20130125/012814395127.shtml,2013-01-25。

和宗教与文化组织，均参与具有历史意义的大转型。政府作为政策的制定者与实施者，需要引导社会民众走向绿色发展之路。2008 年联合国提出绿色新政引起多国响应，在新的 2015 年计划中或许会再次旗帜鲜明地喊出"绿色新政"的口号，促使各国政府在绿色经济发展上当好引导者。同时，绿色生产、绿色消费以及绿色经济的研究，需要调动企业、高校、科研机构、民众广泛参与。以绿色发展为契机，共同推进人类的绿色发展，将大大有助于实现全球可持续发展目标。

0.7.4　责任与机遇相结合[①]

全球可持续发展目标的实现，除了给我们带来挑战，需要我们承担减排、污染治理等责任以外，更多的是为我们提供了一种全新的发展模式与发展机遇，这是一种观念上的转变。较之于传统高增长、高消耗的粗放式发展，可持续发展要求人类在解决"吃饱喝净、健康卫生、教育脱贫"的同时，还要"天蓝气爽、地绿河清、生物共存"，以可持续的生产和可持续的消费来推动社会进步。在可持续发展进程中，教育、医疗、交通等人的基本生存条件得到保障，同时更多创新的经济运营方式和经济就业机会被创造。需要将责任与机遇相结合，把可持续发展的责任转换为可持续发展的机遇，让各国从思想上解除负担，积极主动地参与全球可持续发展。

0.7.5　各国努力实现绿色发展与建立国家间新型合作关系相结合

20 多年来，国际社会一直希望能将可持续发展的社会、经济和环境协调起来，但迄今为止还没有做到。SDGs 将为各国的合作提供共同的目标，提供合作思路与措施。我们认为，绿色发展框架下国家间的新型合作关系，将是一种地球危机条件下的合作关系。这里强调的是人类共同面对危机之际，既要发挥各国在绿色发展方面的自主努力，也要促进各国在人类绿色发展目标下的合作。新型的合作，就是少指责，多理解；少拆台，多干事；少空谈，多支持；少壁垒，多方便。人类遭遇的困境是共同的，只有全球各国进行绿色合作，才能实现人类的可持续发展。

>>参考文献<<

1. UNDP. Human Development Report 1990. Oxford：Oxford University Press，1990.

2. The World Bank. World Development Indicators 2013. Washington，DC：The World Bank，2013.

3. The World Bank，World Development Report 2010：Development and Climate Change，Washington，DC：The World Bank，2010.

---

① 国务院发展研究中心张永生在工作论文——《气候变化和绿色发展》中提出：气候变化谈判有可能从各国"负担分担"，转变为"机遇分享"；绿色转型可以成为经济增长的新来源，促进绿色发展可以起到同时应对经济挑战和气候危机的作用。

4. ILO. Working Towards Sustainable Development：Opportunities for Decent Work and Social Inclusion in a Green Economy. Geneva：ILO，2012.

5. EEA. Environmental Indicator Report 2012：Ecosystem Resilience and Resource Efficiency in a Green Economy in Europe. Luxembourg：Publications Office of the European Union，2012.

6. UN High-Level Panel of Eminent Persons on the Post-2015 Development Agenda. A New Global Partnership：Eradicate Poverty and Transform Economics Through Sustainable Development. Available at：http://www. un. org/sg/management/pdf/HLP _ P2015 _ Report. pdf，2013-05-30.

7. 我们期望的未来. "里约＋20"联合国可持续发展大会，2012.

8. 联合国经济和社会事务部. 2008 年千年发展目标报告，2008.

9. 联合国环境规划署. 迈向绿色经济：实现可持续发展和消除贫困的各种途径，2011.

10. 联合国环境规划署. 全球环境展望 5：我们未来想要的环境，2012.

11. 联合国环境规划署. 全球环境展望 4：环境促进发展，2007.

12. 联合国开发计划署. 2011 年人类发展报告（可持续性与平等：共享美好未来），2011.

13. 联合国经济和社会事务部. 千年发展目标监测指标，2004.

14. 经济合作与发展组织. 迈向绿色增长：给决策者的简介（为 2011 年 5 月 25—26 日在巴黎举行的经合组织部长级理事会编写），2011.

15. 李晶. 人类发展的测度方法研究：对 HDI 的反思与改进. 北京：中国财政经济出版社，2009.

16. 可持续发展行动网络领导委员会. 可持续发展行动议程，2013.

17. ［美］理查德·M. 勒纳. 人类发展的概念与理论. 北京：北京大学出版社，2011.

人类绿色发展指数(HGDI) 指标解释

1.

极端贫困类指标：
低于最低食物能量摄取标准的人口比例

　　减贫是全球面临的共同难题，21世纪后，面对人类经济发展的资源、环境压力及生物多样性减少等严峻挑战，2012年，在巴西里约召开了主题为"在可持续发展和减贫背景下的绿色经济"的联合国可持续发展大会，成果之一就是提出建立可持续发展目标(SDGs)和后千年发展目标(Post-MDGs)，并特别强调了消除贫困在实现可持续发展中的重要作用。正因为如此，人类绿色发展指数(HGDI)将贫困类指标纳入到总指数测度中。

>> 1.1　为什么选取"低于最低食物能量摄取标准的人口比例"指标 <<

　　经过对目前全球多种贫困测度指标比较后，本报告的测度中采用了反映贫困的最基础性指标即"低于最低食物能量摄取标准的人口比例"。

1.1.1　"低于最低食物能量摄取标准的人口比例"的指标含义————

　　千年发展目标中的指标"低于最低食物能量摄取标准的人口比例"是指食物摄入量低于食物能量需求最低水平的人口百分比，也被称为"营养不足的人口百分比"。根据联合国粮农组织(FAO)的报告，营养不良与贫穷形成了恶性循环。营养不良不仅是贫困象征，也是致贫原因之一。[①]贫困产生营养不良，营养不良加剧贫困，两者共同作用的结果是严重制约了国家经济和社会的发展。联合国粮农组织(2013)最新估计表明，"世界人口中约有12.5%(8.68亿人)在能量摄入方面处于营养不足状态，而这些数据所代表的仅仅是全球营养不良问题中很小的一部分。据估计，全球有26%的儿童发育迟缓，20亿人患有一种或多种微量元素缺乏症，14亿人超重，多

---

　　① UNDP，*Thematic Paper on MDG1 Eradicate Extreme Poverty and Hunger*，Available at：http://www.undg.org/docs/11421/MDG1_1954-UNDG-MDG1-LR.pdf.

数国家面临多种类型营养不良，而各类营养不良可同时存在于同一国家中，同一家庭中，甚至同一人身上。"同时，营养不良会导致生产力下降和直接的医疗支出，对全球经济造成的损失可高达全球国内生产总值(GDP)的5%，相当于每年3.5万亿美元，或人均500美元。营养不足和微量元素缺乏造成的损失占全球国内生产总值的2%～3%，相当于每年1.4万亿～2.1万亿美元。[①]

根据联合国粮农组织(2013)的定义，广义的营养不良包括营养不足、微量元素缺乏、超重及肥胖。[②] 其中，营养不足是指摄入食物中卡路里(能量)不足以满足最低生理需求时人们的身体状况，营养不良则是指严重营养不足。营养不足是以摄入食物的多少来衡量的，即摄入的能量低于最低食物能量摄取标准，而营养不良则是由人的一些生理指标来衡量的，如体重、身高和年龄。[③] 由于饮食中缺乏足够热能和蛋白质，世界上大部分经济落后的发展中国家其营养不良现象都是营养不足造成的。

1.1.2 多视角衡量贫困指标

要确定一个全面而又科学的有关贫困的定义以及衡量贫困的统一标准十分困难。到目前为止，贫困的定义及衡量标准在国际上仍争论不休。[④] 按照发展经济学一般理论，贫困是经济、社会、文化贫困落后现象的总称，正是基于这样的原因，世界银行仅对贫困的概念给出了一个描述性的解释："贫困就是这样一种人们想逃避的生存状态，贫困就意味着饥饿，意味着没有栖身之地；贫困就是缺衣少药，没有机会上学也不知道怎样获得知识；贫困就是失业，害怕面对未来，生命时刻受到威胁；贫困就是因为缺少清洁的饮用水而导致儿童生病甚至死亡；贫困就是权力和自由的丧失。"[⑤]归纳起来就是生计贫困、教育贫困、收入贫困、能力贫困和权利贫困等。

按照经济学范畴划分，贫困包括宏观贫困和微观贫困。[⑥] 宏观贫困，即从整体角度来看待贫困，例如国家贫困、城市贫困、农村贫困等。从这个角度来分析，收入是判断一个地区贫困与否的主要依据。微观贫困，即从个人和家庭角度看待贫困，例如饥饿问题及营养不良等问题。从这种角度来分析，除非收入分配是绝对平均的，否则所有国家都会存在贫困问题，因此仅靠收入来衡量贫困问题是不够的。只发展经济而不注意改善人群营养和提高他们的身体素质，很难彻底地实现经济和社会的可持续发展。

正因为如此，目前国际上衡量和分析贫困主要基于三个视角：其一，收入贫困。即一个家

---

① FAO, *ESS Website ESS: Food Security Indicators*, Available at: http://www.fao.org/economic/ess/ess-fs/fs-data/en/.

② FAO, *The State of Food Insecurity in the World*, Rome: FAO, 2013.

③ FAO, *Measurement and Assessment of Food Deprivation*, Rome: FAO, 2002, Available at: http://www.fao.org/docrep/005/Y4249E/y4249e00.htm.

④ 世界银行：《中国战胜农村贫困》，北京，中国财政经济出版社，2001。

⑤ 刘俊文：《超越贫困陷阱——国际反贫困问题研究的回顾与展望》，载《农业经济问题》，2004(10)。

⑥ 沈红：《中国贫困研究的社会学评述》，载《社会学研究》，2000(2)。

庭拥有的收入不足以维持其最低生理需要，即被视为处于贫困状态。据此估算出食物贫困线，再加上非食物基本需要就构成了基本需要贫困线标准，被国际上广泛采纳和应用的 1 美元和 1.25 美元，实际上就是一种收入贫困衡量。其二，能力贫困。即贫困的原因是能力贫困，把可行能力引入贫困分析衡量中，包括免于饥饿能力、接受教育能力等，也就包含了一个社会人应该具备的获得基本的营养、医疗、住房、教育等基本功能。其三，多维贫困。即贫困状态并不仅仅是收入低下，还包括了人类教育、健康和生活水平，因此，衡量贫困的指标就包括了收入和消费、资产和财产、环境和卫生、教育与健康及基础设施等。经过广泛地搜集全球多个权威数据库中反映贫困的相关指标，目前，国际上衡量贫困的指标主要有 26 个(如表 1-1 所示)。

表 1-1 　　　　　　　　　　　　　极端贫困类指标选择用表

序号	指标名称	指标解释	最新数据年份	机构/数据库	网　址
1	最低 10% 占有的收入份额(%)	收入或消费的比例份额是指按十等分或五等分划分的各人口组别所占的份额	2011	世界银行集团发展研究局。数据基于政府统计机构和世界银行各国别局提供的初级住户调查数据。高收入经济体的数据来自卢森堡收入研究数据库	http://iresearch.worldbank.org/PovcalNet/index.htm
2	最低 20% 占有的收入份额(%)	收入或消费的比例份额是指按十等分或五等分划分的各人口组别所占的份额	2011	世界银行集团发展研究局。数据基于政府统计机构和世界银行各国别局提供的初级住户调查数据。高收入经济体的数据来自卢森堡收入研究数据库	http://iresearch.worldbank.org/PovcalNet/index.htm
3	最高 10% 占有的收入份额(%)	收入或消费的比例份额是指按十等分或五等分划分的各人口组别所占的份额	2011	世界银行集团发展研究局。数据基于政府统计机构和世界银行各国别局提供的初级住户调查数据。高收入经济体的数据来自卢森堡收入研究数据库	http://iresearch.worldbank.org/PovcalNet/index.htm
4	最高 20% 占有的收入份额(%)	收入或消费的比例份额是指按十等分或五等分划分的各人口组别所占的份额	2011	世界银行集团发展研究局。数据基于政府统计机构和世界银行各国别局提供的初级住户调查数据。高收入经济体的数据来自卢森堡收入研究数据库	http://iresearch.worldbank.org/PovcalNet/index.htm
5	第 2 个 20% 占有的收入份额(%)	收入或消费的比例份额是指按十等分或五等分划分的各人口组别所占的份额	2011	世界银行集团发展研究局。数据基于政府统计机构和世界银行各国别局提供的初级住户调查数据。高收入经济体的数据来自卢森堡收入研究数据库	http://iresearch.worldbank.org/PovcalNet/index.htm

序号	指标名称	指标解释	最新数据年份	机构/数据库	网 址
6	第 3 个 20% 占有的收入份额(%)	收入或消费的比例份额是指按十等分或五等分划分的各人口组别所占的份额	2011	世界银行集团发展研究局。数据基于政府统计机构和世界银行各国别局提供的初级住户调查数据。高收入经济体的数据来自卢森堡收入研究数据库	http://iresearch.worldbank.org/PovcalNet/index.htm
7	第 4 个 20% 占有的收入份额(%)	收入或消费的比例份额是指按十等分或五等分划分的各人口组别所占的份额	2011	世界银行集团发展研究局。数据基于政府统计机构和世界银行各国别局提供的初级住户调查数据。高收入经济体的数据来自卢森堡收入研究数据库	http://iresearch.worldbank.org/PovcalNet/index.htm
8	贫困人口比例,按农村贫困线衡量的占人口的百分比(%)	农村贫困率是生活在国家农村贫困线以下的农村人口的百分比	2012	数据是根据世界银行的国别贫困评估和《国别减贫战略》得出的	http://data.worldbank.org.cn/indicator/SI.POV.RUHC/countries
9	贫困人口比例,按国家贫困线衡量的占人口的百分比(%)	国家贫困率是生活在国家贫困线以下的人口的百分比。国家的估计值是根据住户调查中得出的人口加权的子群体的估计值得出的	2012	数据是根据世界银行的国别贫困评估和《国别减贫战略》得出的	http://data.worldbank.org.cn/indicator/SI.POV.NAHC/countries?order=wbapi_data_value_2010+wbapi_data_value&sort=asc
10	贫困人口比例,按城市贫困线衡量的占人口的百分比(%)	城市贫困率是生活在国家城市贫困线以下的城市人口的百分比	2012	数据是根据世界银行的国别贫困评估和《国别减贫战略》得出的	http://data.worldbank.org.cn/indicator/SI.POV.URHC/countries
11	贫困人口比例,按每天 1.25 美元衡量的(PPP)占人口的百分比(%)	是按 2005 年国际价格衡量的每天生活费低于 1.25 美元的人口的百分比。由于修订了 PPP 汇率,具体国家的贫困率与以前版本中所报告的贫困率没有可比性	2012	世界银行集团发展研究局。数据基于政府统计机构和世界银行各国别局提供的初级住户调查数据。高收入经济体的数据来自卢森堡收入研究数据库	http://data.worldbank.org.cn/indicator/SI.POV.DDAY/countries?order=wbapi_data_value_2010+wbapi_data_value&sort=asc
12	贫困人口比例,按每天 2 美元衡量的(PPP)占人口的百分比(%)	是按 2005 年国际价格衡量的每天生活费低于 2 美元的人口的百分比。由于修订了 PPP 汇率,具体国家的贫困率与以前版本中所报告的贫困率没有可比性	2012	世界银行集团发展研究局。数据基于政府统计机构和世界银行各国别局提供的初级住户调查数据。高收入经济体的数据来自卢森堡收入研究数据库	http://data.worldbank.org.cn/indicator/SI.POV.2DAY/countries?order=wbapi_data_value_2010+wbapi_data_value&sort=asc

序号	指标名称	指标解释	最新数据年份	机构/数据库	网　址
13	贫困差距,按农村贫困线衡量的百分比(%)	根据农村贫困线得出的贫困差距是距离贫困线的平均差距(将非贫困人口算作具有零差距),用贫困线的百分比来表示。这个衡量指标反映了贫困的深度以及发生率	2011	数据是根据世界银行的国别贫困评估和《国别减贫战略》得出的	http://data. worldbank. org. cn/indicator/SI. POV. RUGP/countries?order＝wbapi_data_value_2010＋wbapi_data_value&sort＝asc
14	贫困差距,按国家贫困线衡量的百分比(%)	根据国家贫困线得出的贫困差距是距离贫困线的平均差距(将非贫困人口算作具有零差距),用贫困线的百分比来表示。这个衡量指标反映了贫困的深度以及发生率	2011	数据是根据世界银行的国别贫困评估和《国别减贫战略》得出的	http://data. worldbank. org. cn/indicator/SI. POV. NAGP/countries?order＝wbapi_data_value_2010＋wbapi_data_value&sort＝asc
15	贫困差距,按城市贫困线衡量的百分比(%)	根据城市贫困线得出的贫困差距是距离贫困线的平均差距(将非贫困人口算作具有零差距),用贫困线的百分比来表示。这个衡量指标反映了贫困的深度以及发生率	2011	数据是根据世界银行的国别贫困评估和《国别减贫战略》得出的	http://data. worldbank. org. cn/indicator/SI. POV. URGP/countries
16	贫困差距,按每天 1.25美元衡量的(PPP)百分比(%)	贫困差距是距离贫困线的平均差距(将非贫困人口算作具有零差距),用贫困线的百分比来表示。这个衡量指标反映了贫困的深度以及发生率	2011	世界银行集团发展研究局。数据基于政府统计机构和世界银行各国别局提供的初级住户调查数据。高收入经济体的数据来自卢森堡收入研究数据库	http://data. worldbank. org. cn/indicator/SI. POV. GAPS/countries
17	贫困差距,按每天 2美元衡量的(PPP)百分比(%)	贫困差距是距离贫困线的平均差距(将非贫困人口算作具有零差距),用贫困线的百分比来表示。这个衡量指标反映了贫困的深度以及发生率	2011	世界银行集团发展研究局。数据基于政府统计机构和世界银行各国别局提供的初级住户调查数据。高收入经济体的数据来自卢森堡收入研究数据库	http://data. worldbank. org. cn/indicator/SI. POV. GAP2/countries?order＝wbapi_data_value_2010＋wbapi_data_value&sort＝asc

序号	指标名称	指标解释	最新数据年份	机构/数据库	网址
18	每日收入低于1美元（购买力平价）的人口，百分比（%）	每日收入低于1美元（购买力平价）的人口比例	2011	联合国统计司	http://mdgs.un.org/unsd/mdg/Metadata.aspx? IndicatorId＝0&SeriesId＝580
19	按每日1美元（购买力平价）计算的贫困差距率，百分比（%）	详细计算方法请参考官方网站解释	2011	联合国统计司	http://mdgs.un.org/unsd/mdg/DataAvailability.aspx
20	低于最低食物能量摄取标准的人口比例（%）	指食物摄入量低于食物能量需求最低水平的人口百分比，也被称为营养不足发生率，即营养不足人口的百分比	2011	联合国粮食及农业组织	http://www.un.org/chinese/millenniumgoals/unsystem/indicator5.htm
21	就业人口人均国内生产总值增长率，百分比（%）	就业人口人均国内生产总值的增长率	2011	联合国统计司	http://mdgs.un.org/unsd/mdg/DataAvailability.aspx
22	每日收入低于1美元（购买力平价）的就业人口比例，百分比（%）	每日收入低于1美元（购买力平价）的就业人口比例	2010	联合国统计司	http://mdgs.un.org/unsd/mdg/DataAvailability.aspx
23	人类贫困指数（%）	联合国开发计划署自1997年开始测算不同于世界银行贫困标准的人类贫困指数（HPI），它分别由预期寿命在40岁以下人口比重、成人文盲比重、拥有医疗服务的人口比重、拥有安全饮用水的人口比重、5岁以下营养不良的人口比重这5个指标综合而成	2010	联合国开发计划署	http://hdr.undp.org/en/statistics/data/hd_map/hpi/

序号	指标名称	指标解释	最新数据年份	机构/数据库	网　址
24	多维贫困指数（%）	多维贫困指数是由联合国授权和支持的"牛津贫困与人类发展项目"小组于2010年发布的一个界定绝对贫困人口的新指数，将取代从1997年开始使用的人类贫困指数。多维贫困指数涵盖了单位家庭的关键因素，包括教育、健康、财产、服务、是否享有良好的烹饪材料、学校教育、电力、营养和卫生系统10个主要变量	2010	联合国开发计划署	http://hdr.undp.org/en/statistics/mpi/
25	全球饥饿指数（%）	反映相对于总人口的营养不足率、未满5岁儿童的低体重率、死亡率等的综合指数	2012	国际粮食政策研究所	http://www.ifpri.org/ghi/2012
26	5岁以下儿童体重不足发生率（%）	指年龄体重轻于0至59个月国际参照人口中位数两个负标准变差的5岁以下儿童百分比。国家保健统计中心将国际基准人口定为美国的基准，后被世界卫生组织用于国际一级（常被称为保健统计中心/卫生组织基准人口）	2011	世界卫生组织与联合国粮农组织	http://www.un.org/chinese/millenniumgoals/unsystem/indicator4.htm

1.1.3　"低于最低食物能量摄取标准的人口比例"指标在同类指标中的优势

经过对以上衡量贫困的指标比较分析，同时考虑到人类绿色发展指数的国际认同，并结合人类绿色发展指数自身的通用性、可比性特点，课题组经过多次讨论、分析和比较，确定将"低于最低食物能量摄取标准的人口比例"作为反映贫困问题的代表性指标，纳入人类绿色发展指数中。

首先，其反映了贫困的内在本质特点。"低于最低食物能量摄取标准的人口比例"是反映贫困状态的最基本指标。最低食物能量摄取标准，是人维持生命和生存的基本条件，否则人就无法生存，更谈不上发展。而饥饿及营养不足与贫穷紧密相连，饥饿及营养不足源于贫穷，贫穷又导致营养不良与饥饿。饥饿与营养不足严重影响劳动力和谋生能力，并带来严重的经济损失和社会代价，因此，消除饥饿与营养不足是消除贫困的首要任务，降低贫困人口的比重是社会可持续发展的先决条件。而反映贫困的其他类别指标，如收入贫困指标、能力贫困指标和多维贫困指标等，都是"低于最低食物能量摄取标准的人口比例"指标从不同视角的延伸和体现。

其次，其体现了指数的通用性和一致性。"低于最低食物能量摄取标准的人口比例"指标，减少了其他指标如再收入指标货币换算上的易变性，从而消除了其他指标的静态化缺陷，避免了能力贫困的区域局限性和多维贫困指标的复杂性带来的不足。与此同时，贫困指标是人类绿色发展指数的一个指标，从指数本身来看，简单通用和一致性更为重要。

再次，具有广泛适应性。"低于最低食物能量摄取标准的人口比例"被联合国确定为千年发展目标目标1和具体目标2项下的指标5。具体来讲，千年发展目标第1个具体目标是"消灭极端贫穷和饥饿"，"低于最低食物能量摄取标准的人口比例"是实施这一目标的5个监测指标之一。另外，"低于最低食物能量摄取标准的人口比例"也是联合国粮农组织用来计量人口粮食不安全的一个重要指标。由于饥饿与营养不足问题是困扰人类社会的严重问题，近年来，许多国际金融和国际性会议都把最为贫困国家的饥饿与营养不足问题纳入重要议程，作为国际社会迫切需要解决的问题之一，例如世界粮食计划署、联合国粮农组织以及国际农业发展基金都致力于寻找消除营养不足的解决方案。[①]

最后，数据的可得性和可比性。"低于最低食物能量摄取标准的人口比例"的数据持续可得，并且由联合国粮农组织权威发布。联合国粮农组织的世界粮食不安全状况评估每年进行一次。《2010年世界粮食不安全状况》报告中有176个国家和地区提供了"低于最低食物能量摄取标准的人口比例"的数据，其他指标因为未能达成共识而缺乏连续性统计，可比性不强。

>> 1.2 "低于最低食物能量摄取标准的人口比例"指标的统计特征 <<

下面分别从"低于最低食物能量摄取标准的人口比例"的统计学含义、2010年各国数据分布情况及其1990—2010年的动态变化情况，来描述该指标的统计特征。

1.2.1 2010年各国"低于最低食物能量摄取标准的人口比例"指标的统计特征

根据"低于最低食物能量摄取标准的人口比例"的定义，"低于最低食物能量摄取标准的人口

---

① 王东：《聚焦全球饥饿与粮食安全问题》，载《学习时报》，2010-02-22。

比例"的数值越大，说明该国的人口营养不足的比例越高；反之，数值越小，则人口营养不足比例越低。在人类绿色发展指数测评的123个国家中，有71个国家的"低于最低食物能量摄取标准的人口比例"数据都低于5％。2010年"低于最低食物能量摄取标准的人口比例"的均值为11.6％，其中低于均值的国家有87个，占所有测评国家的70.7％。所有的123个测评国家中，数据最高的国家是赞比亚，其值高达46.8％。

2010年，评测的123个国家"低于最低食物能量摄取标准的人口比例"数据中，数据最高的20个国家其数据均高于(或等于)22.1％(如表1-2所示)。

表1-2　　　2010年"低于最低食物能量摄取标准的人口比例"指标排名最低的20个国家

排　名	国　家	指标值(％)	排　名	国　家	指标值(％)
104	巴拉圭	22.1	114	津巴布韦	32.8
105	斯里兰卡	24.5	115	塔吉克斯坦	34.6
106	玻利维亚	24.8	116	刚果民主共和国	36.1
107	蒙　古	25.6	117	刚果共和国	36.3
108	安哥拉	28.0	118	坦桑尼亚	38.5
109	格鲁吉亚	28.2	119	苏　丹	39.2
110	博茨瓦纳	29.0	120	莫桑比克	39.3
111	危地马拉	29.7	121	埃塞俄比亚	40.2
112	肯尼亚	30.9	122	海　地	43.8
113	也　门	31.8	123	赞比亚	46.8

数据来源：联合国统计司，载 http：//www.unicef.org/nutrition/。

1.2.2　1991—2010年"低于最低食物能量摄取标准的人口比例"指标的动态变化情况

1991—2010年，人类绿色发展指数123个测评国家中，除巴林、缅甸、刚果民主共和国、卡塔尔和新加坡无"低于最低食物能量摄取标准的人口比例"数据外，其余118个国家均可计算该指标的变化率。在118个有数据的国家中，有10个国家"低于最低食物能量摄取标准的人口比例"从1991年到2010年有所上升，占118个测评国家的9.2％；有57个国家指标没有变化，占118个评测国家的47.9％；其余的51个国家在不同程度上有所下降，占118个评测国家的42.9％。危地马拉的上升幅度最大，增幅高达83％；加纳下降的比例最高，降幅为—88％。1991—2010年各国"低于最低食物能量摄取标准的人口比例"的动态变化情况如表1-3所示。

表1-3　　　1991—2010年各国"低于最低食物能量摄取标准的人口比例"的动态变化情况

排　名	国　家	2010年/1991年 变化率(％)	排　名	国　家	2010年/1991年 变化率(％)
1	加　纳	—88.0	60	加拿大	0.0
2	科威特	—83.0	61	克罗地亚	0.0
3	泰　国	—82.0	62	塞浦路斯	0.0
4	越　南	—78.0	63	捷　克	0.0

续表

排　名	国　家	2010 年/1991 年 变化率(%)	排　名	国　家	2010 年/1991 年 变化率(%)
5	阿塞拜疆	−78.0	64	丹　麦	0.0
6	亚美尼亚	−78.0	65	埃　及	0.0
7	委内瑞拉	−63.0	66	爱沙尼亚	0.0
8	秘　鲁	−61.0	67	芬　兰	0.0
9	贝　宁	−61.0	68	法　国	0.0
10	喀麦隆	−61.0	69	德　国	0.0
11	尼加拉瓜	−61.0	70	希　腊	0.0
12	尼日利亚	−58.0	71	匈牙利	0.0
13	安哥拉	−56.0	72	冰　岛	0.0
14	吉尔吉斯斯坦	−54.0	73	伊　朗	0.0
15	格鲁吉亚	−53.0	74	爱尔兰	0.0
16	洪都拉斯	−53.0	75	以色列	0.0
17	印度尼西亚	−53.0	76	意大利	0.0
18	柬埔寨	−53.0	77	日　本	0.0
19	巴　西	−52.0	78	哈萨克斯坦	0.0
20	巴拿马	−51.0	79	韩　国	0.0
21	孟加拉国	−51.0	80	拉脱维亚	0.0
22	多米尼加共和国	−49.0	81	黎巴嫩	0.0
23	土库曼斯坦	−47.0	82	利比亚	0.0
24	多　哥	−47.0	83	立陶宛	0.0
25	中　国	−46.0	84	卢森堡	0.0
26	埃塞俄比亚	−40.0	85	马其顿	0.0
27	加　蓬	−39.0	86	马来西亚	0.0
28	智　利	−38.0	87	墨西哥	0.0
29	哥伦比亚	−35.0	88	荷　兰	0.0
30	印　度	−32.0	89	新西兰	0.0
31	蒙　古	−32.0	90	挪　威	0.0
32	乌拉圭	−32.0	91	波　兰	0.0
33	菲律宾	−31.0	92	葡萄牙	0.0
34	莫桑比克	−31.0	93	罗马尼亚	0.0
35	海　地	−31.0	94	俄罗斯联邦	0.0
36	特立尼达和多巴哥	−30.0	95	沙特阿拉伯	0.0
37	尼泊尔	−29.0	96	斯洛伐克	0.0

续表

排　名	国　家	2010 年/1991 年变化率(%)	排　名	国　家	2010 年/1991 年变化率(%)
38	玻利维亚	－28.0	97	斯洛文尼亚	0.0
39	斯里兰卡	－28.0	98	南　非	0.0
40	津巴布韦	－26.0	99	西班牙	0.0
41	约　旦	－25.0	100	瑞　典	0.0
42	厄瓜多尔	－24.0	101	瑞　士	0.0
43	摩洛哥	－24.0	102	叙利亚	0.0
44	萨尔瓦多	－24.0	103	突尼斯	0.0
45	巴基斯坦	－23.0	104	土耳其	0.0
46	刚果共和国	－15.0	105	乌克兰	0.0
47	肯尼亚	－13.0	106	阿联酋	0.0
48	苏　丹	－7.0	107	英　国	0.0
49	塞内加尔	－6.0	108	美　国	0.0
50	阿尔及利亚	－4.0	109	博茨瓦纳	6.0
51	牙买加	－3.0	110	也　门	11.0
52	阿尔巴尼亚	0.0	111	塔吉克斯坦	12.0
53	阿根廷	0.0	112	巴拉圭	12.0
54	澳大利亚	0.0	113	哥斯达黎加	16.0
55	奥地利	0.0	114	坦桑尼亚	31.0
56	白俄罗斯	0.0	115	乌兹别克斯坦	34.0
57	比利时	0.0	116	赞比亚	36.0
58	波斯尼亚和黑塞哥维那	0.0	117	科特迪瓦	47.0
59	保加利亚	0.0	118	危地马拉	83.0

　　数据来源：联合国统计司，载 http://www.unicef.org/nutrition/。

　　图 1-1 为 1991—2010 年各国"低于最低食物能量摄取标准的人口比例"指标排名前 20 位和后 10 位的国家。由图 1-1 可知，1991—2010 年 118 个国家中，"低于最低食物能量摄取标准的人口比例"指标变化率排名前 20 位的国家分别为：加纳、科威特、泰国、越南、阿塞拜疆、亚美尼亚、委内瑞拉、秘鲁、贝宁、喀麦隆、尼加拉瓜、尼日利亚、安哥拉、吉尔吉斯斯坦、格鲁吉亚、洪都拉斯、印度尼西亚、柬埔寨、巴西、巴拿马，其降幅均超过 50%。排名在后 10 位的国家分别为：危地马拉、科特迪瓦、赞比亚、乌兹别克斯坦、坦桑尼亚、哥斯达黎加、巴拉圭、塔吉克斯坦、也门、博茨瓦纳，其增幅均超过(或等于)6%。

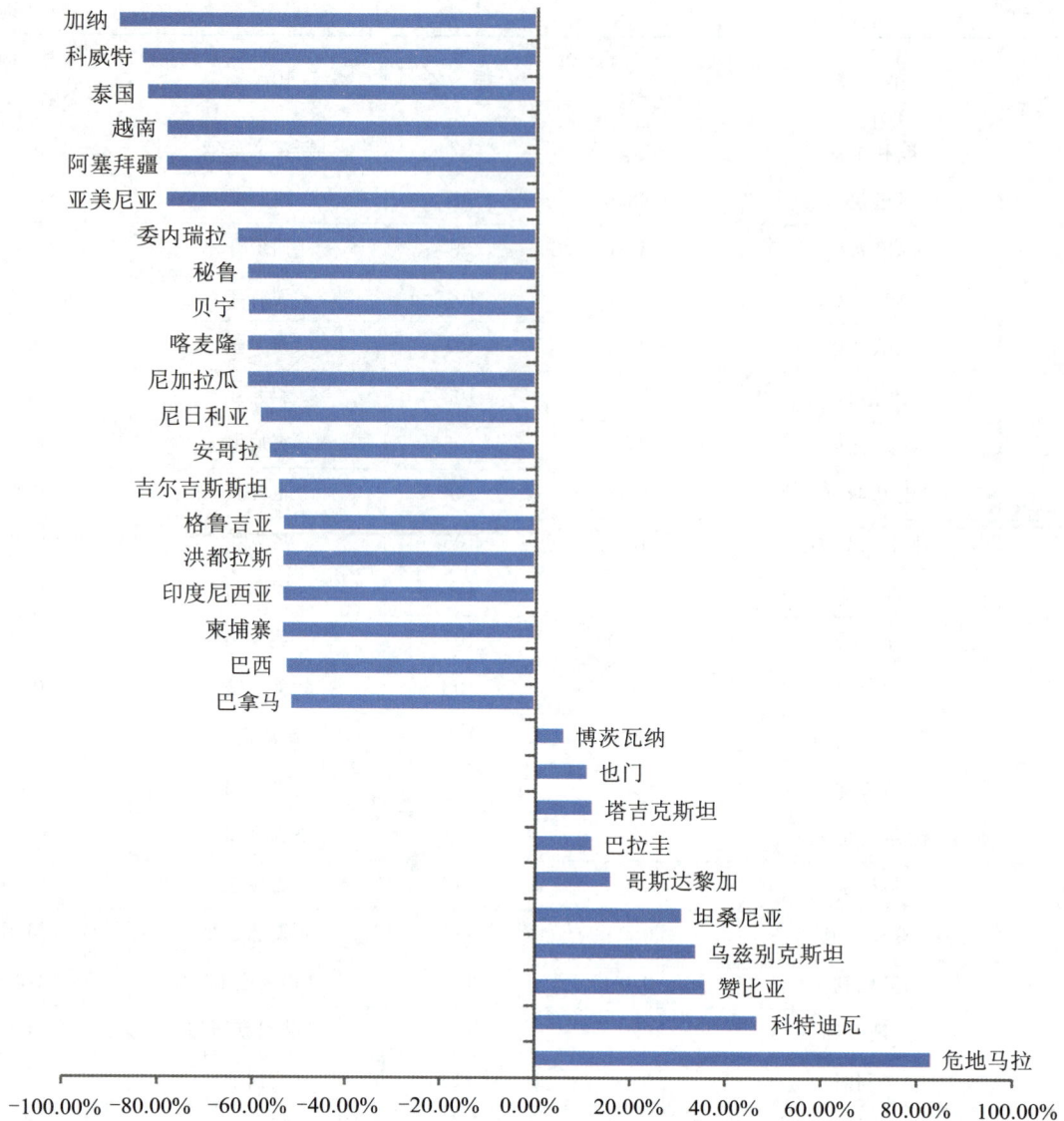

图1-1 1991—2010年"低于最低食物能量摄取标准的人口比例"指标变化率最大的国家

数据来源：联合国统计司，载 http://www.unicef.org/nutrition/。

>>参考文献<<

1. FAO. ESS Website ESS：Food Security Indicators. Available at：http://www.fao.org/economic/ess/ess-fs/fs-data/en/.

2. FAO. ESS Website ESS：Food Security. Available at：http://www.fao.org/economic/ess/ess-fs/fs-methods/fs-methods1/en/.

3. Food and Agriculture Organization Statistics Division. FAO Methodology for the Measurement of Food Deprivation. Rome：FAO，2003. Available at：http://www.fao.org/faostat/foodsecurity/fles/Undernourishment_methodology.pdf.

4. FAO. Measurement and Assessment of Food Deprivation. Rome：FAO，2002. Available at：http://www. fao. org/docrep/005/Y4249E/y4249e00. htm.

5. FAO. The State of Food Insecurity in the World. Rome：FAO，2013.

6. Ricardo Sibrián. Indicators for Monitoring Hunger at Global and Subnational Levels. Statistics Division，Food Security Statistics. Rome：FAO，2009. Available at：http://www. fao. org/fileadmin/templates/ess/documents/food _ security _ statistics/working _ paper _ series/ WP013e. pdf.

7. UNICEF. Introduction to Nutrition.

8. UNDESA. The Millennium Development Goals Report. New York：United Nations，2005，2006，2007.

9. United Nations Development Groups. Thematic Paper on MDG1 Eradicate Extreme Poverty and Hunger. Available at：http://www. undg. org/docs/11421/MDG1 _ 1954-UNDG-MDG1-LR. pdf.

10. WHO/FAO. Diet，Nutrition and the Prevention of Chronic Diseases. Report of a Joint WHO/FAO Expert Consultation. WHO Technical Report Series 916. Geneva：WHO，2003.

11. WHO. Measuring Change in Nutritional Status. Geneva：WHO，1983.

12. 联合国粮农组织. 2002 年世界粮食不安全状况. 载 http://www. fao. org/docrep/008/ y7352c/y7352c00. htm.

13. 联合国世界粮食计划署. 饥饿. 载 http://cn. wfp. org/hunger/world-hunger.

14. 联合国经济和社会事务部. 千年发展目标监测指标，2004.

15. 联合国统计司. 千年发展目标指标数据库. 载 http://mdgs. un. org/unsd/mdg/ SeriesDetail. aspx？srid＝566.

16. 联合国统计司. 联合国千年目标全球行动. 载 http://www. un. org/chinese/ millenniumgoals/unsystem/indicator5. htm.

17. 刘俊文. 超越贫困陷阱——国际反贫困问题研究的回顾与展望. 农业经济问题，2004(10).

18. 沈红. 中国贫困研究的社会学评述. 社会学研究，2000(2).

19. 世界银行. 中国战胜农村贫困. 北京：中国财政经济出版社，2001.

20. 王东. 聚焦全球饥饿与粮食安全问题. 学习时报，2010-02-22.

2.

收入类指标：不平等调整后收入指数

　　绿色发展的核心是"既要绿色，又要发展"，实现"绿色"与"发展"的和谐并进。提出绿色发展是基于经济增长与资源、环境、生态之间的矛盾，但这并不表示我们否定经济增长，而是寻求一种新的经济增长方式。在未来相当长一段时间内，发展仍然是世界的主旋律，而绿色发展是要将主旋律谱以绿色的音符。体现和影响国家发展程度的因素有多种，收入水平是目前全世界普遍认可的指标之一。通过对人均家庭可支配收入的综合评估，能够较好地反映一国经济发展的基本情况，从而推动人类的绿色发展。

　　2012 年"里约＋20"联合国可持续发展大会认为：解决贫困人口的收入问题，提高发展中国家的经济收入，保证发达国家的经济发展，是实现可持续发展的前提条件。消除贫穷是千年发展目标之一，而该目标需要通过提高收入来实现。我们期望缩小国与国之间、国家内部的收入分配差距，我们应该共同享有人类创造的物质生活条件。[①]

>> 2.1　为什么选取"不平等调整后收入指数"指标 <<

　　为了体现绿色发展对经济社会可持续的包容性，在考虑不平等分布因素下计算得出能体现公平、平等的收入指数，本报告的测度中采用了联合国开发计划署"不平等调整后人类发展指数"（IHDI）中的"不平等调整后收入指数"。

2.1.1　"不平等调整后收入指数"的指标含义[②]

　　"不平等调整后收入指数"是指在考虑不平等分布因素情况下，以人均家庭可支配收入或消

---

　　① 《我们期望的未来》，"里约＋20"联合国可持续发展大会，2012。
　　② UNDP，*Human Development Report* 2010，Available at：http://hdr. undp. org/en/reports/global/hdr2010/；*Human Development Report* 2011，Available at：http://hdr. undp. org/en/reports/global/hdr2011/；*Human Development Report* 2013，Available at：http://hdr. undp. org/en/reports/global/hdr2013/.

费为基础，依据卢森堡收入研究所数据库、欧盟统计局欧盟收入和生活状况统计数据库、世界银行国际收入分配数据库等多种数据调整计算得出能体现公平、平等的收入指数，是"不平等调整后人类发展指数"的三个指标之一。"不平等调整后收入指数"借鉴英国著名经济学家安东尼·B. 阿特金森测度不平等的方法，对一个国家人均家庭可支配收入或消费进行综合评估，指数值越高，说明各国的经济状况越好，国家的收入分配越公平、平等。

2.1.2 "不平等调整后收入指数"在同类指标中的优势

较之于传统人类发展指数(HDI)中的"收入指数"，"不平等调整后收入指数"考虑了各国不平等因素，反映的是各国经济状况的实际水平。

HDI中的"收入指数"以人均国民收入为基础，按照以下方法进行测算。[①]

2009 年之前的计算公式：

收入指数(II)=[ln(GNIpc)−ln(100)]/[ln(40000)−ln(100)]，其中 GNIpc 表示通过购买力平价计算的人均国民收入。

2010 年调整了目标值以后新的计算公式：

收入指数(II)=[ln(GNIpc)−ln(100)]/[ln(107721)−ln(100)]，其中 GNIpc 表示通过购买力平价计算的人均国民收入。

无论是 2009 年以前的计算方法，还是 2010 年调整了基础指标以后新的计算方法，HDI 中的"收入指数"都是对该国总人口的收入水平进行估计，没有将各国人口按照年龄区间进行分组，不涉及公平与不平等调整问题，因此不能体现绿色发展对经济社会可持续的包容性。

而"不平等调整后收入指数"引入了英国著名经济学家安东尼·B. 阿特金森测度不平等的方法，将各国人均国民收入依据卢森堡收入研究所数据库、欧盟统计局欧盟收入和生活状况统计数据库、世界银行国际收入分配数据库等多个数据库的数据进行调整，在此基础上按照一定的权重加权得到"不平等调整后收入指数"，其计算方法如下。[②]

"不平等调整后收入指数"借鉴阿特金森(1970)测量不平等的系列指标，并将规避参数 ε 设定为 1。在测算中不平等系数 A 的度量方法为 $A = 1-(g/\mu)$，其中 g 为不同区间样本数据的几何平均数，μ 为总样本数据的算术平均数。那么，收入不平等系数 $A_{收入}$ 可以表示为：

$$A_{收入}=1-\frac{\sqrt[n]{x_{收入1}\cdots x_{收入n}}}{\bar{X}_{收入}}$$

其中，$\bar{X}_{收入}$ 表示各国人均国民收入总样本数据的均值，$\sqrt[n]{x_{收入1}\cdots x_{收入n}}$ 表示按照年龄区间分组依据卢森堡收入研究所数据库、欧盟统计局欧盟收入和生活状况统计数据库、世界银行国际

---

① UNDP，*Human Development Report* 1990，Available at：http://hdr. undp. org/en/reports/global/hdr1990；*Human Development Report* 2010，Available at：http://hdr. undp. org/en/reports/global/hdr2010.

② UNDP，*Human Development Report* 2011，Available at：http://hdr. undp. org/en/reports/global/hdr2011；*Human Development Report* 2013，Available at：http://hdr. undp. org/en/reports/global/hdr2013.

收入分配数据库等多个数据库的数据进行调整后人均国民收入的几何平均值。该公式可转换为：

$$(1-A_{收入})\overline{X}_{收入} = \sqrt[n]{x_{收入1}\cdots x_{收入n}}$$

几何平均数代表了算术平均数减去分配的不均等。

计算该国 HDI 中的"收入指数"$I_{收入}$，那么"不平等调整后收入指数"I^* 可表示为：

$$I^* = (1-A_{收入})I_{收入}$$

"不平等调整后收入指数"是在考虑不平等分布因素下计算得出能体现公平、平等的收入指数，其借鉴阿特金森测度不平等的方法，对一个国家人均家庭可支配收入或消费的情况进行综合评估，指数值越高，说明该国的经济状况越好，国家的收入分配越公平、平等。

2.1.3 "不平等调整后收入指数"指标的国际影响力————

HDI 由联合国开发计划署于 1990 年研究提出，用以衡量世界各国经济社会的综合发展水平。由于 HDI 指标体系简洁，数据较易获得，且可适用于不同的国家和地区，自 1990 年以来，联合国开发计划署每年都向全球发布 HDI，在世界许多国家和地区产生了较大的影响，已经成为世界通用的指标体系。[①]

HDI 旨在对人类发展的现状进行评估，通过提出关于"人类发展"的定义，创造性地建立了超越 GDP 核算标准的发展评价尺度。HDI 从三个维度动态地对人类发展状况进行了衡量与反映，揭示了一个国家的优先发展项目，为世界各国尤其是发展中国家制定发展政策提供了一定依据，有助于挖掘一国经济发展潜力。通过分解 HDI，各国可以制定适宜该国长远发展的战略决策，认清其竞争优势和劣势，发现社会发展中的薄弱环节，为资源的优化配置提供一种可行途径，为经济与社会发展提供预警。

"不平等调整后收入指数"是"不平等调整后人类发展指数"的三个指标之一，是联合国开发计划署于 2010 年在 HDI 基础上进行的研究，是对 HDI 的有效补充。该指数真实地反映了人类经济发展的水平，被国内外社会各界广泛接受。

>>2.2 "不平等调整后收入指数"指标的统计特征<<

下面分别对"不平等调整后收入指数"2010 年各国数据分布情况以及 1990—2010 年 HDI 中"收入指数"的动态变化情况进行简要分析。

---

① 张宁、杨永恒、胡鞍钢：《基于主成分分析法的人类发展指数替代技术》，载《经济研究》，2005(7)；朱成全、汪毅霖：《基于 HDI 的政治文明指标的理论构建和实证检验》，载《上海财经大学学报》(哲学社会科学版)，2009(11)；Alexander Gorobets，Corrections to the Human Development Index and Alternative Indicators of Sustainability，*International Journal of Sustainable Society*，2011，3(2)。

2.2.1 2010年"不平等调整后收入指数"指标的统计特征

2010年"不平等调整后收入指数"共有169个国家或地区参评，指数值在0～1之间，指数值越高，说明该国（地区）的经济状况越好，国家的收入分配越公平、平等。在人类绿色发展指数测评的123个国家中，2010年"不平等调整后收入指数"的均值为0.497，其中超过均值的国家有57个，占所有测评国家的46.34％。

第一，国家间收入指数差异较大。2010年123个测评国家间"不平等调整后收入指数"指数值最高的国家为卡塔尔，指数值达到0.956，居民享有公平、平等收入分配的机会较大；指数值最低的国家为津巴布韦，指数值仅为0.008，其居民享有公平、平等收入分配的机会较小。

第二，排名前20位的主要是发达国家。2010年123个测评国家中"不平等调整后收入指数"排名前20位的国家分别为：卡塔尔、阿联酋、科威特、新加坡、日本、巴林、新西兰、沙特阿拉伯、挪威、卢森堡、丹麦、利比亚、瑞典、瑞士、荷兰、芬兰、法国、奥地利、澳大利亚、比利时，主要为亚洲、欧洲的发达国家。

第三，排名后20位的主要为非洲的发展中国家。2010年123个测评国家中"不平等调整后收入指数"排名后20位的国家分别为：孟加拉国、尼日利亚、危地马拉、柬埔寨、塞内加尔、洪都拉斯、科特迪瓦、贝宁、坦桑尼亚、赞比亚、肯尼亚、加纳、玻利维亚、尼泊尔、埃塞俄比亚、多哥、海地、莫桑比克、刚果民主共和国、津巴布韦，主要为非洲的发展中国家。

2010年"不平等调整后收入指数"指标排名最高和最低的20个国家如表2-1所示。

表 2-1　　　2010年"不平等调整后收入指数"指标排名最高和最低的20个国家

排　名	国　家	指标值	排　名	国　家	指标值
1	卡塔尔	0.956	104	孟加拉国	0.299
2	阿联酋	0.911	105	尼日利亚	0.298
3	科威特	0.906	106	危地马拉	0.297
4	新加坡	0.887	107	柬埔寨	0.295
5	日　本	0.838	108	塞内加尔	0.293
6	巴　林	0.800	109	洪都拉斯	0.291
7	新西兰	0.793	110	科特迪瓦	0.281
8	沙特阿拉伯	0.789	111	贝　宁	0.276
9	挪　威	0.788	112	坦桑尼亚	0.268
10	卢森堡	0.746	113	赞比亚	0.259
11	丹　麦	0.738	114	肯尼亚	0.252
12	利比亚	0.736	115	加　纳	0.246
13	瑞　典	0.726	116	玻利维亚	0.232
14	瑞　士	0.725	117	尼泊尔	0.226
15	荷　兰	0.720	118	埃塞俄比亚	0.220

续表

排 名	国 家	指标值	排 名	国 家	指标值
16	芬 兰	0.711	119	多 哥	0.203
17	法 国	0.709	120	海 地	0.141
18	奥地利	0.709	121	莫桑比克	0.107
19	澳大利亚	0.702	122	刚果民主共和国	0.070
20	比利时	0.701	123	津巴布韦	0.008

注：日本、利比亚、沙特阿拉伯、新加坡、阿联酋等国家的数据由 2010 年非调整的 HDI 补值。

数据来源：联合国开发计划署：不平等调整后人类发展指数，载 http://hdr.undp.org/en/media/HDR_2010_EN_Tabl es_rev.xls。

2.2.2 1990—2010 年 HDI 中"收入指数"的动态变化情况

由于"不平等调整后收入指数"由联合国开发计划署于 2010 年才开始研发公布，且"不平等调整后收入指数"是对 HDI 中的"收入指数"的有效补充，因此对于该指标的动态变化情况我们只能以 1990—2010 年 HDI 中的"收入指数"进行辅助分析。

1990—2010 年，人类绿色发展指数 123 个测评国家中只有 101 个国家拥有全部数据。20 年间，101 个国家"收入指数"均值由 1990 年的 0.525 上升为 2010 年的 0.553，说明人类的收入水平稳步提升。具体到各个国家，有 60 个国家的"收入指数"呈上升趋势，占 101 个国家的 59.41%；有 41 个国家的"收入指数"有所下降，占 101 个国家的 40.59%。缅甸的上升幅度最大，增幅高达 74.89%；津巴布韦下降的比例最高，降幅为 84.91%。20 年来，全世界的收入水平有较大改善，但部分国家受资源、技术等因素的影响，全国经济发展水平还有很大的提升空间。1990—2010 年各国"收入指数"的动态变化情况如表 2-2 所示。

表 2-2   1990—2010 年各国"收入指数"的动态变化情况

排 名	国 家	2010 年/1990 年变化率（%）	排 名	国 家	2010 年/1990 年变化率（%）
1	缅 甸	74.89	52	斯里兰卡	4.11
2	博茨瓦纳	51.24	53	土耳其	3.76
3	伊 朗	48.72	54	加 蓬	3.71
4	卡塔尔	47.29	55	德 国	3.70
5	苏 丹	43.79	56	瑞 士	3.61
6	印 度	41.23	57	牙买加	3.33
7	阿尔及利亚	39.07	58	突尼斯	3.31
8	埃塞俄比亚	38.21	59	萨尔瓦多	2.39
9	科威特	31.49	60	摩洛哥	2.16
10	罗马尼亚	31.37	61	冰 岛	−0.11
11	新加坡	30.36	62	加拿大	−0.15
12	坦桑尼亚	29.19	63	英 国	−0.28

续表

排 名	国 家	2010 年/1990 年变化率(%)	排 名	国 家	2010 年/1990 年变化率(%)
13	利比亚	28.14	64	也 门	−0.75
14	巴 林	26.75	65	意大利	−1.19
15	沙特阿拉伯	26.35	66	中 国	−1.68
16	越 南	26.32	67	以色列	−1.88
17	新西兰	24.89	68	贝 宁	−2.41
18	日 本	24.87	69	尼加拉瓜	−2.79
19	阿联酋	22.66	70	塞内加尔	−3.93
20	埃 及	21.28	71	乌拉圭	−4.78
21	黎巴嫩	20.87	72	阿根廷	−5.38
22	韩 国	19.26	73	美 国	−6.35
23	捷 克	16.18	74	马来西亚	−6.82
24	孟加拉国	15.71	75	喀麦隆	−8.59
25	波 兰	15.56	76	肯尼亚	−9.26
26	爱尔兰	15.48	77	菲律宾	−9.45
27	挪 威	14.08	78	多米尼加共和国	−9.47
28	希 腊	13.11	79	刚果共和国	−9.78
29	匈牙利	12.09	80	墨西哥	−10.39
30	丹 麦	11.76	81	加 纳	−10.51
31	西班牙	9.86	82	智 利	−10.99
32	特立尼达和多巴哥	9.84	83	哥斯达黎加	−11.82
33	荷 兰	9.80	84	科特迪瓦	−11.86
34	约 旦	9.73	85	尼泊尔	−11.97
35	卢森堡	8.80	86	洪都拉斯	−12.10
36	奥地利	8.77	87	叙利亚	−12.23
37	印度尼西亚	8.56	88	多 哥	−12.57
38	瑞 典	8.46	89	泰 国	−12.96
39	塞浦路斯	7.72	90	委内瑞拉	−14.66
40	比利时	7.21	91	秘 鲁	−16.03
41	安哥拉	7.05	92	巴拉圭	−17.30
42	法 国	7.00	93	巴 西	−19.30
43	芬 兰	6.61	94	南 非	−24.43
44	保加利亚	5.90	95	危地马拉	−24.93
45	赞比亚	5.81	96	巴拿马	−25.37
46	葡萄牙	5.51	97	哥伦比亚	−25.68
47	巴基斯坦	5.40	98	玻利维亚	−27.87
48	柬埔寨	4.63	99	海 地	−40.94
49	阿尔巴尼亚	4.61	100	莫桑比克	−53.56
50	澳大利亚	4.47	101	津巴布韦	−84.91
51	厄瓜多尔	4.15			

数据来源：根据 UNDP，*Human Development Report* 1992，Available at：http://hdr. undp. org/en/reports/global/hdr1992/和 *Human Development Report* 2011，Avaiable at：http://hdr. undp. org/en/reports/global/hdr2011/中的数据计算所得。

由表 2-2 可知，1990—2010 年 101 个国家中，"收入指数"变化率排名前 20 位的国家分别为：缅甸、博茨瓦纳、伊朗、卡塔尔、苏丹、印度、阿尔及利亚、埃塞俄比亚、科威特、罗马尼亚、新加坡、坦桑尼亚、利比亚、巴林、沙特阿拉伯、越南、新西兰、日本、阿联酋、埃及，其增幅均超过 20%，主要为亚洲、非洲国家。

排名后 20 位的国家分别为：智利、哥斯达黎加、科特迪瓦、尼泊尔、洪都拉斯、叙利亚、多哥、泰国、委内瑞拉、秘鲁、巴拉圭、巴西、南非、危地马拉、巴拿马、哥伦比亚、玻利维亚、海地、莫桑比克、津巴布韦，其降幅几乎都超过 10%，主要为非洲、南美洲和北美洲国家。

>>参考文献<<

1. Alexander Gorobets. Corrections to The Human Development Index and Alternative Indicators of Sustainability. International Journal of Sustainable Society，2011，3(2).

2. Ingrid Robeyns. The Capabilities Approach：A Theoretical Survey. Journal of Human Development，2005，6(1)：93-114.

3. Sager，Ambuj D. and Adil Najam. The Human Development Index：A Critical Review. Ecological Economics，1998，25：249-264.

4. Sánchez，Oscar Arias. The Legacy of Human Development：A Tribute to MahbubulHaq. Journal of Human Development，2000，1(1)：9-16.

5. UNDP. Human Development Report 1990—2011. Available at：http://hdr.undp.org/en/reports/global/hdr2011/.

6. 我们期望的未来. "里约＋20"联合国可持续发展大会，2012.

7. 杨永恒，胡鞍钢，张宁. 基于主成分分析法的人类发展指数替代技术. 经济研究，2005(7).

8. 朱成全，汪毅霖. 基于 HDI 的政治文明指标的理论构建和实证检验. 上海财经大学学报（哲学社会科学版），2009(11).

9. 李想，李秉龙. 从人类发展指数与幸福感的比较看社会发展指标的完善. 统计与决策，2009(13).

3.

健康类指标：不平等调整后预期寿命指数

绿色经济是促成提高人类福祉和社会公平，同时显著降低环境风险和生态稀缺的经济。无论是发达国家还是发展中国家，在经济发展过程中除了要面对资源、环境、生态问题，还要试图消除贫困，使人们均等地享有卫生、健康、教育、就业等机会。"里约＋20"联合国可持续发展大会提出实现持续、包容、公平的经济增长，为所有人创造相同的机会，减少不平等现象，推动公平社会发展。[①] 人类绿色发展除了要求经济增长的资源节约与环境友好，还要求社会发展的平等与公平，实现经济社会可持续的包容性增长。

人作为进行经济活动的主体，其健康是绿色发展最根本的保证。在推动全球绿色发展进程中，人类的全面健康是基础与根本保障，体现了绿色发展的内在要求。目前，全世界仍然有大量的人生活在贫困当中，而可持续发展要求每个人都过着体面的生活。如何帮助人类走出贫困，减少疾病，保持健康，是人类绿色发展指数关注的核心问题。

2012年"里约＋20"联合国可持续发展大会认为：疾病给全球带来的负担和威胁是21世纪发展面临的主要挑战之一，健康是所有层面实现可持续发展的先决条件、成果以及指标，对增进社会融合、促进经济增长具有重要意义。我们认识到，要实现可持续发展的各项目标，必须消除各种削弱人类能力的传染性和非传染性疾病，必须使各国人民享有身心社会福祉。就穷人、脆弱人群和全体民众健康的社会和环境决定因素采取行动，对于创建包容、平等、富于经济生产力、健康的社会具有重要意义。我们期望充分落实人人享有最高标准身心健康的权利。在这方面，联合国开发计划署的研究成果对我们非常有启发。

>> 3.1 为什么选取"不平等调整后预期寿命指数"指标 <<

为了体现绿色发展对经济社会可持续的包容性，在考虑不平等分布因素下计算得出能体现

---

① 《我们期望的未来》，"里约＋20"联合国可持续发展大会，2012；《什么是可持续发展？》，来源于联合国官方网站，载 http://www.un.org/zh/sustainablefuture/sustainability.shtml，2013-07-16。

公平、平等的预期寿命指数，本报告的测度中采用了联合国开发计划署不平等调整后人类发展指数(IHDI)中的"不平等调整后预期寿命指数"。

3.1.1 "不平等调整后预期寿命指数"的指标含义[①]

"不平等调整后预期寿命指数"是指在考虑不平等分布因素下，以联合国经济和社会事务部生命表数据为基础，按照年龄区间(0～1岁，1～5岁，5～10岁……85岁以上)分组计算得出能体现公平、平等的预期寿命指数，是"不平等调整后人类发展指数"的三个指标之一。"不平等调整后预期寿命指数"借鉴英国著名经济学家安东尼·B.阿特金森测度不平等的方法，对一个国家健康方面的情况进行综合评估，指数值越高，说明该国的健康状况越好，居民享有获取健康的机会越公平、平等。

3.1.2 "不平等调整后预期寿命指数"在同类指标中的优势

较之于传统人类发展指数(HDI)中的"预期寿命指数"，"不平等调整后预期寿命指数"考虑了各国各年龄组别不平等因素，反映的是人类健康发展的实际水平，是对传统"预期寿命指数"的有效补充。

HDI中的"预期寿命指数"以联合国经济和社会事务部生命表数据为基础，按照以下方法进行测算。[②]

2009年之前的计算公式：

预期寿命指数(LEI)＝(LE－25)/(85－25)，其中LE表示各国的预期寿命，25和85表示出生时全球最低预期寿命和全球最高预期寿命。

2010年调整了寿命目标值以后新的计算公式：

预期寿命指数(LEI)＝(LE－20)/(83.4－20)，其中LE表示各国的预期寿命，20和83.4表示调整后的出生时全球最低预期寿命和全球最高预期寿命。

无论是2009年以前的计算方法，还是2010年调整了寿命目标值以后新的计算方法，HDI中的"预期寿命指数"都是对该国总人口的预期寿命进行估计，没有将各国人口按照年龄区间进行分组，不涉及公平与不平等调整问题，因此不能体现绿色发展对经济社会可持续的包容性。

而"不平等调整后预期寿命指数"引入了英国著名经济学家安东尼·B.阿特金森测度不平等的方法，将联合国经济和社会事务部生命表数据按照年龄区间(0～1岁，1～5岁，5～10岁……85岁以上)分组，并分别估计测算每个年龄区间的预期寿命，在此基础上按照一定的权重加权得

① UNDP, *Human Development Report* 2010, Available at：http://hdr.undp.org/en/reports/global/hdr2010; *Human Development Report* 2011, Available at：http://hdr.undp.org/en/reports/global/hdr2011; *Human Development Report* 2013, Available at：http://hdr.undp.org/en/reports/global/hdr2013.

② UNDP, *Human Development Report* 1990, Available at：http://hdr.undp.org/en/reports/global/hdr1990; *Human Development Report* 2010, Available at：http://hdr.undp.org/en/reports/global/hdr2010.

到"不平等调整后预期寿命指数"，其计算方法如下。[①]

"不平等调整后预期寿命指数"借鉴阿特金森（1970）测量不平等的系列指标，并将规避参数 ε 设定为1。在测算中不平等系数 A 的度量方法为 $A = 1-(g/\mu)$，其中 g 为不同区间样本数据的几何平均数，μ 为总样本数据的算术平均数。那么，预期寿命不平等系数 $A_{寿命}$ 可以表示为：

$$A_{寿命} = 1 - \frac{\sqrt[n]{x_{寿命1}\cdots x_{寿命n}}}{\overline{X}_{寿命}}$$

其中，$\overline{X}_{寿命}$ 表示联合国经济和社会事务部生命表中该国预期寿命总样本数据的均值，$\sqrt[n]{x_{寿命1}\cdots x_{寿命n}}$ 表示按照年龄区间（0～1岁，1～5岁，5～10岁……85岁以上）分组预期寿命的几何平均值。该公式可转换为：

$$(1-A_{寿命})\overline{X}_{寿命} = \sqrt[n]{x_{寿命1}\cdots x_{寿命n}}$$

几何平均数代表了算术平均数减去分配的不均等。

计算该国 HDI 中的"预期寿命指数"$I_{寿命}$，那么"不平等调整后预期寿命指数"I^* 可表示为：

$$I^* = (1-A_{寿命})I_{寿命}$$

"不平等调整后预期寿命指数"是在考虑各年龄组别不平等分布因素前提下计算得出能体现公平、平等的预期寿命指数，其对一个国家健康方面的情况进行综合评估，指数值越高，说明该国的健康状况越好，居民享有获取健康的机会越公平、平等。

3.1.3 "不平等调整后预期寿命指数"指标的国际影响力

HDI 由联合国开发计划署于1990年研究提出，用以衡量世界各国经济社会的综合发展水平。由于 HDI 指标体系简洁，数据较易获得，且可适用于不同的国家和地区，自1990年以来，联合国开发计划署每年都向全球发布 HDI，在世界许多国家和地区产生了较大的影响，已经成为世界通用的指标体系。

HDI 旨在对人类发展的现状进行评估，通过提出关于"人类发展"的定义，创造性地建立了超越 GDP 核算标准的发展评价尺度。HDI 从三个维度动态地对人类发展状况进行了衡量与反映，揭示了一个国家的优先发展项目，为世界各国尤其是发展中国家制定发展政策提供了一定依据，有助于挖掘一国经济发展潜力。通过分解 HDI，各国可以制定适宜该国长远发展的战略决策，认清其竞争优势和劣势，发现社会发展中的薄弱环节，为资源的优化配置提供一种可行途径，为经济与社会发展提供预警。

"不平等调整后预期寿命指数"是"不平等调整后人类发展指数"的三个指标之一，是联合国开发计划署于2010年在 HDI 基础上进行的研究，是对 HDI 的有效补充。该指数真实地反映了人类健康发展的水平，被国内外社会各界广泛接受。

[①] UNDP，*Human Development Report* 2011，Available at：http://hdr.undp.org/en/reports/global/hdr2011/；*Human Development Report* 2013，Available at：http://hdr.undp.org/en/reports/global/hdr2013/.

>> 3.2 "不平等调整后预期寿命指数"指标的统计特征<<

下面分别对"不平等调整后预期寿命指数"2010 年各国数据分布情况以及 1990—2010 年 HDI 中"预期寿命指数"的动态变化情况进行简要分析。

3.2.1 2010 年"不平等调整后预期寿命指数"指标的统计特征————

2010 年"不平等调整后预期寿命指数"共有 169 个国家或地区参评，指数值在 0～1 之间，指数值越高，说明该国（地区）的健康状况越好，居民享有获取健康的机会越公平、平等。在人类绿色发展指数测评的 123 个国家中，2010 年"不平等调整后预期寿命指数"的均值为 0.688，其中超过均值的国家有 76 个，占所有测评国家的 61.79％。

2010 年"不平等调整后预期寿命指数"在 123 个测评国家的中位数为 0.727，各国之间的差异较大。指数值最高的国家为日本，指数值达到 0.961，居民享有获取健康的机会高度公平、平等；指数值最低的国家为安哥拉，指数值仅为 0.206，其居民享有获取健康的机会相对不公平、不平等。

2010 年测评的 123 个国家中，"不平等调整后预期寿命指数"排名前 20 位的国家分别为：日本、冰岛、瑞士、瑞典、澳大利亚、法国、意大利、西班牙、挪威、新加坡、以色列、加拿大、芬兰、奥地利、新西兰、荷兰、爱尔兰、德国、比利时、希腊，其指数值均超过 0.9，主要为欧洲、亚洲的发达国家。

排名后 20 位的国家分别为：多哥、缅甸、博茨瓦纳、贝宁、苏丹、坦桑尼亚、科特迪瓦、塞内加尔、加纳、肯尼亚、南非、埃塞俄比亚、刚果共和国、津巴布韦、喀麦隆、莫桑比克、赞比亚、尼日利亚、刚果民主共和国、安哥拉，其指数值均低于 0.5，主要为非洲的发展中国家。

2010 年"不平等调整后预期寿命指数"指标排名最高和最低的 20 个国家如表 3-1 所示。

表 3-1　　　　2010 年"不平等调整后预期寿命指数"指标排名最高和最低的 20 个国家

排 名	国 家	指标值	排 名	国 家	指标值
1	日 本	0.961	104	多 哥	0.443
2	冰 岛	0.948	105	缅 甸	0.418
3	瑞 士	0.941	106	博茨瓦纳	0.417
4	瑞 典	0.934	107	贝 宁	0.404
5	澳大利亚	0.934	108	苏 丹	0.379
6	法 国	0.932	109	坦桑尼亚	0.365
7	意大利	0.931	110	科特迪瓦	0.361
8	西班牙	0.928	111	塞内加尔	0.359

排　名	国　家	指标值	排　名	国　家	指标值
9	挪　威	0.927	112	加　纳	0.354
10	新加坡	0.925	113	肯尼亚	0.354
11	以色列	0.922	114	南　非	0.353
12	加拿大	0.918	115	埃塞俄比亚	0.331
13	芬　兰	0.913	116	刚果共和国	0.312
14	奥地利	0.913	117	津巴布韦	0.281
15	新西兰	0.912	118	喀麦隆	0.279
16	荷　兰	0.911	119	莫桑比克	0.244
17	爱尔兰	0.911	120	赞比亚	0.231
18	德　国	0.911	121	尼日利亚	0.220
19	比利时	0.911	122	刚果民主共和国	0.209
20	希　腊	0.907	123	安哥拉	0.206

数据来源：联合国开发计划署：不平等调整后人类发展指数，载 http://hdr.undp.org/en/media/HDR_2010_EN_Tables_rev.xls。

3.2.2　1990—2010 年 HDI 中"预期寿命指数"的动态变化情况

由于"不平等调整后预期寿命指数"由联合国开发计划署于 2010 年才开始研发公布，且"不平等调整后预期寿命指数"是对 HDI 中的"预期寿命指数"的有效补充，因此对于该指标的动态变化情况我们只能以 1990—2010 年 HDI 中的"预期寿命指数"进行辅助分析。

1990—2010 年，人类绿色发展指数 123 个测评国家中只有 101 个国家拥有全部数据。20 年间，101 个国家"预期寿命指数"均值由 1990 年的 0.689 上升为 2010 年的 0.726，说明人类的预期寿命稳步提升。具体到各个国家，有 67 个国家的"预期寿命指数"呈上升趋势，占 101 个国家的 66.34%；有 34 个国家的"预期寿命指数"有所下降，占 101 个国家的 33.66%。尼泊尔的上升幅度最大，增幅高达 25.45%；赞比亚下降的比例最高，降幅为 52.78%。20 年来，全世界的健康状况有较大改善，但部分国家受贫穷、疾病等因素的影响，全国健康水平还有很大的提升空间。1990—2010 年各国"预期寿命指数"的动态变化情况如表 3-2 所示。

表 3-2　　　　　　　　　1990—2010 年各国"预期寿命指数"的动态变化情况

排　名	国　家	2010 年/1990 年变化率(%)	排　名	国　家	2010 年/1990 年变化率(%)
1	尼泊尔	25.45	52	黎巴嫩	4.82
2	孟加拉国	24.21	53	荷　兰	4.76
3	利比亚	23.67	54	萨尔瓦多	4.57
4	韩　国	19.96	55	美　国	4.50
5	越　南	19.31	56	丹　麦	4.47
6	新加坡	13.30	57	约　旦	4.44

续表

排 名	国 家	2010 年/1990 年变化率(%)	排 名	国 家	2010 年/1990 年变化率(%)
7	叙利亚	12.19	58	匈牙利	4.09
8	秘 鲁	11.96	59	土耳其	3.28
9	沙特阿拉伯	11.85	60	巴 西	3.21
10	阿联酋	11.56	61	哥斯达黎加	3.20
11	印度尼西亚	11.45	62	泰 国	3.12
12	卡塔尔	11.37	63	阿根廷	3.06
13	智 利	11.09	64	阿尔及利亚	2.89
14	捷 克	10.57	65	乌拉圭	2.49
15	爱尔兰	10.23	66	阿尔巴尼亚	1.92
16	贝 宁	10.12	67	洪都拉斯	0.54
17	奥地利	9.98	68	危地马拉	−0.05
18	意大利	9.55	69	委内瑞拉	−0.73
19	葡萄牙	9.08	70	伊 朗	−0.98
20	埃 及	9.01	71	斯里兰卡	−1.23
21	新西兰	8.99	72	哥伦比亚	−1.64
22	德 国	8.89	73	罗马尼亚	−1.65
23	比利时	8.88	74	加 蓬	−2.73
24	法 国	8.83	75	保加利亚	−2.87
25	厄瓜多尔	8.79	76	巴拿马	−3.06
26	澳大利亚	8.77	77	埃塞俄比亚	−3.15
27	摩洛哥	8.71	78	中 国	−4.98
28	以色列	8.68	79	巴拉圭	−5.56
29	卢森堡	8.62	80	塞内加尔	−7.58
30	玻利维亚	8.60	81	巴基斯坦	−8.05
31	芬 兰	8.49	82	多 哥	−8.42
32	尼加拉瓜	8.31	83	苏 丹	−11.96
33	也 门	8.09	84	海 地	−13.43
34	突尼斯	8.03	85	牙买加	−13.88
35	柬埔寨	8.00	86	印 度	−15.09
36	菲律宾	7.84	87	特立尼达和多巴哥	−15.90
37	冰 岛	7.77	88	多米尼加共和国	−20.22
38	瑞 士	7.76	89	科特迪瓦	−23.70
39	日 本	7.59	90	坦桑尼亚	−24.38
40	西班牙	7.04	91	博茨瓦纳	−28.11
41	瑞 典	6.98	92	加 纳	−29.23

续表

排　名	国　家	2010 年/1990 年变化率(%)	排　名	国　家	2010 年/1990 年变化率(%)
42	挪　威	6.79	93	缅　甸	−30.87
43	英　国	6.52	94	刚果共和国	−34.71
44	希　腊	6.47	95	莫桑比克	−34.94
45	巴　林	6.37	96	肯尼亚	−38.87
46	波　兰	6.34	97	安哥拉	−39.73
47	马来西亚	6.07	98	喀麦隆	−41.59
48	加拿大	5.98	99	南　非	−42.28
49	墨西哥	5.64	100	津巴布韦	−51.24
50	塞浦路斯	5.53	101	赞比亚	−52.78
51	科威特	5.36			

数据来源：根据 UNDP, *Human Development Report* 1992, Available at: http://hdr. undp. org/en/reports/global/hdr1992/和 *Human Development Report* 2011, Available at: http://hdr. undp. org/en/reports/global/hdr2011/中的数据计算所得。

由表 3-2 可知，1990—2010 年 101 个国家中，"预期寿命指数"变化率排名前 20 位的国家分别为：尼泊尔、孟加拉国、利比亚、韩国、越南、新加坡、叙利亚、秘鲁、沙特阿拉伯、阿联酋、印度尼西亚、卡塔尔、智利、捷克、爱尔兰、贝宁、奥地利、意大利、葡萄牙、埃及，其增幅均超过 9%，主要为亚洲、南美洲和北美洲国家。

排名后 20 位的国家分别为：多哥、苏丹、海地、牙买加、印度、特立尼达和多巴哥、多米尼加共和国、科特迪瓦、坦桑尼亚、博茨瓦纳、加纳、缅甸、刚果共和国、莫桑比克、肯尼亚、安哥拉、喀麦隆、南非、津巴布韦、赞比亚，其降幅几乎都超过 10%，主要为非洲国家。

>>参考文献<<

1. Alexander Gorobets. Corrections to the Human Development Index and Alternative Indicators of Sustainability. International Journal of Sustainable Society, 2011, 3(2).

2. Ingrid Robeyns. The Capabilities Approach: A Theoretical Survey. Journal of Human Development, 2005, 6(1): 93-114.

3. Sager, Ambuj D. and Adil Najam. The Human Development Index: A Critical Review. Ecological Economics, 1998, 25: 249-264.

4. Sánchez, Oscar Arias. The Legacy of Human Development: A Tribute to MahbubulHaq. Journal of Human Development, 2000, 1(1): 9-16.

5. UNDP. Human Development Report 1990—2011. Available at: http://hdr. undp. org/en/reports/global/hdr2011/.

6. 我们期望的未来. "里约＋20"联合国可持续发展大会，2012.

7. 杨永恒，胡鞍钢，张宁. 基于主成分分析法的人类发展指数替代技术. 经济研究，2005(7).

8. 朱成全，汪毅霖. 基于 HDI 的政治文明指标的理论构建和实证检验. 上海财经大学学报（哲学社会科学版），2009(11).

9. 李想，李秉龙. 从人类发展指数与幸福感的比较看社会发展指标的完善. 统计与决策，2009(13).

4.

教育类指标：不平等调整后教育指数

　　教育是社会发展和经济增长的动力和原因，人类的绿色发展要以教育为依托。绿色发展的外在表现形式为绿色生产与绿色消费，而实现绿色生产与绿色消费的绿色技术、绿色理念源自教育。教育在推动科技进步的同时产生了资源节约的绿色技术与环境友好的绿色理念，让人们拥有可持续发展意识，助推经济社会的可持续发展。以人为本的发展理念与绿色发展有共同的内在要求，而教育则是提升人力资本、推动人全面发展的主要手段和方式。在教育的依托下，人力资本可以创造新的绿色技术，产生新的绿色理念，从而推动人类的绿色发展。

　　2012 年"里约＋20"联合国可持续发展大会认为：普及高质量的各级教育，是实现可持续发展、消除贫穷、性别平等、增强妇女权能以及人类发展的必要条件，是实现包括千年发展目标在内的国际商定发展目标的必要条件，是妇女和男子，尤其是青年人充分参与的必要条件。在这方面，我们要确保人人享有平等的受教育机会。①

>> 4.1　为什么选取"不平等调整后教育指数"指标 <<

　　为了体现绿色发展对经济社会可持续的包容性，在考虑不平等分布因素前提下计算得出能体现公平、平等的教育指数，本报告的测度中采用了联合国开发计划署"不平等调整后人类发展指数"（IHDI）中的"不平等调整后教育指数"。

4.1.1　"不平等调整后教育指数"的指标含义② ──────────

　　"不平等调整后教育指数"是指在考虑不平等分布因素下，以各国平均受教育年限为基础，

---

① 《我们期望的未来》，"里约＋20"联合国可持续发展大会，2012。
② UNDP, *Human Development Report* 2010，Available at：http://hdr. undp. org/en/reports/global/hdr2010/；*Human Development Report* 2011，Available at：http://hdr. undp. org/en/reports/global/hdr2011/；*Human Development Report* 2013，Available at：http://hdr. undp. org/en/reports/global/hdr2013/.

依据卢森堡收入研究所数据库、欧盟统计局欧盟收入和生活状况统计数据库、世界银行国际收入分配数据库等多个数据调整计算得出能体现公平、平等的教育指数，是"不平等调整后人类发展指数"的三个指标之一。"不平等调整后教育指数"借鉴英国著名经济学家安东尼·B. 阿特金森测度不平等的方法，对一个国家平均受教育年限的情况进行综合评估，指数值越高，说明该国的教育状况越好，居民享有受教育的机会越公平、平等。

4.1.2 "不平等调整后教育指数"在同类指标中的优势————————

较之于传统人类发展指数（HDI）中的"教育指数"，"不平等调整后教育指数"考虑了各国不平等因素，反映的是各国教育状况的实际水平。

HDI 中的"教育指数"以成人识字率、预期受教育年限等数据为基础，按照以下方法进行测算。[1]

2009 年之前的计算公式：

教育指数（EI）＝（2/3）XALI＋（1/3）XGEI，其中成人识字率指数（ALI）＝（ALR－0）/（100－0），综合毛入学率指数（GEI）＝（CGER－0）/（100－0）。

2010 年调整了基础指标以后新的计算公式：

教育指数（EI）＝（$\sqrt{MYSI \times EYSI}$－0）/（0.951－0），其中平均学校教育年数指数（MYSI）＝（MYS－0）/（13.1－0），13.1 表示全球平均学校教育年数的最大值；预期学校教育年数指数（EYSI）＝（EYS－0）/（18.0－0），18.0 表示全球预期学校教育年数的最大值。

无论是 2009 年以前的计算方法，还是 2010 年调整了基础指标以后新的计算方法，HDI 中的"教育指数"都是对该国总人口的受教育程度进行估计，没有将各国人口按照年龄区间进行分组，不涉及公平与不平等调整问题，因此不能体现绿色发展对经济社会可持续的包容性。

而"不平等调整后教育指数"引入了英国著名经济学家安东尼·B. 阿特金森测度不平等的方法，将各国平均受教育年限依据卢森堡收入研究所数据库、欧盟统计局欧盟收入和生活状况统计数据库、世界银行国际收入分配数据库等多个数据库的数据进行调整，在此基础上按照一定的权重加权得到"不平等调整后教育指数"，其计算方法如下。[2]

"不平等调整后教育指数"借鉴阿特金森（1970）测量不平等的系列指标，并将规避参数 ε 设定为 1。在测算中不平等系数 A 的度量方法为 $A = 1-(g/\mu)$，其中 g 为不同区间样本数据的几何平均数，μ 为总样本数据的算术平均数。那么，教育不平等系数 $A_{教育}$ 可以表示为：

$$A_{教育} = 1 - \frac{\sqrt[n]{x_{教育1} \cdots x_{教育n}}}{\overline{X}_{教育}}$$

① UNDP, *Human Development Report* 1990, Available at：http://hdr. undp. org/en/reports/global/hdr1990/；*Human Development Report* 2010, Available at：http://hdr. undp. org/en/reports/global/hdr2010/.

② UNDP, *Human Development Report* 2011, Available at：http://hdr. undp. org/en/reports/global/hdr2011/；*Human Development Report* 2013, Available at：http://hdr. undp. org/en/reports/global/hdr2013/.

其中，$\overline{X}_{教育}$表示各国受教育年限总样本数据的均值，$\sqrt[n]{x_{教育1}\cdots x_{教育n}}$表示按照年龄区间分组依据卢森堡收入研究所数据库、欧盟统计局欧盟收入和生活状况统计数据库、世界银行国际收入分配数据库等多个数据库的数据进行调整后受教育年限的几何平均值。该公式可转换为：

$$(1-A_{教育})\overline{X}_{教育} = \sqrt[n]{x_{教育1}\cdots x_{教育n}}$$

几何平均数代表了算术平均数减去分配的不均等。

计算该国 HDI 中的"教育指数"$I_{教育}$，那么"不平等调整后教育指数"I^*可表示为：

$$I^* = (1-A_{教育})I_{教育}$$

"不平等调整后教育指数"是在考虑不平等分布因素前提下计算得出能体现公平、平等的教育指数，其对一个国家平均受教育年限的情况进行综合评估，指数值越高，说明该国的教育状况越好，居民享有受教育的机会越公平、平等。

4.1.3 "不平等调整后教育指数"指标的国际影响力

HDI 由联合国开发计划署于 1990 年研究提出，用以衡量世界各国经济社会的综合发展水平。由于 HDI 指标体系简洁，数据较易获得，且可适用于不同的国家和地区，自 1990 年以来，联合国开发计划署每年都向全球发布 HDI，在世界许多国家和地区产生了较大的影响，已经成为世界通用的指标体系。

HDI 旨在对人类发展的现状进行评估，通过提出关于"人类发展"的定义，创造性地建立了超越 GDP 核算标准的发展评价尺度。HDI 从三个维度动态地对人类发展状况进行了衡量与反映，揭示了一个国家的优先发展项目，为世界各国尤其是发展中国家制定发展政策提供了一定依据，有助于挖掘一国经济发展潜力。通过分解 HDI，各国可以制定适宜该国长远发展的战略决策，认清其竞争优势和劣势，发现社会发展中的薄弱环节，为资源的优化配置提供一种可行途径，为经济与社会发展提供预警。

"不平等调整后教育指数"是"不平等调整后人类发展指数"的三个指标之一，是联合国开发计划署于 2010 年在 HDI 基础上进行的研究，是对 HDI 的有效补充。该指数真实地反映了人类教育发展的水平，被国内外社会各界广泛接受。

>> 4.2 "不平等调整后教育指数"指标的统计特征 <<

下面分别对"不平等调整后教育指数"2010 年各国数据分布情况以及 1990—2010 年 HDI 中"教育指数"的动态变化情况进行简要分析。

4.2.1 2010 年"不平等调整后教育指数"指标的统计特征

2010 年"不平等调整后教育指数"共有 169 个国家或地区参评，指数值在 0～1 之间，指数值越高，说明该国（地区）的居民受教育情况越好，居民享有受教育的机会越公平、平等。在人类绿色发展指数测评的 123 个国家中，2010 年"不平等调整后教育指数"的均值为 0.572，其中超过均值的国家有 68 个，占所有测评国家的 55.28%。

2010 年"不平等调整后教育指数"在 123 个测评国家间的差异较大。指数值最高的国家为新西兰，指数值达到 0.983，居民享有受教育的机会高度公平、平等；指数值最低的国家为埃塞俄比亚，指数值仅为 0.137，其居民享有获取教育的机会相对不公平、不平等。

2010 年测评的 123 个国家中，"不平等调整后教育指数"排名前 20 位的国家分别为：新西兰、澳大利亚、挪威、日本、爱尔兰、美国、捷克、德国、冰岛、爱沙尼亚、加拿大、荷兰、瑞典、斯洛伐克、匈牙利、丹麦、芬兰、立陶宛、以色列、乌克兰，其指数值几乎均超过 0.8，主要为欧洲、美洲、亚洲等的发达国家。

排名后 20 位的国家分别为：埃及、危地马拉、多哥、印度、摩洛哥、刚果民主共和国、苏丹、坦桑尼亚、尼日利亚、孟加拉国、海地、安哥拉、贝宁、巴基斯坦、尼泊尔、塞内加尔、科特迪瓦、也门、莫桑比克、埃塞俄比亚，其指数值几乎均低于 0.3，主要为非洲的发展中国家。

2010 年"不平等调整后教育指数"指标排名最高和最低的 20 个国家如表 4-1 所示。

表 4-1 　　　　　　2010 年"不平等调整后教育指数"指标排名最高和最低的 20 个国家

排 名	国 家	指标值	排 名	国 家	指标值
1	新西兰	0.983	104	埃 及	0.304
2	澳大利亚	0.982	105	危地马拉	0.270
3	挪 威	0.919	106	多 哥	0.264
4	日 本	0.901	107	印 度	0.255
5	爱尔兰	0.888	108	摩洛哥	0.246
6	美 国	0.863	109	刚果民主共和国	0.244
7	捷 克	0.859	110	苏 丹	0.244
8	德 国	0.858	111	坦桑尼亚	0.237
9	冰 岛	0.854	112	尼日利亚	0.228
10	爱沙尼亚	0.851	113	孟加拉国	0.219
11	加拿大	0.834	114	海 地	0.219
12	荷 兰	0.834	115	安哥拉	0.207
13	瑞 典	0.825	116	贝 宁	0.202
14	斯洛伐克	0.821	117	巴基斯坦	0.196
15	匈牙利	0.815	118	尼泊尔	0.193
16	丹 麦	0.813	119	塞内加尔	0.172
17	芬 兰	0.805	120	科特迪瓦	0.160
18	立陶宛	0.803	121	也 门	0.149
19	以色列	0.799	122	莫桑比克	0.144
20	乌克兰	0.795	123	埃塞俄比亚	0.137

注：日本、新西兰等国家的数据由 2010 年非调整的 HDI 补值。

数据来源：联合国开发计划署：不平等调整后人类发展指数，载 http://hdr.undp.org/en/media/HDR_2010_EN_Tables_rev.xls。

4.2.2　1990—2010 年 HDI 中"教育指数"的动态变化情况

由于"不平等调整后教育指数"由联合国开发计划署于 2010 年才开始研发公布，且"不平等调整后教育指数"是 HDI 中的"教育指数"的有效补充，因此对于该指标的动态变化情况我们只能以 1990—2010 年 HDI 中的"教育指数"进行辅助分析。

1990—2010 年，人类绿色发展指数 123 个测评国家中只有 101 个国家拥有全部数据。20 年间，101 个国家"教育指数"均值由 1990 年的 0.535 上升为 2010 年的 0.585，说明人类的受教育年限稳步提升。具体到各个国家，有 51 个国家的"教育指数"呈上升趋势，占 101 个国家的 50.50％；有 50 个国家的"教育指数"有所下降，占 101 个国家的 49.50％。伊朗的上升幅度最大，增幅高达 84.47％；埃塞俄比亚下降的比例最高，降幅为 69.05％。20 年来，全世界的教育状况有较大改善，但部分国家受贫穷等因素的影响，全国教育水平还有很大的提升空间。1990—2010 年各国"教育指数"的动态变化情况如表 4-2 所示。

表 4-2　　　　　　　　1990—2010 年各国"教育指数"的动态变化情况

排　名	国　家	2010 年/1990 年变化率（％）	排　名	国　家	2010 年/1990 年变化率（％）
1	伊　朗	84.47	52	韩　国	−1.18
2	阿联酋	83.91	53	乌拉圭	−2.22
3	利比亚	71.65	54	玻利维亚	−3.76
4	阿尔及利亚	68.30	55	黎巴嫩	−3.77
5	沙特阿拉伯	63.63	56	塞浦路斯	−3.86
6	新西兰	54.85	57	墨西哥	−5.59
7	巴　林	50.12	58	约　旦	−7.80
8	博茨瓦纳	44.08	59	牙买加	−8.12
9	澳大利亚	40.66	60	特立尼达和多巴哥	−8.36
10	加　蓬	39.04	61	埃　及	−8.38
11	马来西亚	38.76	62	津巴布韦	−8.66
12	柬埔寨	37.01	63	孟加拉国	−9.48
13	苏　丹	32.89	64	多　哥	−10.04
14	挪　威	31.59	65	中　国	−10.23
15	日　本	29.48	66	菲律宾	−10.96
16	爱尔兰	28.82	67	秘　鲁	−13.28
17	新加坡	28.76	68	刚果共和国	−14.06
18	贝　宁	27.28	69	突尼斯	−14.51
19	捷　克	24.55	70	喀麦隆	−14.63
20	冰　岛	23.76	71	巴　西	−15.07
21	德　国	23.15	72	斯里兰卡	−15.18
22	美　国	23.05	73	厄瓜多尔	−15.25

续表

排　名	国　家	2010年/1990年 变化率（%）	排　名	国　家	2010年/1990年 变化率（%）
23	希　腊	22.34	74	萨尔瓦多	−17.07
24	荷　兰	19.99	75	巴基斯坦	−17.62
25	加拿大	19.15	76	委内瑞拉	−18.57
26	西班牙	19.08	77	哥斯达黎加	−18.69
27	以色列	18.86	78	印度尼西亚	−19.39
28	科威特	18.56	79	哥伦比亚	−19.90
29	瑞　典	18.32	80	巴拉圭	−19.93
30	匈牙利	17.81	81	肯尼亚	−21.18
31	加　纳	17.81	82	泰　国	−22.46
32	丹　麦	17.10	83	印　度	−22.64
33	卡塔尔	16.65	84	缅　甸	−23.96
34	芬　兰	15.81	85	洪都拉斯	−24.35
35	葡萄牙	14.20	86	土耳其	−26.37
36	瑞　士	12.81	87	安哥拉	−26.83
37	比利时	12.63	88	摩洛哥	−27.37
38	南　非	10.28	89	危地马拉	−29.19
39	英　国	9.67	90	叙利亚	−29.84
40	尼泊尔	8.63	91	多米尼加共和国	−32.12
41	奥地利	8.09	92	赞比亚	−33.16
42	法　国	7.44	93	塞内加尔	−33.31
43	波　兰	7.10	94	越　南	−33.52
44	保加利亚	6.03	95	莫桑比克	−35.94
45	巴拿马	5.70	96	海　地	−39.13
46	意大利	5.17	97	尼加拉瓜	−39.88
47	罗马尼亚	4.08	98	也　门	−42.88
48	阿尔巴尼亚	2.29	99	坦桑尼亚	−46.18
49	智　利	1.44	100	科特迪瓦	−56.09
50	阿根廷	1.15	101	埃塞俄比亚	−69.05
51	卢森堡	0.71			

数据来源：根据 UNDP，*Human Development Report* 1992，Available at：http://hdr.undp.org/en/reports/global/hdr1992/和 *Human Development Report* 2011，Available at：http://hdr.undp.org/en/reports/global/hdr2011/中的数据计算所得。

由表 4-2 可知，1990—2010 年 101 个国家中，"教育指数"变化率排名前 20 位的国家分别为：伊朗、阿联酋、利比亚、阿尔及利亚、沙特阿拉伯、新西兰、巴林、博茨瓦纳、澳大利亚、加蓬、马来西亚、柬埔寨、苏丹、挪威、日本、爱尔兰、新加坡、贝宁、捷克、冰岛，其增幅均超过 20%，主要为亚洲、南美洲和北美洲国家。

　　排名后 20 位的国家分别为：泰国、印度、缅甸、洪都拉斯、土耳其、安哥拉、摩洛哥、危地马拉、叙利亚、多米尼加共和国、赞比亚、塞内加尔、越南、莫桑比克、海地、尼加拉瓜、也门、坦桑尼亚、科特迪瓦、埃塞俄比亚，其降幅几乎都超过 20%，主要为非洲国家。

>>参考文献<<

1. Alexander Gorobets. Corrections to the Human Development Index and Alternative Indicators of Sustainability. International Journal of Sustainable Society，2011，3(2).

2. Ingrid Robeyns. The Capabilities Approach：A Theoretical Survey. Journal of Human Development，2005，6(1)：93-114.

3. Sager，Ambuj D. and Adil Najam. The Human Development Index：A Critical Review. Ecological Economics，1998，25：249-264.

4. Sánchez，Oscar Arias. The Legacy of Human Development：A Tribute to MahbubulHaq. Journal of Human Development，2000，1(1)：9-16.

5. UNDP. Human Development Report 1990—2011. Available at：http://hdr. undp. org/en/reports/global/hdr2011/.

6. 我们期望的未来. "里约＋20"联合国可持续发展大会，2012.

7. 杨永恒，胡鞍钢，张宁. 基于主成分分析法的人类发展指数替代技术. 经济研究，2005(7).

8. 朱成全，汪毅霖. 基于 HDI 的政治文明指标的理论构建和实证检验，上海财经大学学报（哲学社会科学版），2009(11).

9. 李想，李秉龙. 从人类发展指数与幸福感的比较看社会发展指标的完善. 统计与决策，2009(13).

5.

卫生类指标：获得改善卫生设施的人口占一国总人口的比例

基础卫生设施不仅事关公众健康与福祉，还与减贫脱困密切有关，是影响人类发展质量的重要因素。"获得改善卫生设施的人口占一国总人口的比例"是人类绿色发展指标的重要组成部分。

>> 5.1 为什么选取"获得改善卫生设施的人口占一国总人口的比例"指标 <<

获得改善卫生设施是指具有最基本的处理排泄物的设施，这些设施能够有效防止人畜及蚊蝇与排泄物接触。经改善的卫生设施包括从简单但有防护的厕坑到连通污水管道的直冲式厕所，为了保证有效，卫生设施的修建方式必须正确并得到适当维护。

5.1.1 卫生类指标的意义

卫生设施的选取具有重要意义。世界卫生组织和联合国儿童基金会在 2010 年 5 月 13 日的调研报告中指出，2009 年 3 月，全球已在 2010 年提前实现了联合国千年发展目标中有关将无法持续获得安全饮用水的人口比例在 1990 年的基础上减少一半的目标。然而，各国在改进基础卫生设施方面却进展缓慢，目前全球仅有 64％的人口能够获得良好的卫生设施，距联合国千年发展目标所设立的目标相差 8 个百分点，因此可能无法按期实现联合国千年发展目标中的相关目标。报告称，全球现有超过 24 亿人缺乏良好的基础卫生设施，相当于世界总人口的 1/3。其中，超过 7 亿 6 000 万人需要使用公共厕所，近 7 亿人使用的卫生设施不符合最低的卫生标准。同时，截至 2011 年，全球共有约 10 亿人口无厕所可用，只能露天排便，其中 90％发生在农村地区。

世界卫生组织公共卫生与环境司引述报告中呼吁各国为实现相关目标尽快落实此前的政治承诺，并积极投入更多的扶持资金，要求各国携手行动，力争到 2025 年之前消除人们在露天大小便的行为。同时强调，这些人所处境况的紧迫性虽然不及地震或者海啸那样令人恐惧，但它是一种"沉默的灾难"，反映了当今世界的极端贫穷和巨大的不平等。①

5.1.2 "获得改善卫生设施的人口占一国总人口的比例"指标的意义

一方面，"获得改善卫生设施的人口占一国总人口的比例"是一国在改善卫生设施上的现状和成效的表现，因此通过该指标能够有效反映人类绿色发展的程度。享有基本卫生设施服务是实现消除贫困、健康、性别和环境卫生方面千年发展目标的先决条件。卫生设施的改善有利于人类健康和环境保护。改善卫生设施的最大益处是提高公众的健康水平，大幅度减少与水有关的疾病并切断它们的传播渠道，从而可能使几百万人免遭死亡。改善卫生设施还有利于人类发展、人类尊严、私密和安全，对妇女和女童尤为如此，并促进性别平等。直接倾倒或丢弃大量未经处理的废水和生活垃圾对人类健康和维护水生态系统构成了巨大的威胁，而改善废水管理和卫生设施能非常有效地防止水资源遭到病菌和其他污染物的污染。

另一方面，"获得改善卫生设施的人口占一国总人口的比例"也是千年发展目标下的重要指标之一，是千年发展目标中的目标7（确保环境的可持续能力）中的具体目标之一，即到2015年将无法持续获得安全饮用水和基本卫生设施的人口比例减半。关于基本卫生设施，目前的进展较慢，不能在全球达到千年发展目标规定的具体目标。由于城市人口规模的迅速扩大，生活在城市地区但不能获得经改进的卫生设施的人数正在增多。此外，"获得改善卫生设施的人口占一国总人口的比例"也是联合国目前正在研究并将推出的后2015年可持续发展目标（SDGs）重点关注的指标之一。

5.1.3 "获得改善卫生设施的人口占一国总人口的比例"指标的国际影响力

目前研究和公布该指标的机构众多，如表5-1所示，世界银行数据库、千年发展目标、世界卫生组织、联合国人居署、联合国环境规划署、联合国粮农组织等机构和组织都公布或引用了"获得改善卫生设施的人口占一国总人口的比例"指标数据。

表 5-1　　公布该指标的国际组织和机构

序号	组织、机构	序号	组织、机构
1	世界银行	2	世界卫生组织
3	千年发展目标	4	联合国秘书长水和卫生咨询委员会
5	联合国儿童基金会	6	联合国环境规划署
7	联合国人居署	8	联合国粮农组织
9	法国开发署	10	亚洲开发银行

① 《联合国报告：全球三分之一人口2015年前缺乏良好的卫生设施》，载 http://www.un.org/zh/development/population/newsdetails.asp？newsID＝19789。

续表

序　号	组织、机构	序　号	组织、机构
11	国际土壤肥力和农业发展中心	12	欧盟
13	可持续卫生联盟	14	欧洲委员会
15	瑞典国际开发合作署	16	援外社国际协会
17	联邦经济合作与发展部	18	美国国际开发署
19	英国国际发展部	20	荷兰外交部

资料来源：世界银行水与环境卫生计划署，载 http://www.wsp.org/about/Water-and-Sanitation-Organizations。

许多著名指数以"获得改善卫生设施的人口占一国总人口的比例"为计算基础，这些著名指数将该指标广泛应用于测度和评估国家、区域和全球层面的卫生发展状况，其中三个比较典型的指数如表 5-2 所示。

表 5-2　　　　　　　　　　使用该指标的世界著名指数和报告

序　号	指　数	机　构
1	世界发展指标（WDI）	世界银行
2	《全球环境展望》（GEO）	联合国环境规划署
3	《环境指标报告 2012》（EIR）	欧洲环境署

>> 5.2　如何选取"获得改善卫生设施的人口占一国总人口的比例"指标 <<

"获得改善卫生设施的人口占一国总人口的比例"指标的选取过程是一个至关重要的环节，本指标的选取过程经历了从全面搜集整理到指标对比筛选再到指标整理编写等阶段。

5.2.1　全面搜集阶段

首先对目前主要国际机构和组织公布的卫生类指标进行全面搜集整理，力求能够从多个角度全方位搜集各种卫生类指标。如表 5-3 所示，为主要的卫生类指标。

表 5-3　　　　　　　　　　卫生类指标选择用表

序号	指标名称	指标解释	最新数据年份	机构/数据库	网　址
1	获得改善卫生设施的人口占一国总人口的比例（%）	获得经改善卫生设施是指具有最基本的处理排泄物设施的人口所占的比例，这些设施能够有效防止人畜及蚊蝇与排泄物接触。经改善的卫生设施包括从简单但有防护的厕坑到连通污水管道的直冲式厕所。为了保证有效，卫生设施的修建方式必须正确并得到适当维护	2011	世界卫生组织和联合国儿童基金会联合监测项目	http://www.wssinfo.org/data-estimates/table/

续表

序号	指标名称	指标解释	最新数据年份	机构/数据库	网　址
2	获得改善卫生设施的城市人口占城市总人口的比例（%）	获得经改善卫生设施是指具有最基本的处理排泄物设施的人口所占的比例，这些设施能够有效防止人畜及蚊蝇与排泄物接触。经改善的卫生设施包括从简单但有防护的厕坑到连通污水管道的直冲式厕所。为了保证有效，卫生设施的修建方式必须正确并得到适当维护	2011	世界卫生组织和联合国儿童基金会联合监测项目	http://www.wssinfo.org/data-estimates/table/
3	城市垃圾填埋率（%）	城市垃圾填埋包括进入垃圾填埋场的直接填埋或分拣整理后的所有垃圾，以及回收和处置产生的残留物。这一定义同时涵盖内部（垃圾产生者在垃圾生产地处理垃圾）和外部的垃圾填埋场	2009	联合国统计司	http://unstats.un.org/unsd/environment/wastetreatment.htm
4	城市垃圾焚烧率（%）	焚烧是控制燃烧的可以或不可以能源回收的垃圾	2009	联合国统计司	http://unstats.un.org/unsd/environment/wastetreatment.htm
5	城市垃圾回收率（%）	回收被定义为垃圾原料在生产过程中的再加工，即将其在垃圾流中转换，而不包含垃圾作为燃料的再利用。再加工为原产品或再加工为不同的产品都被包含在回收的范围内。在生产工厂内部的回收则不被算在内	2009	联合同统计司	http://unstats.un.org/unsd/environment/wastetreatment.htm
6	城市垃圾堆肥率（%）	垃圾堆肥是处理和利用垃圾的一种生物方法，使垃圾中的有机物发生厌氧和有氧反应，形成一种可降解的物质，且能作为肥料来增加土壤肥力	2009	联合国统计司	http://unstats.un.org/unsd/environment/wastetreatment.htm
7	城市垃圾年收集总量（千吨）	城市垃圾收集是指由实证部门或其代表收集的城市垃圾，同时也包括私营部门收集的垃圾。它包括混合废物，以及为了回收操作而分类收集的垃圾（主要指通过住户上门收集或者个人主动操作的垃圾）	2009	联合国统计司	http://unstats.un.org/unsd/environment/wastetreatment.htm
8	人均城市垃圾收集量（公斤）	城市垃圾收集是指由实证部门或其代表收集的城市垃圾，同时也包括私营部门收集的垃圾。它包括混合废物，以及为了回收操作而分类收集的垃圾（主要指通过住户上门收集或者个人主动操作的垃圾）	2009	联合国统计司	http://unstats.un.org/unsd/environment/wastetreatment.htm

序号	指标名称	指标解释	最新数据年份	机构/数据库	网址
9	危险废物生产量（公斤）	危险废物是指废物由于其毒性、传染性、放射性或易燃性对人类的健康、其他活生物体或者环境构成实际或潜在的危害。这里的危险废物是《巴塞尔公约》中规定的废物类别	2009	联合国统计司	http://unstats.un.org/unsd/environment/wastetreatment.htm
10	享有城市垃圾收集服务的人口占总人口的比例（%）	享有城市垃圾收集服务的人口比例是定期享有城市垃圾收集清理服务的总人口占全国总人口的比例	2009	联合国数据库	http://data.un.org/Data.aspx?d=ENV&f=variableID%3a1878
11	城市垃圾生产量（太焦耳）	城市垃圾主要是来源于家庭、商贸、小企业和办公机构、医院、政府等部门的垃圾，还包括大件垃圾如白色家电、旧家具、床垫以及公园里面的废物，街道清扫的垃圾等	2009	能源统计数据库	http://data.un.org/Data.aspx?d=EDATA&f=cmID%3aMW%3btrID%3a08
12	家庭和其他消费者消费产生的城市垃圾（太焦耳）	城市垃圾主要是来源于家庭、商贸、小企业和办公机构、医院、政府等部门的垃圾，还包括大件垃圾如白色家电、旧家具、床垫以及公园里面的废物，街道清扫的垃圾等	2009	能源统计数据库	http://data.un.org/Data.aspx?d=EDATA&f=cmID%3aIW%3btrID%3a123
13	城市垃圾存量变动（太焦耳）	城市垃圾主要是来源于家庭、商贸、小企业和办公机构、医院、政府等部门的垃圾，还包括大件垃圾如白色家电、旧家具、床垫以及公园里面的废物，街道清扫的垃圾等	2009	能源统计数据库	http://data.un.org/Data.aspx?d=EDATA&f=cmID%3aMW%3btrID%3a08
14	工业废物生产量（太焦耳）	工业废物包括工业生产过程中排放出来的各种固体和液体废物等	2009	能源统计数据库	http://data.un.org/Data.aspx?d=EDATA&f=cmID%3aIW%3btrID%3a01
15	由工业和建筑业工业产生的工业废物（太焦耳）	工业废物包括工业生产过程中排放出来的各种固体和液体废物等	2009	能源统计数据库	http://data.un.org/Data.aspx?d=EDATA&f=cmID%3aIW%3btrID%3a121
16	由家庭和其他消费者产生的工业废物（太焦耳）	工业废物包括工业生产过程中排放出来的各种固体和液体废物等	2009	能源统计数据库	http://data.un.org/Data.aspx?d=EDATA&f=cmID%3aIW%3btrID%3a123
17	工业废物存量变动（太焦耳）	工业废物包括工业生产过程中排放出来的各种固体和液体废物等	2009	能源统计数据库	http://data.un.org/Data.aspx?d=EDATA&f=cmID%3aIW%3btrID%3a06

续表

序号	指标名称	指标解释	最新数据年份	机构/数据库	网　址
18	城市垃圾的总产生量(公斤)	城市垃圾主要是来源于家庭、商贸、小企业和办公机构、医院、政府等部门的垃圾，还包括大件垃圾如白色家电、旧家具、床垫以及公园里面的废物，街道清扫的垃圾等	2011	OECD 数据库	http://stats.oecd.org/Index.aspx
19	人均卫生总支出(百万美元，按照 2005 年 PPP)	公共卫生支出是指社会各界对卫生事业的资金投入	2010	OECD 数据库	http://stats.oecd.org/Index.aspx
20	公共卫生支出（百万美元，按照 2005 年 PPP)	公共卫生支出是指社会各界对卫生事业的资金投入	2010	OECD 数据库	http://stats.oecd.org/Index.aspx
21	人均卫生公共开支（百万美元，按照 2005 年 PPP)	公共卫生支出是指社会各界对卫生事业的资金投入	2010	OECD 数据库	http://stats.oecd.org/Index.aspx
22	健康总支出占 GDP 的比重（%）	公共卫生支出是指社会各界对卫生事业的资金投入	2010	OECD 数据库	http://stats.oecd.org/Index.aspx
23	城市污水生产量(亿立方米每年)	城市污水主要包括生活污水和工业污水，由城市排水管网汇集并输送到污水处理厂进行处理	2009	联合国粮农组织	http://www.fao.org/nr/water/aquastat/data/query/index.html?lang=en
24	城市污水处理量(亿立方米每年)	城市污水主要包括生活污水和工业污水，由城市排水管网汇集并输送到污水处理厂进行处理	2009	联合国粮农组织	http://www.fao.org/nr/water/aquastat/data/query/index.html?lang=en

由上可知，参考各大型国际机构和组织的数据库，我们共筛选出 24 个可能使用的卫生类指标，主要涉及卫生设施、城市生活垃圾和工业垃圾的生产、处理、卫生支出等方面。

5.2.2 指标对比筛选阶段

在全面搜集卫生类指标后，我们对卫生类指标进行筛选，主要包括两个阶段。

第一阶段，结合人类绿色发展的要求，根据数据的可得性，拟选择"获得改善卫生设施的人口占一国总人口的比例"、"获得改善卫生设施的城市人口占城市总人口的比例"。

在搜集的 24 个卫生类指标中，城市垃圾填埋率、城市垃圾焚烧率、城市垃圾回收率、城市垃圾堆肥率、危险废物生产量等指标来源于联合国统计司、环境规划署环境统计调查问卷中的数据，而且只涉及七八十个国家的数据；家庭和其他消费者消费产生的城市垃圾、城市垃圾存量变动、城市垃圾生产量、城市垃圾转换为其他形式的能量、工业废物生产量、工业废物转换为其他形式的能量、由工业和建筑业工业产生的工业废物、由家庭和其他消费者产生的工业废物、工业废物存量变动指标来源于能源统计数据库和联合国统计司，只涉及 31 个国家或地区；社区卫生工作者的密度（每 10 万人口）来源于世界卫生组织数据，但是只涉及 38 个国家或地区；城市垃圾的总产生量、人均卫生总支出、公共卫生支出、人均卫生公共开支、健康总支出占 GDP 的比重等指标来源于 OECD 数据库，数据只包含 OECD 国家和 4 个非经合组织成员经济体。因此，从尽可能选取多个国家的角度出发，我们排除了以上这些指标。城市污水生产量、城市污水处理量等指标来源于联合国粮农组织，但是大部国家的数据只更新到 2009 年，部分国家的数据甚至只更新到 2005 年左右。因此，从数据更新的角度出发，我们排除了以上这两个指标。

因此，最终剩下"获得改善卫生设施的人口占一国总人口的比例"、"获得改善卫生设施的城市人口占城市总人口的比例"。

第二阶段，经过反复研究和对比，最终选用"获得改善卫生设施的人口占一国总人口的比例"进行研究。

"获得改善卫生设施的人口占一国总人口的比例"、"获得改善卫生设施的城市人口占城市总人口的比例"都是衡量卫生设施改善的指标，两者的区别在于一个指标是衡量全国的卫生设施改善状况，而另一个指标强调城市居民获得卫生改善的状况。根据世界卫生组织和联合国儿童基金会联合监测项目以及世界银行对获得经改善卫生设施的定义可知，获得经改善卫生设施是指具有最基本的处理排泄物的设施，这些设施能够有效防止人畜及蚊蝇与排泄物接触，经改善的卫生设施包括从简单但有防护的厕坑到连通污水管道的直冲式厕所。而目前，在世界上大部分国家或地区，城市与农村的卫生设施水平差异显著，总体而言，农村卫生设施状况令人担忧，因此，单独研究城市的卫生设施状况无法对全国整体情况进行客观把握，故选择"获得改善卫生设施的人口占一国总人口的比例"来进行研究。

"获得改善卫生设施的人口占一国总人口的比例"指标在运用中也存在一些局限性，如该数据不是由专门的部门而作为一般性调查来例行搜集的，而且对该指标的定义和评估方法各国还有一定的争议。[①]

5.2.3 对辅助指标的引入和说明

"获得改善卫生设施的人口占一国总人口的比例"作为反映人类绿色发展指数中的卫生类主指标，"城市垃圾回收率"作为辅助指标，城市垃圾回收被定义为垃圾原料的在生产过程中的再加工，即将其在垃圾流中转换，而不包含垃圾作为燃料的再利用。再加工为原产品或再加工为不同的产品都被包含在回收的范围内。在生产工厂内部的回收则不被算在内。

---

① 《联合国千年目标全球行动》，载 http://www.un.org/chinese/millenniumgoals/unsystem/indicator31.htm。

"城市垃圾回收率"与主指标"获得改善卫生设施的人口占一国总人口的比例"都是反映一国卫生环境状况的重要指标，但是两者的侧重点不同，"获得改善卫生设施的人口占一国总人口的比例"侧重于反映一国环境卫生的改善境况，而"城市垃圾回收率"侧重于反映一国在垃圾处理上的成效。

该辅助指标从城市垃圾的处理方面反映了一国环境卫生的整治状况，城市垃圾处理能力的提升能够极大地改善一国环境卫生状况，该指标是对卫生类指标的重要补充，该指标来源于联合国统计司和环境规划署环境统计的调查问卷。

>> 5.3 "获得改善卫生设施的人口占一国总人口的比例"指标的统计特征 <<

为了更好地比较各国获得改善卫生设施的情况，将从横向和纵向两个角度来进行分析。从横向分析 2010 年各国"获得改善卫生设施的人口占一国总人口的比例"指标的得分情况；从纵向比较 1990—2010 年各国指标的变化状况。

5.3.1 2010 年"获得改善卫生设施的人口占一国总人口的比例"指标的统计特征

2010 年该指标平均值为 78.34%，其中有 26 个国家的指标值为 100%；从 2010 年各国"获得改善卫生设施的人口占一国总人口的比例"指标的得分看，排名最高和最低 20 位的国家间的差异非常显著。

表 5-4　2010 年"获得改善卫生设施的人口占一国总人口的比例"指标排名最高和最低的 20 个国家

排　名	国　家	指标值（%）	排　名	国　家	指标值（%）
1	法　国	100.00	104	玻利维亚	45.45
2	德　国	100.00	105	赞比亚	41.95
3	冰　岛	100.00	106	津巴布韦	40.25
4	以色列	100.00	107	印　度	34.23
5	日　本	100.00	108	尼泊尔	34.12
6	韩　国	100.00	109	加　蓬	32.88
7	科威特	100.00	110	柬埔寨	31.64
8	卢森堡	100.00	111	尼日利亚	30.96
9	荷　兰	100.00	112	刚果民主共和国	30.03
10	挪　威	100.00	113	肯尼亚	29.15
11	葡萄牙	100.00	114	海　地	25.88
12	卡塔尔	100.00	115	科特迪瓦	23.74

续表

排 名	国 家	指标值(%)	排 名	国 家	指标值(%)
13	沙特阿拉伯	100.00	116	苏 丹	22.42
14	新加坡	100.00	117	埃塞俄比亚	19.58
15	斯洛文尼亚	100.00	118	莫桑比克	18.60
16	瑞 典	100.00	119	刚果共和国	17.98
17	瑞 士	100.00	120	贝 宁	13.67
18	英 国	100.00	121	加 纳	13.39
19	乌兹别克斯坦	100.00	122	坦桑尼亚	11.59
20	匈牙利	100.00	123	多 哥	11.46
21	澳大利亚	100.00			
22	奥地利	100.00			
23	比利时	100.00			
24	保加利亚	100.00			
25	塞浦路斯	100.00			
26	丹 麦	100.00			
27	芬 兰	100.00			

注：部分国家 2010 年数据缺失，用最近有数据年份的数据补值，具体如下：利比亚用 2001 年数据补值，委内瑞拉用 2007 年数据补值，罗马尼亚用 2008 年数据补值，立陶宛用 2009 年数据补值。波兰 1990 年至今无数据，暂用东欧国家均值补值：包括白俄罗斯、爱沙尼亚、拉脱维亚、立陶宛、哈萨克斯坦、乌克兰、保加利亚、捷克、匈牙利、波兰、摩尔多瓦、罗马尼亚、俄罗斯联邦、斯洛伐克。

数据来源：世界卫生组织/联合国儿童基金会联合监测方案(JMP)，载 http://www.wssinfo.org/data-estimates/table/。

如表 5-4 所示，"获得改善卫生设施的人口占一国总人口的比例"排名最高的国家是法国、德国、冰岛、以色列、日本等 27 个国家，指标值为 100%；排名后 20 位的国家是刚果共和国、贝宁、加纳、坦桑尼亚、多哥等国家。

"获得改善卫生设施的人口占一国总人口的比例"排名靠前的国家主要是欧洲国家，这些国家的经济发展水平普遍较高，国家综合实力都较强；而排名较靠后的国家主要是非洲国家。

5.3.2 1990—2010 年"获得改善卫生设施的人口占一国总人口的比例"指标的动态变化情况

1990—2010 年世界各国"获得改善卫生设施的人口占一国总人口的比例"变化率差异非常显著。20 年来总体变化的平均值为 30.3%，低于平均变化值的国家有 94 个，变动最大的国家是埃塞俄比亚，变化率为 738.30%。

表 5-5　　1990—2010 年各国"获得改善卫生设施的人口占一国总人口的比例"指标的动态变化情况

排　名	国　家	2010 年/1990 年 变化率（%）	排　名	国　家	2010 年/1990 年 变化率（%）
1	埃塞俄比亚	738.30	63	马其顿	1.34
2	尼泊尔	408.63	64	土库曼斯坦	0.99
3	柬埔寨	272.13	65	约　旦	0.98
4	贝　宁	175.26	66	哈萨克斯坦	0.90
5	中　国	173.39	67	牙买加	0.88
6	也　门	122.24	68	意大利	0.83
7	加　纳	107.28	69	新加坡	0.82
8	莫桑比克	104.80	70	赞比亚	0.75
9	越　南	96.53	71	喀麦隆	0.72
10	安哥拉	96.25	72	保加利亚	0.55
11	印　度	92.99	73	波斯尼亚和黑塞哥维那	0.48
12	巴拉圭	87.39	74	黎巴嫩	0.36
13	巴基斯坦	76.30	75	吉尔吉斯斯坦	0.24
14	刚果民主共和国	76.23	76	巴　林	0.19
15	坦桑尼亚	75.15	77	阿联酋	0.14
16	博茨瓦纳	65.41	78	白俄罗斯	0.14
17	印度尼西亚	63.33	79	爱尔兰	0.08
18	洪都拉斯	62.29	80	美　国	0.08
19	玻利维亚	60.57	81	加拿大	0.04
20	孟加拉国	43.07	82	克罗地亚	0.04
21	阿塞拜疆	42.62	83	利比亚	0.02
22	塞内加尔	41.38	84	西班牙	0.01
23	萨尔瓦多	40.34	85	匈牙利	0.00
24	缅　甸	39.38	86	澳大利亚	0.00
25	斯里兰卡	33.13	87	奥地利	0.00
26	厄瓜多尔	32.62	88	比利时	0.00
27	埃　及	32.35	89	塞浦路斯	0.00
28	摩洛哥	31.47	90	丹　麦	0.00
29	菲律宾	30.49	91	芬　兰	0.00
30	秘　鲁	30.30	92	法　国	0.00
31	危地马拉	28.13	93	德　国	0.00
32	墨西哥	27.40	94	冰　岛	0.00
33	海　地	23.93	95	以色列	0.00
34	巴拿马	23.23	96	日　本	0.00
35	伊　朗	22.99	97	韩　国	0.00
36	突尼斯	22.77	98	科威特	0.00

续表

排　名	国　家	2010 年/1990 年变化率(%)	排　名	国　家	2010 年/1990 年变化率(%)
37	尼加拉瓜	20.70	99	立陶宛	0.00
38	巴　西	20.23	100	卢森堡	0.00
39	科特迪瓦	19.82	101	荷　兰	0.00
40	乌兹别克斯坦	19.45	102	新西兰	0.00
41	肯尼亚	18.47	103	挪　威	0.00
42	哥伦比亚	16.18	104	卡塔尔	0.00
43	智　利	15.69	105	斯洛文尼亚	0.00
44	南　非	15.51	106	瑞　典	0.00
45	阿尔巴尼亚	15.02	107	瑞　士	0.00
46	泰　国	14.34	108	英　国	0.00
47	马来西亚	13.28	109	捷　克	−0.01
48	多米尼加共和国	12.74	110	斯洛伐克	−0.01
49	叙利亚	11.90	111	波　兰	−0.11
50	委内瑞拉	10.79	112	拉脱维亚	−0.13
51	阿根廷	10.59	113	爱沙尼亚	−0.38
52	沙特阿拉伯	9.24	114	津巴布韦	−0.54
53	土耳其	8.67	115	特立尼达和多巴哥	−0.57
54	阿尔及利亚	7.31	116	乌克兰	−2.62
55	塔吉克斯坦	6.94	117	格鲁吉亚	−2.96
56	葡萄牙	6.77	118	俄罗斯联邦	−4.61
57	蒙　古	6.23	119	加　蓬	−8.91
58	哥斯达黎加	5.70	120	刚果共和国	−9.42
59	乌拉圭	3.68	121	多　哥	−12.91
60	希　腊	2.05	122	苏　丹	−16.25
61	亚美尼亚	1.61	123	尼日利亚	−18.65
62	罗马尼亚	1.44			

注：部分国家 1990 年数据缺失，用最近有数据年份的数据补值，具体如下：韩国和吉尔吉斯斯坦用 1991 年数据补值，亚美尼亚用 1992 年数据补值，加蓬用 1994 年数据补值，刚果共和国和立陶宛用 1997 年数据补值。波兰 1990 年至今无数据，暂用东欧国家均值补值，具体包括的东欧国家见表 5-4 注。

数据来源：世界卫生组织/联合国儿童基金会联合监测方案(JMP)，载 http://www.wssinfo.org/data-estimates/table/。

　　如表 5-5 所示，1990—2010 年"获得改善卫生设施的人口占一国总人口的比例"正向变化最大的国家是埃塞俄比亚、尼泊尔、柬埔寨、贝宁、中国等国家；负向变化最大的国家是加蓬、刚果共和国、多哥、苏丹、尼日利亚等国家。

　　图 5-1 是"获得改善卫生设施的人口占总一国人口的比例"指标正向和负向变化最大的国家。

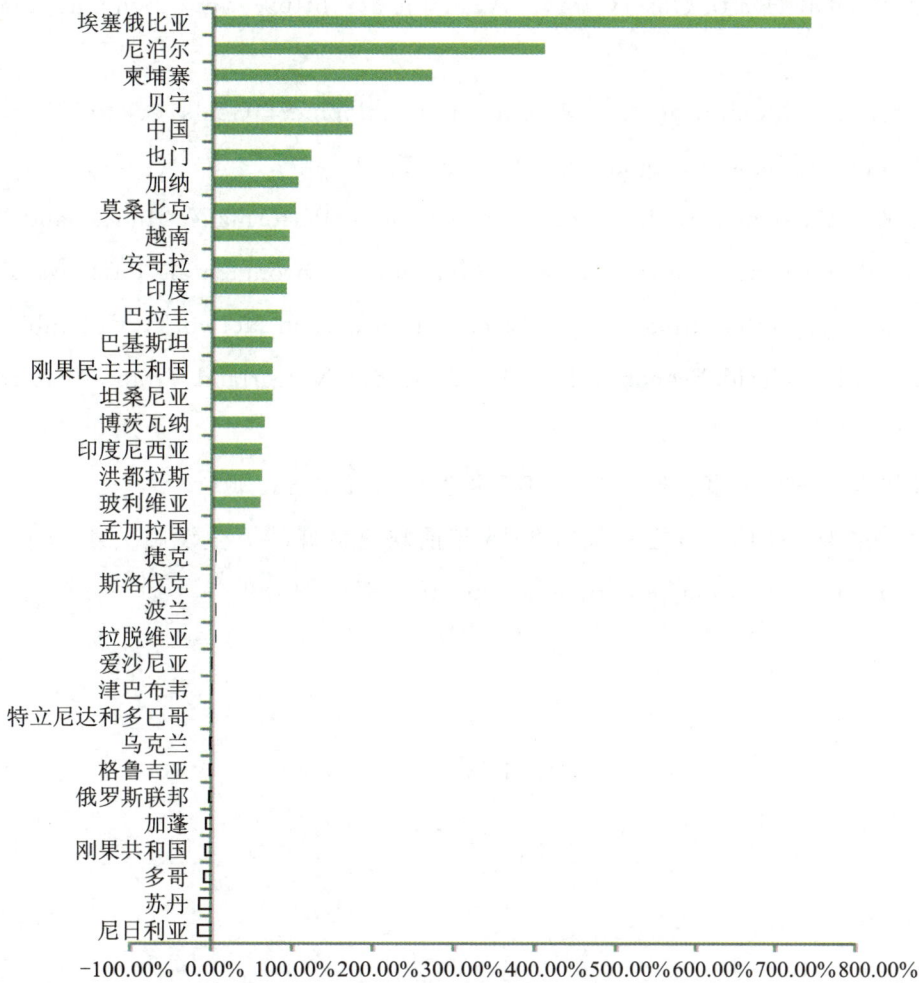

图 5-1　1990—2010 年"获得改善卫生设施的人口占一国总人口的比例"指标变化率最大的国家

数据来源：世界卫生组织/联合国儿童基金会联合监测方案(JMP)，载 http://www. wssinfo. org/data-estimates/table/。

>>参考文献<<

1. UNDP. Human Development Report 1990—2011. Available at：http://hdr. undp. org/en/reports/global/hdr2011/.

2. FAO. AQUASTAT Database. Available at：http://www. fao. org/nr/water/aquastat/data，2013-04-15.

3. The World Bank. Database. Available at：http://data. worldbank. org，2013-07-15.

4. WHO / UNICEF Joint Monitoring Programme(JMP)for Water Supply and Sanitation. http://www. wssinfo. org/data-estimates/introduction，2013-07-20.

5. OECD. OECD Stat. Available at：http://stats. oecd. org/Index. aspx，2013-07-20.

6. OECD Environment Directorate. OECD Key Environmental Indicators，2008.

7．WTO．Global Health Observatory．Available at：http：//www. who. int/gho/en，2013-07-20.

8．Indicators for Monitoring the Millennium Development Goals：Definitions，Rationale，Concepts and Sources(Chinese language)．UN，2005.

9．John W. Emerson et al. 2012 Environmental Performance Index and Pilot Trend Environmental Performance Index. Yale Center for Environmental Law ＆ Policy，Yale University；Center for International Earth Science Information Network，Columbia University. In Collaboration with World Economic Forum，Geneva，Switzerland，Joint Research Centre of the European Commission，2012.

10．联合国经济和社会事务部. 2013 年千年发展目标报告，2013.

11．联合国报告：全球三分之一人口 2015 年前缺乏良好的卫生设施. 载 http：//www. un. org/zh/development/population/newsdetails. asp？newsID＝19789.

6.

能源类指标：一次能源强度

　　能源是国民经济生产和城乡居民生活不可或缺的物质资源，是影响经济社会发展的命脉之一。但与此同时，在能源开发利用过程中，也会造成资源枯竭、生态破坏和环境污染等不良后果，特别是化石能源的大量使用，使资源、生态、环境的承载力面临严峻的挑战。提高能源利用效率，以最少的能源消耗最大程度地支撑经济社会发展，是经济社会与生态环境协调发展的必然要求，是实现人类绿色发展的重要保障。能源强度（Energy Intensity）是能源消耗与经济生产的投入产出比，是衡量综合能源利用效率的重要指标，也是测度人类绿色发展的关键指标。能源强度越低意味着单位产出的能源消费量越少，也就意味着经济发展的绿色程度越高。

>> 6.1　为什么选取"一次能源强度"指标 <<

　　在多种能源效率统计指标中，"一次能源强度"作为一个衡量能源利用经济效果的综合指标，很好地反映了一国能源、环境和经济三者间的关系，在本报告的测度中被采用，作为反映能源使用状况的代表性指标。

6.1.1　"能源强度"是衡量能源效率的重要指标————

　　在能源类指标中，统计项通常包括：能源生产总量、能源使用总量和人均消耗量、能源使用年增长率、能源消费弹性、能源强度、能源使用密度、化石燃料能耗、可替代能源和核能、能源进口及分部门的能源消费使用统计等。其中，能源强度是衡量一个国家或地区国民经济发展过程中能源利用经济效果的综合指标。[①] 该指标的统计包括了国民经济体系中能源利用的所有环节，反映了能源利用的经济效益和变化趋向。[②] 较之于其他分部门的能源类指标，该指标能够

[①]　《中国电力百科全书·综合卷》，北京，中国电力出版社，2001。
[②]　江伟钰、陈方林：《资源环境法词典》，北京，中国法制出版社，2005。

集中并综合能源消费和供给两大方面的主体，具有一定的综合性。同时，能源强度作为效率的集合单位，能够体现经济发展中能源的效用价值——能源经济性，具有一定的经济特征。此外，能源强度指标也能够反映能源资源和生态环境的变化情况，即具有一定的生态性。总体来说，能源强度这一指标可以很好地反映一国能源、环境和经济三者间的关系。也由此，能源强度这一指标得到了普遍的重视和广泛的使用。

根据国际能源署（IEA）的官方定义，能源强度是一个国家能源消费总量与国内生产总值（GDP）的比值，能源强度又称"单位 GDP 能耗"。国际上，能源强度的统计单位是"吨标准油/千美元"。能源强度是衡量综合能源利用效率的重要指标，能够反映一国的经济结构、技术水平和能源利用效率。当前，能源效率问题成为全球政治与商业议程中的头等大事。各国政府与能源行业均将能源效率视为一个重要的"能源来源"，以满足日益增长的能源需求，同时应对气候变化和能源安全的挑战。在所有能源选项中，能源效率一方面能够在中短期内提供最大"量"的能源；另一方面也能降低温室气体的排放量。能源效率的提高无论对于能源出口国还是能源进口国来说，都有助于实现以能源为基础的经济、环境目标。因此，能源效率成为一国在经济发展、环境保护过程中优先考虑的重要事项。

6.1.2 "一次能源强度"是国际研究机构和世界著名指数的常用指标——

在众多国际研究机构的报告中，"一次能源强度"都是作为指标之一进入评价体系。联合国制定的千年发展目标将"一次能源强度"列为目标 7 具体目标 9 项下的指标 27。具体地，千年发展目标目标 7"确保环境的可持续能力"下第 9 个具体目标是"将可持续发展原则纳入国家政策和方案，扭转环境资源的损失"。对这一目标的实施，主要使用了 5 个监测指标进行评价。其中，第 27 个指标是"一次能源强度"——"国内总产值每 1 美元（购买力平价）能源消费量（千克石油当量）"。千年发展目标监测体系中，对于该指标的选用进行了如下分析："该指标用于计量能源密度（能源效率的反面）。一段时间内各国这一比率的差别能反映出经济结构的变化、特定部门能源效率的变化和燃料混合的差异。原则上，比值越低，能源效率越高。"国际能源署出版的《关键世界能源指标统计年鉴》中所建立的指标统计体系，分为一次能源供应、能源转换、能源价格和能源消费及分部门消费等大类指标。其中，单位 GDP 能源消费量作为能源消费类二级指标进入评价体系。联合国环境规划署则在联合国千年发展目标框架下，将一次能源强度指标作为能源类指标的代表性指标，对能源使用效率进行评价和考量。经济合作与发展组织发布的《绿色增长战略中期报告》中指出提高能源效率的几项重要优势：能源安全感提高，能源成本降低，环境得以改善。而"一次能源强度"则是其中作为衡量能源效率的指标之一。

表 6-1   国际研究机构报告中"一次能源强度"指标使用情况

序号	研究机构	研究报告
1	联合国	《千年发展目标》
2	国际能源署	《关键世界能源指标统计年鉴》
3	联合国环境规划署	《全球环境展望》和各年年鉴
4	经济合作与发展组织	《绿色增长战略中期报告》

    世界著名指数对于一次能源强度的使用也非常普遍。环境绩效指数、环境可持续指数、世界发展指标等都将"一次能源强度"或"单位 GDP 能源消耗"作为能源效率评价的指标之一，对能源的经济效益和资源利用效率进行衡量。

    表 6-2 主要列举了将"一次能源强度"作为计算基础的世界著名指数。从中可以看到，"一次能源强度"作为能源类指标进入环境评价的引用率较高，从而可以了解"一次能源强度"在各指标体系构建过程中的重要性。

表 6-2   世界著名指数中"一次能源强度"指标使用情况

指　数	指标内容	研究机构
环境绩效指数(EPI)	(1)按照六大政策类别中的 16 项指数，对世界各国进行排名； (2)六大政策类别：环境健康、空气质量、水资源、生物多样性和栖息地、生产性自然资源和可持续能源； (3)可持续能源指标下使用能源效率、可再生能源、单位 GDP 的 CO_2 排放作为二级计算指标	由耶鲁大学环境法律与政策中心、哥伦比亚大学国际地球科学信息网络中心(CIE-sIN)联合实施
环境可持续指数(ESI)	环境可持续发展以下列 5 种现象的功能为代表： (1)环境系统的状态，如空气、土壤、生态和水； (2)环境系统承受的压力，以污染程度与开发程度来衡量； (3)人类对于环境变化的脆弱性，反映在粮食资源匮乏或环境所致疾病的损失； (4)社会与法制在应对环境挑战方面的能力； (5)对全球环境合作需求的反应能力，如保护大气等国际环境资源。 其中，能源效率、可替代性能源和核能占能源消耗分别作为第 58、59 个二级计算指标	耶鲁大学和哥伦比亚大学合作开发
世界发展指标(WDI)	(1)包含了 695 种发展指数的统计数据，以及 208 个国家和 18 个地区与收入群从 1960 年至今的年度经济数据，数据包括了社会、经济、财政、自然资源和环境等各方面的指数； (2)能源方面的统计主要包括：能源生产总量、能源使用年均增长率、人均消耗能源、化石燃料能耗、易燃的可再生能源及废弃物消费、可替代能源和核能、能源净进口、GDP 单位能源消耗、自然资源对经济的贡献度	世界银行

续表

指　数	指标内容	研究机构
联合国可持续发展指标体系（UNCSD）	指标体系：社会指标、环境指标、经济大类指标； 其中，在经济大类指标下消费与生产模式主题中能源利用子主题下，能源利用强度作为指标之一纳入评价体系	联合国可持续发展委员会
OECD 可持续发展指标体系	包括 3 类指标体系： （1）OECD 核心环境指标体系（OECD Core Set）：约 50 个指标，涵盖了 OECD 成员国家反映出来的主要环境问题； （2）OECD 部门指标体系，包括反映部门环境变化趋势、部门与环境相互作用（正面的与负面的）、经济与政策 3 个方面的指标； （3）环境核算类指标：与自然资源可持续管理有关的自然资源核算指标，以及环境费用支出指标。 其中，能源效率指标作为该指标体系的中期指标进入指标体系	经济合作与发展组织
国际原子能可持续发展能源指标体系（EISD）	涉及社会、经济和环境三大领域，包含 30 个核心指标。各个领域包含了主题——子主题——指标三个层次。其中，社会领域包含"公平"和"健康"两大主题、4 项子主题和 4 项指标；经济领域包含"能源的利用和生产方式"和"能源安全"两大主题、8 项子主题和 16 个指标；环境领域包含"大气"、"水"和"土壤"三大主题，6 项子主题和 10 个指标。 其中，能源利用和生产方式主题下，单位 GDP 能源消费作为评价总体效率的指标进入评价体系	国际原子能机构组织

>> 6.2　如何选取"一次能源强度"指标 <<

"一次能源强度"指标的选择过程经历了从全面搜集到指标对比筛选再到数据获取和指标整理编写等阶段。同时，将"可替代能源和核能占能源使用总量的百分比"作为"一次能源强度"的辅助性指标，以反映能源未来发展方向对人类绿色发展的影响。

6.2.1　全面搜集阶段

研究工作伊始，主要工作是大范围、多角度、全方位地搜集各种能源类指标，并对当前全球影响力较大的指标体系进行深度剖析研究，从中学习能源指标的选用方式。经过多次海选工作，工作小组从世界银行、国际能源署、美国能源情报署、世界能源理事会、联合国环境规划署、联合国可持续发展委员会、联合国政策协调和可持续发展部、英国石油公司等国际非政府组织或大型企业的研究机构的研究报告和数据库中，共筛选出 20 个可能使用的能源类指标，主要涉及能源生产、消费、利用、进出口及可再生能源内容，如表 6-3 所示。

表 6-3　　　　　　　　　　　　　"一次能源强度"指标选择用表

序号	指标名称	指标解释	最新数据年份	机构/数据库	网　址
1	GDP 单位能源消耗（2005 年不变价购买力平价美元/千克石油当量）	GDP 单位能源消耗是一个国家能源消费总量与国内生产总值（GDP）之间的比例。主要用购买力平价（PPP）的方式来反映一个国家生产一单位 GDP 所消耗的能源总量	2010	国际能源机构和世界银行的 PPP 数据	http://data.worldbank.org/topic/energy-and-mining
2	能源使用量（千吨石油当量）	能源使用量是指初级能源在转化为其他最终用途的燃料之前的使用量，等于国内产量加上进口量和存量变化，减去出口量和供给从事国际运输的船舶和飞机的燃料用量所得的值	2010	国际能源署	http://www.iea.org/stats/index.asp
3	能源使用量（人均千克石油当量）	按人口计算的平均能源消耗量，也称人均能源消耗	2010	国际能源署	http://www.iea.org/stats/index.asp
4	化石燃料能耗（占总量的百分比）	化石燃料包括煤、石油和天然气产品	2010	国际能源署	http://www.iea.org/stats/index.asp
5	可替代能源和核能（占能源使用总量的百分比）	清洁能源是在生成过程中不会产生二氧化碳的非碳水化合物能源，包括水能、核能、地热能和太阳能等	2010	国际能源署	http://www.iea.org/stats/index.asp
6	可燃性再生资源和废弃物（占能源总量的百分比）	可燃性再生资源和废弃物包括固体生物质、液体生物质、生物气、工业废弃物和城市垃圾，衡量其占能源使用总量的比例	2010	国际能源署	http://www.iea.org/stats/index.asp
7	通电率（占人口的百分比）	通电率是指享有通电人口的百分比，电气化数据采集自行业、国家调查和国际数据来源	2010	国际能源署《2010 年世界能源展望》	http://www.iea.org/stats/index.asp
8	能源净进口（占能源使用量的百分比）	能源净进口是根据能源使用量减去产量估算，均采用石油当量衡量。负值表示该国是净出口国。能源使用量是指初级能源在转化为其他最终用途的燃料之前的使用量，等于国内产量加上进口量和存量变化，减去出口量和供给从事国际运输的船舶和飞机的燃料用量所得的值	2010	国际能源机构和联合国《能源统计年鉴》	Source：United Nations Energy Statistics Yearbook
9	能源安全度	国家能源安全度：i＝能源供给量/能源需求量。若 $i \geqslant 1$，说明能源供给是安全的；$i < 1$，说明能源供给不安全，应采取相应的对策，如增加投资、扩大生产能力、开发替代能源产品、发展新能源、控制进出口和节能等，确保能源的安全供应	2010	中国国家环境保护总局《中国能源利用评估指标(初步)》	http://www.cnki.com.cn/Article/CJFDTotal-NYBH200602002.htm

序号	指标名称	指标解释	最新数据年份	机构/数据库	网　址
10	能源产量（千吨石油当量）	能源产量指各类一次能源——包括石油（原油、液化天然气及非常规来源的石油）、天然气、固体燃料（煤、褐煤及其他衍生燃料）和可燃性可再生能源和废物——和一次电力，均换算为石油当量	2010	国际能源署	http://www.iea.org/stats/index.asp
11	GDP 单位能源消耗（2005 年不变价购买力平价美元/千克石油当量）	GDP 单位能源消耗是指平均每千克石油当量的能源消耗所产生的按购买力平价计算的 GDP。按 PPP 计算的 GDP 是指采用购买力平价汇率将国内生产总值换算为 2005 年不变价国际元。国际元对 GDP 的购买力相当于美元在美国的购买力	2010	世界发展指标数据库	http://databank.worldbank.org/data/home.aspx
12	能源使用年均增长率（百分比）	能源使用年均增长率是衡量能源消费每年增长程度的比率，主要由前后两年能源使用的差值与前一年能源使用量的比率来衡量	2010	世界发展指标数据库	http://databank.worldbank.org/data/home.aspx
13	终端能源消费强度（吨标准油/千美元）	终端能源消费包括居民家用、商业、公共部门、服务行业、农业、渔业、道路交通、航空、铁路、航运及其他部门等所使用的能源总量，并不包含作为化工原料所使用的石油、天然气等。而终端能源消费强度则是终端能源使用总量与生产总值之比	2010	欧盟数据库	http://epp.eurostat.ec.europa.eu/
14	可再生能源发电（百分比）	可再生能源发电是指可再生能源净发电量占比净发电总量。可再生能源发电能够减少对化石燃料的依赖，从而减少产生温室气体和大气污染	2010	耶鲁大学环境法律与政策中心、哥伦比亚大学国际地球科学信息网络中心（CIESIN）联合实施编制的"环境可持续指数"	http://sedac.ciesin.columbia.edu/data/collection/esi/
15	能源使用密度（桶/GDP（百万美元））	能源使用密度是衡量能源消耗效率的指标，用"桶/GDP（百万美元）"表示	2010	联合国可持续发展委员会与联合国政策协调和可持续发展部联合其他有关机构提出的可持续发展核心指标框架	http://wenku.baidu.com/view/eedd60f9770bf78a652954fe.html

续表

序号	指标名称	指标解释	最新数据年份	机构/数据库	网　址
16	能源消费弹性系数	能源消费弹性系数是反映能源消费增长速度与国民经济增长速度之间比例关系的指标，计算公式为：能源消费弹性系数＝能源消费量年平均增长速度/国民经济年平均增长速度	2010	中国国家环境保护总局《中国能源利用评估指标(初步)》	http://www.cnki.com.cn/Article/CJFDTotal-NY-BH200602002.htm
17	能源转换和配送效率（百分比）	能源转换和配送效率主要衡量能源转换系统的损耗，包括电力生产和输配点的损耗	2010	国际原子能可持续发展能源指标体系	http:www.iaea.org/Our Work
18	能源结构比例（百分比）	能源结构比例是指一定时期内消耗的煤炭、石油、天然气、核能、水电之间的比例。一个国家或地区的能源消费水平及其结构特点也是衡量经济社会发展水平的一个重要标志	2010	中国国家环境保护总局《中国能源利用评估指标(初步)》	http://www.cnki.com.cn/Article/CJFDTotal-NY-BH200602002.htm
19	耗电量（人均千瓦时）	耗电量用发电厂和热电厂的发电量减去输配电和变电损耗以及热电厂自用电量得出	2010	世界银行数据库	http://data.worldbank.org/topic/energy-and-mining
20	可再生能源供应指数	可再生能源数据指初级能源供应总量(Total Primary Energy Supply)，其最初的表现形式是全球所有国家从1990年到2006年的百万吨石油当量值(Mtoe)(1990年的指数＝100)，包括：风能、太阳能、潮汐能、波能、海洋能、生物燃料、地热、水电	2010	联合国环境规划署《全球环境展望》	http://geodata.grid.unep.ch/

6.2.2　指标对比筛选阶段

通过深度研究和对比发现，"一次能源强度"(或"单位GDP能耗")在能源类指标中使用的频率较高，主要用于从能源方面对经济和环境协调程度进行评价和监测。"一次能源强度"因此最终确立为人类绿色发展指数能源类指标的代表。

(1)关于"一次能源强度"指标单位的选取

国际能源署对"一次能源强度"的定义为：一次能源强度是一个国家能源消费总量与国内生产总值(GDP)之间的比例，其中各国GDP调整主要使用购买力平价(PPP)的折算方式。一次能源强度的统计单位是"吨标准油/千美元"。在指标解释中说明了使用购买力平价对GDP进行调整而不是汇率的方式，主要是因为汇率可能会拉高某些生活成本较低国家的GDP，而购买力平价则能更真实地反映该地区的 GDP 水平，从而更准确地计算出一次能源强度。美国能源情报署对"一次能源强度"的定义与国际能源署类似，而统计单位使用的是"英热单位能源消耗/2005 年汇率美元"。

通过对比其他数据库和研究机构对"一次能源强度"的解释和说明，研究小组决定采用国际能源署的统计口径。一方面，国际能源署是国际权威的能源统计机构，资料来源可靠性强，并且该机构每年都发布《世界能源统计关键指标》(*Key World Energy Statistics*)，可以连续获得所需数据，可得性有较强保证；另一方面，国际能源署发布的指标具有较强的国际通用性和横向可比性，能够为人类绿色发展指数提供有力的数据支持。一次能源强度的数值越低，说明单位生产总值综合能耗越低，说明使用能源所产生的经济效益越高。

(2)关于"一次能源强度"和"终端能源强度"指标的对比和选择

在研究过程中，工作小组就"一次能源强度"和"终端能源强度"的选择进行了反复讨论。经过研究和对比，选用"一次能源强度"的原因如下。

两者都是关于一次能源强度的计量指标，主要衡量能源利用与经济或物力产出之比，说明了一个国家经济活动中对能源的利用程度。两者的区别主要在于在计算的过程中，是使用一次能源还是使用终端能源来衡量一国的能源使用量。

一次能源是指从自然界取得未经改变或转变而直接利用的能源，如原煤、原油、天然气、水能、风能、太阳能、海洋能、潮汐能、地热能、天然铀矿等。一次能源又分为可再生能源和不可再生能源，前者指能够重复产生的天然能源，如太阳能、风能、水能、生物质能等；而后者则随着使用的不断增加，储量不断下降，主要是各类化石燃料、核燃料等。因此，一次能源的使用能够反映一个国家或地区在既定时间内能源使用的总量。

终端能源，综合世界能源理事会、欧盟数据库、英国石油公司等国际研究机构对其定义解释，是指由终端用户(包括居民家用、商业、公共部门、服务行业、农业、渔业、道路交通、航空、铁路、航运及其他部门等)所使用的能源总量，而并不包含作为化工原料所使用的石油、天然气等。

终端能源与一次能源的主要区别在于，前者是除去能源部门在能源生产过程中，包括输送、加工转换所耗费的能源。包括发电、供热、炼油、炼焦、制气等过程中的能源损耗，也包括输电、油气管道输送过程中的损失量。另外，在国际能源署统计上，二次能源的净出口计入一个国家或地区的一次能源消费量，但不计入终端能源消费量。

由此可以看出，一次能源消费比终端能源消费更全面地反映了一个国家或地区的能源开采、生产以及转换技术水平。因此，在人类绿色发展指数体系中选用一次能源消费以及依此计算出一次能源强度并进行国际比较，能够较为客观地反映一国的发展阶段、经济结构、能源结构、设备技术工艺和管理水平等多方面情况。

6.2.3　数据获取和指标整理编写阶段

在确定将"一次能源强度"作为人类绿色发展指数能源类主指标之后，工作小组从国际能源署数据库中获取所需各国的数据。本次指标构建以2010年统计的数据为基础，搜集了123个国家的数据作为国别比较的基础。同时，工作小组又从国际能源署数据库中搜集了1990—2010年期间每5年的数据，从而便于此项指标的纵向比较。

在此基础上，工作小组共编制了"各国一次能源强度"统计表和"各国一次能源动态变化(1990—2010年)"统计表。其中，"各国一次能源强度"统计表中包括：指标说明、统计单位、数据来源、各国数据四个方面的内容。"各国一次能源动态变化(1990—2010年)"统计表中包括：指标说明、统计单位、数据来源、各国数据及以此计算的从1990年到2010年20年一次能源强度变化率数据五个方面的内容。详细数据情况和内容见附表。

6.2.4　对辅助的引入和说明指标

随着工农业的发展和人民生活水平的提高，能源的消耗不断增加。尽管各国都在努力降低能源强度，在能源开发、利用方面不断进行技术创新，但从长期来看，能源短缺是不可避免的发展趋势。伴随着传统能源使用所造成的环境污染，开发以可替代、可再生能源为主的新能源、发展低碳经济是解决这两大难题的重要途径。

广义的可替代能源是指可以替代目前使用的化石燃料的能源(化石燃料包石油、天然气和煤炭)，大多数的新能源都是替代能源，包括太阳能、核能、风能、海洋能等。根据世界银行的定义，可替代能源和核能属于清洁能源，是指在生成过程中不会产生二氧化碳的非碳水化合物能源，包括水能、核能、地热能和太阳能等。从定义可以看出，清洁能源与非清洁能源是按照能源消费过程对人类环境影响的程度区分的。

在此，"可替代能源和核能占能源使用总量的百分比"作为"一次能源强度"的辅助性指标进入评价体系，可以着重强调一次能源使用中清洁能源或可再生、可替代性能源的使用情况。不仅从能耗方面说明能源使用的效率情况，同时也从人类绿色发展方面突出说明能源未来的发展方向。各国"可替代能源和核能占能源使用总量的百分比"请详见附表。

>> 6.3　"一次能源强度"指标的统计特征 <<

下面分别对"一次能源强度"2010年各国数据分布情况及其在1990—2010年的动态变化情况进行简要分析。

6.3.1　2010年"一次能源强度"指标的统计特征

根据"一次能源强度"的定义，"一次能源强度"的数值越小，说明单位GDP综合能耗越低，也就是使用能源所产生的经济效益越高；反之，数值越大，则经济效益越低。

表 6-4 列出了 2010 年"一次能源强度"指标排名前 20 位和后 20 位的国家。

表 6-4 　　　　　　　　　　2010 年"一次能源强度"指标排名最高和最低的 20 个国家

排　名	国　家	指标值 （吨标准油/千美元）	排　名	国　家	指标值 （吨标准油/千美元）
1	缅甸	0.02	104	沙特阿拉伯	0.30
2	阿尔巴尼亚	0.08	105	尼泊尔	0.32
3	哥伦比亚	0.08	106	尼日利亚	0.33
4	秘鲁	0.08	107	蒙古	0.33
5	博茨瓦纳	0.09	108	肯尼亚	0.33
6	爱尔兰	0.09	109	俄罗斯联邦	0.35
7	巴拿马	0.09	110	坦桑尼亚	0.36
8	瑞士	0.09	111	巴林	0.37
9	刚果	0.10	112	哈萨克斯坦	0.42
10	哥斯达黎加	0.10	113	埃塞俄比亚	0.43
11	多米尼加共和国	0.10	114	赞比亚	0.45
12	希腊	0.10	115	乌克兰	0.47
13	意大利	0.10	116	多哥	0.50
14	葡萄牙	0.10	117	莫桑比克	0.52
15	西班牙	0.10	118	冰岛	0.52
16	斯里兰卡	0.10	119	乌兹别克斯坦	0.56
17	英国	0.10	120	土库曼斯坦	0.57
18	乌拉圭	0.10	121	特立尼达和多巴哥	0.69
19	奥地利	0.11	122	刚果民主共和国	1.16
20	丹麦	0.11	123	津巴布韦	2.87

数据来源：国际能源署，载 https://www.iea.org/publications/freepublications/publication/kwes.pdf。

从统计数据上来看，2010 年各国"一次能源强度"最大值为津巴布韦 2.87 吨标准油/千美元（购买力平价法，2005 年不变价），最小值为缅甸 0.02 吨标准油/千美元（购买力平价法，2005 年不变价）。统计国家的平均值为 0.23 吨标准油/千美元（购买力平价法，2005 年不变价）。在平均值之下即"一次能源强度"低于 0.23 吨标准油/千美元（购买力平价法，2005 年不变价）的国家和地区共有 88 个；而平均值之上的共有 35 个。这就说明，在统计的国家当中，71.5% 的国家单位 GDP 能耗低于平均值，世界整体能源利用效率状态较好。

在排名前 20 位的国家中，"一次能源强度"都低于 0.11 吨标准油/千美元（购买力平价法，2005 年不变价）；在排名后 20 位的国家中，"一次能源强度"都高于 0.3 吨标准油/千美元（购买力平价法，2005 年不变价）。

从排名来看，"一次能源强度"数值最低的国家（单位 GDP 能耗小）与最高的国家，后者是前者的 143.5 倍。这体现出了国家间能源使用效率巨大的差距。因此，可以通过国别借鉴，互相学习提高能源利用率的经验。

6.3.2　1990—2010年"一次能源强度"指标的动态变化情况

从纵向来看，研究小组从国际能源署数据库中搜集到了1990—2010年每隔5年的"一次能源强度"数据。根据"一次能源强度"的定义和变化率的含义，"一次能源强度"正向变化，则表明该能源强度增大，说明单位GDP能耗提升，能源使用效率降低；反之，"一次能源强度"反向变化，则说明单位GDP能耗降低，能源利用效率提升。

从所统计的123个国家数据来看，1990—2010年变化率呈正向变化——数值在0之上的国家共有27个，占比21.9%；变化率呈负向变化——变化率数值在0之下的国家共有96个，占比78.0%。这就意味着全球大多数国家的"一次能源强度"都在稳步下降，只有某些国家仍维持在原有水平或呈上升趋势。"一次能源强度"下降，说明平均能源利用效率的提高。

表6-5中所列举的是1990—2010年间"一次能源强度"变化率正向和负向排名情况。负向变化排位前20名的变化率的绝对值都在45%以上；正向变化排位前20名的变化率从7%到130%呈不等分布。

表6-5　　　　　　　　　　　1990—2010年各国"一次能源强度"指标的动态变化情况

排　名	国　家	2010年/1990年变化率(%)	排　名	国　家	2010年/1990年变化率(%)
1	波斯尼亚和黑塞哥维那	−83.30	63	瑞　士	−17.80
2	阿塞拜疆	−80.90	64	智　利	−17.60
3	缅　甸	−78.90	65	新加坡	−17.30
4	亚美尼亚	−78.20	66	希　腊	−17.20
5	白俄罗斯	−66.30	67	以色列	−17.10
6	格鲁吉亚	−63.50	68	牙买加	−16.50
7	立陶宛	−61.00	69	印度尼西亚	−16.20
8	中　国	−61.00	70	克罗地亚	−14.70
9	吉尔吉斯斯坦	−60.50	71	巴基斯坦	−14.20
10	阿尔巴尼亚	−59.20	72	法　国	−13.80
11	爱沙尼亚	−59.00	73	巴拿马	−13.50
12	罗马尼亚	−56.20	74	墨西哥	−13.40
13	土库曼斯坦	−55.40	75	孟加拉国	−13.30
14	波　兰	−53.70	76	芬　兰	−12.40
15	苏　丹	−53.00	77	西班牙	−12.30
16	莫桑比克	−52.80	78	比利时	−11.80
17	保加利亚	−52.60	79	巴拉圭	−11.70
18	斯洛伐克	−51.40	80	南　非	−10.80
19	乌兹别克斯坦	−50.70	81	奥地利	−10.40
20	塔吉克斯坦	−48.80	82	喀麦隆	−10.30
21	蒙　古	−48.70	83	萨尔瓦多	−10.20
22	拉脱维亚	−48.00	84	塞浦路斯	−9.60
23	柬埔寨	−42.30	85	哥斯达黎加	−9.10

续表

排 名	国 家	2010 年/1990 年 变化率（%）	排 名	国 家	2010 年/1990 年 变化率（%）
24	卢森堡	−42.00	86	挪 威	−7.50
25	爱尔兰	−41.30	87	埃 及	−7.30
26	捷 克	−38.90	88	贝 宁	−7.00
27	印 度	−38.60	89	洪都拉斯	−6.70
28	英 国	−37.50	90	日 本	−6.20
29	斯里兰卡	−35.00	91	韩 国	−4.90
30	尼日利亚	−34.50	92	土耳其	−4.70
31	加 纳	−34.30	93	意大利	−4.50
32	哈萨克斯坦	−33.60	94	乌拉圭	−3.00
33	菲律宾	−33.00	95	葡萄牙	−1.40
34	多米尼加共和国	−32.60	96	塞内加尔	−0.60
35	阿根廷	−32.00	97	马其顿	0.20
36	哥伦比亚	−31.50	98	肯尼亚	1.70
37	博茨瓦纳	−31.10	99	巴 西	3.80
38	德 国	−29.90	100	刚果共和国	4.50
39	卡塔尔	−29.40	101	黎巴嫩	4.70
40	美 国	−29.20	102	委内瑞拉	5.10
41	瑞 典	−28.30	103	厄瓜多尔	7.10
42	匈牙利	−28.30	104	阿尔及利亚	7.20
43	约 旦	−26.40	105	马来西亚	8.10
44	巴 林	−25.90	106	也 门	9.10
45	尼泊尔	−25.80	107	利比亚	9.60
46	俄罗斯联邦	−25.70	108	危地马拉	11.80
47	安哥拉	−25.40	109	摩洛哥	16.40
48	澳大利亚	−25.30	110	泰 国	18.50
49	加拿大	−24.80	111	加 蓬	23.40
50	埃塞俄比亚	−24.00	112	阿联酋	27.10
51	尼加拉瓜	−23.00	113	伊 朗	32.20
52	秘 鲁	−22.20	114	多 哥	32.50
53	坦桑尼亚	−22.00	115	玻利维亚	32.90
54	乌克兰	−21.60	116	海 地	45.70
55	叙利亚	−21.60	117	科威特	49.00
56	突尼斯	−21.00	118	津巴布韦	49.60
57	越 南	−20.80	119	特立尼达和多巴哥	51.50
58	斯洛文尼亚	−19.40	120	科特迪瓦	57.40
59	丹 麦	−18.90	121	沙特阿拉伯	57.80
60	荷 兰	−18.80	122	冰 岛	61.10
61	新西兰	−18.70	123	刚果民主共和国	125.30
62	赞比亚	−18.60			

注：由于柬埔寨的数据始于 1995 年，因此其变化率计算期间相应为 1995—2010 年。

数据来源：国际能源署，载 https://www.iea.org/publications/freepublications/publication/kwes.pdf。

如图 6-1 所示，负向变化最大的为波斯尼亚和黑塞哥维那共和国，"一次能源强度"从 1990 年的 1.39 吨标准油/千美元(购买力平价法，2005 年不变价)变为 2010 年的 0.23 吨标准油/千美元(购买力平价法，2005 年不变价)，变化幅度为－83.30％；"一次能源强度"正向变化最大的是刚果民主共和国，2010 年的"一次能源强度"是 1990 年的 1.67 倍。

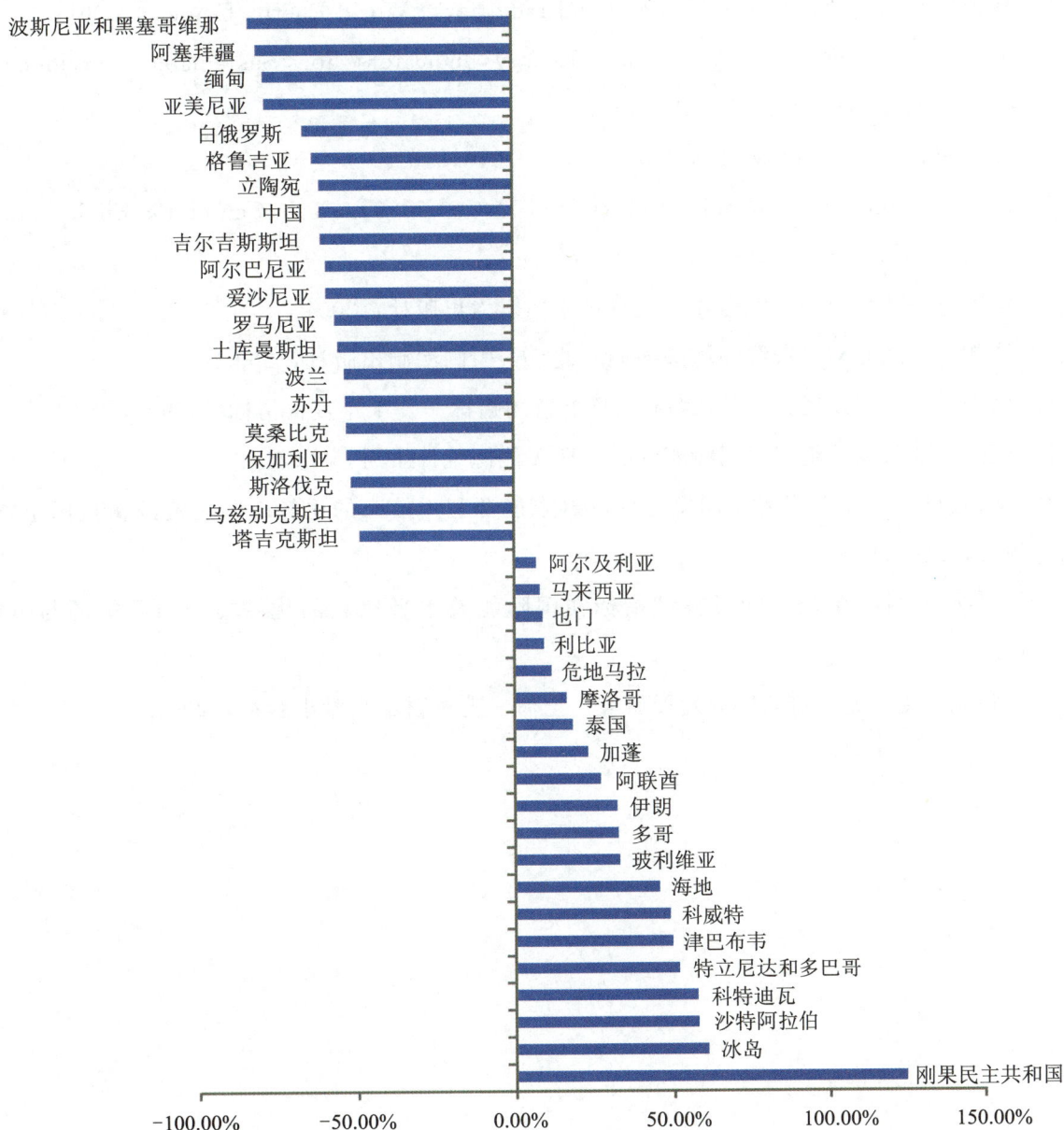

图 6-1　1990—2010 年"一次能源强度"指标变化率最大的国家

注：正向变化表示能耗强度提高，负向变化表示能耗强度降低。

数据来源：国际能源署，载 https://www.iea.org/publications/freepublications/publication/kwes.pdf。

从目前的整体发展趋势及未来长远来看，各国"一次能源强度"将会随着技术水平的提高而不断降低，这也意味着能源效率将不断提升。

>>参考文献<<

1. IEA. Key World Energy Statistics，2005—2010.

2. WEC. Energy Efficiencies Policies and Indicators. World Energy Council，2001.

3. IAEA，UNDESA，IEA，et al. Energy Indicators for Sustainable Development：Guidelines and Methodologies. IAEA，2005.

4. BP. Statistical Review of World Energy，2010，2011.

5. Environmental Sustainability Index（ESI）（2001—2005）. Yale Center for Environmental Law & Policy，Yale University.

6. 中国电力百科全书·综合卷. 北京：中国电力出版社，2001.

7. 江伟钰，陈方林. 资源环境法词典. 北京：中国法制出版社，2005.

8. 联合国. 千年发展目标（MDGs）的进展监测指标——千年宣言指标（MDIs），2004.

9. 经济合作与发展组织，国际能源署. IEA 能源统计手册，2007.

10. 何金祥. 2007 年世界不同发达程度国家能源利用效率的比较. 国土资源情报国土资源部信息中心，2008(10).

11. 朱跃中. 谈"单位 GDP 能耗"指标在国际能效水平比较的优缺点. 山西能源与节能，2006(11).

12. 陈凯，史红亮. 清洁能源发展研究. 上海：上海财经大学出版社，2009.

7.

气候变化类指标：人均二氧化碳排放量

气候是人类赖以生存的自然环境，是经济社会可持续发展的重要基础资源。然而，以气候变暖为主要特征的全球气候变化已是不争的事实。全球气候变化对自然生态系统和经济社会发展已带来了可识别的显著影响，导致灾害性气候事件频发、冰川和积雪融化加速、水资源分布失衡、生物多样性受到威胁，也对人类的生存和发展构成重大风险。在追求人类绿色发展的进程中，气候资源不仅是必不可少的条件之一，也是绿色发展水平的重要体现，世界各国对气候变化的影响及应对成为其能否实现绿色发展的关键因素之一。因此，将影响气候变化的相关指标纳入人类绿色发展指数的测度十分必要。

>> 7.1 为什么选取"二氧化碳排放"指标 <<

全球气候变暖主要由人为温室气体排放引起，二氧化碳排放是人为温室气体的最主要来源，从而也是全球应对气候变化的具有代表性和主要的监测指标。采用"二氧化碳排放"作为测度指标之一，充分反映了各国应对气候变化的状况及其在实现人类绿色发展中的关键作用。

7.1.1 人为温室气体排放引起全球气候变暖，对人类活动产生重大影响

联合国政府间气候变化专门委员会（IPCC）气候变化第四次评估报告确认全球变暖趋势"明确"，就人类活动对气候变化的影响进行了严厉警告。近 50 年以来，全球气候变暖主要是人为活动的温室气体（GHGs）排放所引起的，累积的温室气体改变了大气的化学成分。评估报告虽然并未提出具体的危险温升临界值，但指出预计全球温升达 3～4℃时，对世界主要自然和经济领域的不利影响可能将明显增加；超过 4℃将导致脆弱性大幅增加，有将 3～4℃作为危险温升临界值的意向。联合国开发计划署《人类发展报告》、《布莱尔报告》以及《斯特恩报告》等在应对气候

变化领域有重大影响的报告都把控制 2℃ 温升作为世界长期减排目标。

未来全球平均温升幅度取决于大气中温室气体浓度稳定水平，如果稳定在 4.5×10^{-4} CO_2 当量（即当前水平），未来温升超过 2℃ 的概率为 50％。如果稳定在 5.5×10^{-4} CO_2 当量，未来温升超过 2℃ 的概率为 80％，超过 3℃ 的概率为 30％。而如果要稳定在 4.5×10^{-4} CO_2 当量水平，那么全球 2050 年比 1990 年至少要减排 50％。因此欧盟和上述三个报告中都提出 2050 年全球温室气体排放比 1990 年至少减少 50％ 的目标。《斯特恩报告》和《布莱尔报告》中还分别进一步提出 2050 年各国人均温室气体排放不超过 2 吨 CO_2 当量的建议。

7.1.2　二氧化碳排放是人为温室气体的最主要来源

主要的人为温室气体排放包括二氧化碳（CO_2）、甲烷（CH_4）、一氧化二氮（N_2O）和三类氟化气体排放（氢氟碳化物 HFCs、全氟碳化物 PFCs 和六氟化硫 SF_6），这些也是《京都议定书》减排目标规定中所明确列出的温室气体种类。二氧化碳排放是指化石燃料燃烧和水泥生产过程所产生的排放，包括在消费固体、液体、气体燃料和天然气燃除时所产生的二氧化碳。甲烷排放是那些源于人类活动，如农业和工业甲烷生产的排放。一氧化二氮排放是来自农业生物质燃烧、工业活动和家畜饲养的排放。其中二氧化碳是人为排放的主要温室气体，可以作为考察人为温室气体排放状况和特征的代表性变量。2010 年《联合国气候变化框架公约》附件一成员国的人为温室气体排放构成中，二氧化碳排放所占份额为 82％，而其他温室气体的排放仅占了 18％。[①]

7.1.3　二氧化碳排放是全球应对气候变化的主要监测指标

国际社会应对气候变化的重要途径之一，就是通过密切关注全球二氧化碳排放状况与趋势，加强国家与地区政府间在减排方面的沟通与合作机制，促使各国根据本国的二氧化碳排放现状与目标来制定实施减排政策与措施。在千年发展目标（MDGs）的进展监测指标——千年宣言指标（MDIs）中，环境可持续发展是其中一个重要的目标，二氧化碳排放则是环境可持续发展的 7 个具体子目标之一。在世界银行开发的世界发展指标中，涵盖了多个层面的二氧化碳排放指标。历届世界气候大会和地区间应对气候变化的合作进程中，都将二氧化碳排放作为中心议题。而诸如《全球环境展望》、环境绩效指数、可持续经济福利指数及《环境指标报告》等描述或衡量世界可持续发展状况的综合报告或指数中，二氧化碳排放作为反映气候变化的指标也是不可或缺的。

在全球应对气候变化形势的推动下，世界范围内正在经历一场经济发展模式的转变和产业结构的升级。其核心内容是发展低碳能源技术，建立低碳经济发展模式和低碳社会消费模式，并将其作为协调经济发展与保护气候之间关系的基本途径。

---

① 　根据《联合国气候变化框架公约》的相关数据计算所得。

>> 7.2 如何选取"人均二氧化碳排放量"指标 <<

在对气候变化类指标及其主要发布机构进行梳理的基础上，我们搜集了全球温室气体排放主要监测指标信息。考虑到近年数据持续可得、数据涵盖国家范围较广、可靠性等因素后，我们选取了"人均二氧化碳排放量"指标，并采用国际能源署发布的年度数据。

7.2.1 主要气候变化类指标及其发布机构

气候变化类指标包括一般气候现象指标及气候变化成因指标。前者如平均气温、平均降水量等；后者指温室气体排放指标，包括不同种类的温室气体排放，如二氧化碳、甲烷、一氧化二氮和其他温室气体排放指标。从测度世界各国绿色发展程度的需要出发，我们关注的是造成气候变化的成因指标，以体现各国在气候变化和全球变暖控制与应对过程中的状况及面临的挑战。

许多国际、区域及国家性机构都在关注与发布全球气候变化相关指标，这些机构主要包括联合国政府间气候变化专门委员会（IPCC）、联合国环境规划署（UNEP）、世界银行（WB）、国际能源署（IEA）、经济合作与发展组织（OECD）、欧洲环境署（EEA）、美国能源部二氧化碳信息分析中心（CDIAC）等。不同机构所监测发布的指标各有差异，其指标类别、数据可得年份、数据涵盖国家（地区）个数等方面均有不同。其中，涵盖世界较多国家气候变化指标的原始数据主要发布或报告机构是 IPCC、IEA 和 CDIAC。

7.2.2 指标选取及数据来源

根据我们搜集的全球温室气体排放主要监测指标信息，在考虑到近年数据持续可得、数据涵盖国家范围较广等因素，首先筛选了 27 个全球温室气体排放主要监测指标。这些指标既包括各类温室气体排放，也包括不同部门的温室气体排放以及不同燃料种类的排放，如表 7-1 所示。

表 7-1　　　　　　　　气候变化类指标选择用表

序号	指标名称	指标解释	最新数据年份	机构/数据库	网址
1	二氧化碳排放量（千吨）	指在化石燃料燃烧和水泥生产过程中产生的二氧化碳排放，包括在消费固态、液态和气态燃料以及天然气燃除时产生的二氧化碳排放量	2009	世界银行/世界发展指标；原始数据来自美国能源部二氧化碳信息分析中心	http://data.worldbank.org/indicator/EN.ATM.CO2E.KT

续表

序号	指标名称	指标解释	最新数据年份	机构/数据库	网址
2	人均二氧化碳排放量（人均公吨数）	指在化石燃料燃烧和水泥生产过程中产生的二氧化碳排放，一个国家（地区）某年度的人均二氧化碳排放量由其总排放量除以当年人口而得	2009	世界银行/世界发展指标；原始数据来自美国能源部二氧化碳信息分析中心	http://data.worldbank.org.cn/indicator/EN.ATM.CO2E.PC
3	单位 GDP 二氧化碳排放量（千克/2005 年 PPP 美元 GDP）	指在化石燃料燃烧和水泥生产过程中产生的，以 2005 年购买力平价的单位 GDP 所计的二氧化碳排放量	2009	世界银行/世界发展指标；原始数据来自美国能源部二氧化碳信息分析中心	http://data.worldbank.org.cn/indicator/EN.ATM.CO2E.PP.GD.KD
4	二氧化碳排放量（百万吨）	指化石燃料燃烧产生的二氧化碳排放量	2010	国际能源署数据库	http://www.iea.org/media/statistics/CO2Highlights2012.XLS
5	单位一次能源供应的二氧化碳排放量（吨/万亿焦耳）	指化石燃料燃烧的二氧化碳排放量	2010	国际能源署数据库	http://www.iea.org/media/statistics/CO2Highlights2012.XLS
6	单位 GDP 二氧化碳排放量（千克/2005 年 PPP 美元）	指化石燃料燃烧的二氧化碳排放量	2010	国际能源署数据库	http://www.iea.org/media/statistics/CO2Highlights2012.XLS
7	人均二氧化碳排放量（吨/人）	指化石燃料燃烧的二氧化碳排放量，包括在使用固态、液态和气态燃料以及天然气时产生的二氧化碳排放量	2010	国际能源署数据库	http://www.iea.org/media/statistics/CO2Highlights2012.XLS
8	分部门人均二氧化碳排放量（千克/人）	指化石燃料燃烧的二氧化碳排放量，部门分为电力热力、其他能源部门自用、制造业与建筑业、交通、居民部门	2010	国际能源署数据库	http://www.iea.org/media/statistics/CO2Highlights2012.XLS
9	每千瓦时发电量的二氧化碳排放量（克/千瓦时）	指化石燃料燃烧的二氧化碳排放量	2010	国际能源署数据库	http://www.iea.org/media/statistics/CO2Highlights2012.XLS

序号	指标名称	指标解释	最新数据年份	机构/数据库	网 址
10	电力和热力生产的二氧化碳排放量（百万公吨）	指 IEA3 类二氧化碳排放的总和：(1)专业电力和热力生产者；(2)未分配自用生产者，涵盖自用生产者生产电力和(或)热力产生的排放；(3)其他能源产业，涵盖为炼油厂生产固体燃料产生的排放、煤炭开采、油气开采以及其他能源生产行业燃烧燃料产生的二氧化碳排放量	2010	世界银行/世界发展指标；原始数据来自国际能源署(IEA Statistics © OECD/IEA, http://www.iea.org/stats/index.asp)，《国际能源署关于燃料燃烧二氧化碳排放的电子文件》	http://data.worldbank.org.cn/indicator/EN.CO2.ETOT.MT
11	制造业和建筑业的二氧化碳排放量（百万公吨）	涵盖工业燃烧燃料产生的二氧化碳排放。根据 1996 年《IPCC 指南》，也包括生产电力和(或)热力的工业自用生产者的排放。IEA 数据的采集方式不能把能源消耗按照具体的终端用户进行分解，因此，自用生产者单独列为一项(未分配自用生产者)。制造业和建筑业还包括高炉投入焦炭所产生的排放	2010	世界银行/世界发展指标；原始数据来自国际能源署(IEA Statistics © OECD/IEA, http://www.iea.org/stats/index.asp)，《国际能源署关于燃料燃烧二氧化碳排放的电子文件》	http://data.worldbank.org.cn/indicator/EN.CO2.MANF.MT
12	交通运输部门的二氧化碳排放量（百万公吨）	涵盖所有运输活动(不论部门)燃烧燃料产生的二氧化碳排放，国际船舶燃料和国际航空除外。这里包括国内航空、国内航行、公路、铁路和管道运输，对应 IPCC 碳源汇类别 1A3	2010	世界银行/世界发展指标；原始数据来自国际能源署(IEA Statistics © OECD/IEA, http://www.iea.org/stats/index.asp)，《国际能源署关于燃料燃烧二氧化碳排放的电子文件》	http://data.worldbank.org.cn/indicator/EN.CO2.TRAN.MT
13	住宅建筑和商业及公共服务的二氧化碳排放量（百万公吨）	涵盖居民燃烧燃料的所有排放，对应 IPCC 碳源汇类别 1A4b。商业及公共服务涵盖国际产业标准分类(ISIC) 41、50-52、55、63-67、70-75、80、90-93、99类	2010	世界银行/世界发展指标；原始数据来自国际能源署(IEA Statistics © OECD/IEA, http://www.iea.org/stats/index.asp)，《国际能源署关于燃料燃烧二氧化碳排放的电子文件》	http://data.worldbank.org.cn/indicator/EN.CO2.BLDG.MT

续表

序号	指标名称	指标解释	最新数据年份	机构/数据库	网　址
14	其他部门的二氧化碳排放量，不包括住宅建筑和商业及公共服务（百万公吨）	涵盖商业/机构性活动、居住、农业/林业、渔业产生的排放以及包括在 IPCC 碳源汇 1A4 和 1A5 类别内的别处没有说明的排放	2010	世界银行/世界发展指标；原始数据来自国际能源署（IEA Statistics © OECD/IEA, http://www.iea.org/stats/index.asp），《国际能源署关于燃料燃烧二氧化碳排放的电子文件》	http://data.worldbank.org.cn/indicator/EN.CO2.OTHX.MT
15	固体燃料消耗的二氧化碳排放量（千吨）	指煤炭作为能源使用所产生的二氧化碳排放量	2009	世界银行/世界发展指标；原始数据来自美国能源部二氧化碳信息分析中心	http://data.worldbank.org.cn/indicator/EN.ATM.CO2E.SF.KT
16	液体燃料消耗的二氧化碳排放量（千吨）	指使用石油加工燃料作为能源产生的二氧化碳排放量	2009	世界银行/世界发展指标；原始数据来自美国能源部二氧化碳信息分析中心	http://data.worldbank.org.cn/indicator/EN.ATM.CO2E.LF.KT
17	天然气燃料消耗的二氧化碳排放量（千吨）	指使用天然气作为能源产生的二氧化碳排放量	2009	世界银行/世界发展指标；原始数据来自美国能源部二氧化碳信息分析中心	http://data.worldbank.org.cn/indicator/EN.ATM.CO2E.GF.KT
18	二氧化碳强度（千克/石油当量能源使用千克数）	指使用煤炭作为能源产生的二氧化碳排放量	2009	世界银行/世界发展指标；原始数据来自美国能源部二氧化碳信息分析中心	http://data.worldbank.org/indicator/EN.ATM.CO2E.EG.ZS
19	GHG 净排放量/LUCF 清除量（百万公吨二氧化碳当量）	指由于林业和土地利用变化所造成的所有温室气体在大气层中的浓度，包括但不限于：(1)由于森林管理、伐木、捡柴等引起生物质存量增减而导致的二氧化碳排放量和清除量；(2)现有森林和天然草原转换为其他土地用途；(3)放弃过去管理的土地（例如耕地和牧场）造成的二氧化碳清除量；(4)与土地利用改变和管理有关的土壤的二氧化碳排放量和清除量	2009	世界银行/世界发展指标；原始数据来自《联合国气候变化框架公约》	http://data.worldbank.org.cn/indicator/EN.CLC.GHGR.MT.CE

续表

序号	指标名称	指标解释	最新数据年份	机构/数据库	网　址
20	甲烷排放量（千吨二氧化碳当量）	甲烷排放量是来自人类活动的排放，如农业和工业生产	2010	世界银行/世界发展指标；原始数据来自国际能源署（IEA Statistics © OECD/IEA，http://www.iea.org/stats/index.asp）	http://data.worldbank.org.cn/indicator/EN.ATM.METH.KT.CE
21	农业甲烷排放量（千公吨二氧化碳当量）	指牲畜、牲畜粪便、水稻生产、农业废弃物燃烧（非能源，现场）以及草原燃烧所产生的甲烷排放量	2010	世界银行/世界发展指标；原始数据来自国际能源署（IEA Statistics © OECD/IEA，http://www.iea.org/stats/index.asp）	http://data.worldbank.org.cn/indicator/EN.ATM.METH.AG.KT.CE
22	能源部门的甲烷排放量（千公吨二氧化碳当量）	指化石燃料和生物质燃料的生产、装卸、输送和燃烧产生的排放量	2010	世界银行/世界发展指标；原始数据来自国际能源署（IEA Statistics © OECD/IEA，http://www.iea.org/stats/index.asp）	http://data.worldbank.org.cn/indicator/EN.ATM.METH.EG.KT.CE
23	一氧化二氮排放量（千公吨二氧化碳当量）	指来自农业生物质燃烧、工业活动以及家畜饲养产生的排放量	2010	世界银行/世界发展指标；原始数据来自国际能源署（IEA Statistics © OECD/IEA，http://www.iea.org/stats/index.asp）	http://data.worldbank.org.cn/indicator/EN.ATM.NOXE.KT.CE
24	农业一氧化二氮排放量（千公吨二氧化碳当量）	指通过肥料使用（合成肥料和牲畜粪肥）、牲畜粪便管理、农业废弃物燃烧（非能源，现场）以及草原燃烧产生的排放量	2010	世界银行/世界发展指标；原始数据来自国际能源署（IEA Statistics © OECD/IEA，http://www.iea.org/stats/index.asp）	http://data.worldbank.org.cn/indicator/EN.ATM.NOXE.AG.KT.CE
25	工业一氧化二氮排放量（千公吨二氧化碳当量）	指在己二酸和硝酸生产过程中产生的排放量	2010	世界银行/世界发展指标；原始数据来自国际能源署（IEA Statistics © OECD/IEA，http://www.iea.org/stats/index.asp）	http://data.worldbank.org.cn/indicator/EN.ATM.NOXE.IN.KT.CE
26	能源部门的一氧化二氮排放量（千公吨二氧化碳当量）	指化石燃料和生物质燃料燃烧产生的排放量	2010	世界银行/世界发展指标；原始数据来自国际能源署（IEA Statistics © OECD/IEA，http://www.iea.org/stats/index.asp）	http://data.worldbank.org.cn/indicator/EN.ATM.NOXE.EG.KT.CE
27	其他温室气体排放量，HFC、PFC和SF6（千公吨二氧化碳当量）	指氢氟碳化物、全氟碳化物以及六氟化硫的副产品的排放量	2010	世界银行/世界发展指标；原始数据来自国际能源署（IEA Statistics © OECD/IEA，http://www.iea.org/stats/index.asp）	http://data.worldbank.org.cn/indicator/EN.ATM.GHGO.KT.CE

本指数采用国际能源署数据库的 2010 年"人均二氧化碳排放量"指标数据，作为气候变化方面的代表性指标。国际能源署"二氧化碳排放"指标是指化石燃料燃烧所产生的排放，包括在消费固体、液体、气体燃料和天然气燃料时所产生的二氧化碳排放。采用国际能源署"人均二氧化碳排放量"作为代表性指标主要基于以下三点理由。

首先，国际能源署发布的世界 138 个国家（地区）来自化石燃料燃烧的二氧化碳排放量年度数据，被国际社会公认是最可靠的此类数据之一。数据始于 20 世纪六七十年代，每年 10 月更新，提供两年前的数据，其排放计算使用国际能源署能源数据库和《1996 IPCC 国家温室气体目录修订指南》的默认方法和碳排放因子，数据的可得性和连续性都较好，更新及时，涵盖的国家和地区范围较广。相比较而言，其他发布排放原始数据的机构中，联合国政府间气候变化专门委员会的排放数据虽然主要由各成员国直接报告，但各国的测算口径和可得数据年份不尽相同，影响了数据的可比性；美国能源部二氧化碳信息分析中心虽提供各国同一年的排放数据，但只发布碳排放数据，需要自行折算成二氧化碳排放数据，且最新数据的更新周期要比国际能源署晚一年；经济合作与发展组织和欧洲环境署等机构往往只提供其成员国或其区域的数据。其他绝大多数机构都不能提供排放原始数据，而往往是引用上述原始数据或在其基础上进行相应计算，属于间接数据。

其次，"人均二氧化碳排放量"指标最适于进行各国人类绿色发展指数测算与比较分析的需要。除了人均排放指标外，常见的二氧化碳排放指标还有总排放量、单位 GDP 排放量、单位千瓦时排放量、二氧化碳排放强度等。但相比而言，人均指标较好地反映了可比国家的实际排放状况，并以每人应具有相同的排放权利为前提，在国家比较中体现了排放影响的公平性。而其他如分部门排放和不同燃料种类的排放，则更多反映的是各国不同部门的技术状况，而不能很好地反映各国的实际排放状况。

最后，国际能源署基于化石燃料燃烧的二氧化碳排放数据，能典型地反映各国二氧化碳的主要排放状况和特征。在许多产生温室气体的人类活动中，能源使用迄今为止是最大的排放源（其中主要是二氧化碳排放）。以《联合国气候变化框架公约》附件一国家的 2010 年排放为例，能源产生的排放占到 83%（其中 CO_2 占能源排放量的 92%，CH_4 占 7%，N_2O 占 1%），而其他包括农业、工业过程和废物所产生的排放仅为 17%。在能源排放中，由于除化石燃料外的其他能源，包括核能、水电、地热、太阳能、潮汐能、风能和生物燃料的排放几乎可以忽略不计，因而化石燃料燃烧排放就构成了大气中人为碳排放的最大来源，是大气中的二氧化碳浓度水平升高的主要原因。

>> 7.3 "人均二氧化碳排放量"指标的统计特征 <<

下面分别对各国 2010 年"人均二氧化碳排放量"状况及其在 1990—2010 年的动态变化情况进行简要分析。

7.3.1 2010年"人均二氧化碳排放量"指标的统计特征

2010年，人类绿色发展指数测评的123个国家"人均二氧化碳排放量"平均水平为5.54吨/人，比上一年增长了3.2%，与1990年的排放量水平几乎持平。人均排放水平未出现大的增长，表明全球应对气候变化的举措对遏制全球二氧化碳排放量的增长起到了一定的减缓作用。其中，超过平均排放水平的国家有46个，占所有测评国家的37.4%。各国指标值越大，表示其人均二氧化碳排放水平越高，对气候变化的影响越大，越不利于控制和应对全球气候变化。

从统计数据看，国家间的人均二氧化碳排放水平差异非常大，在123个国家中，人均排放水平最低的国家是刚果民主共和国，2010年"人均二氧化碳排放量"为0.05吨/人，而人均排放水平最高的国家卡塔尔的排放量达到36.9吨/人，两国的排放水平相差了700多倍，反映出国家间经济发展和化石能源资源使用的巨大差异。表7-2列示了2010年各国"人均二氧化碳排放量"排名前20位和后20位的国家及其排放水平情况。

表7-2　　　　　　2010年"人均二氧化碳排放量"指标排名最低和最高的20个国家

排　名	国　家	指标值(吨/人)	排　名	国　家	指标值(吨/人)
1	刚果民主共和国	0.05	104	比利时	9.78
2	埃塞俄比亚	0.06	105	土库曼斯坦	10.45
3	莫桑比克	0.11	106	捷　克	10.89
4	尼泊尔	0.12	107	俄罗斯联邦	11.16
5	坦桑尼亚	0.13	108	荷　兰	11.26
6	赞比亚	0.15	109	韩　国	11.52
7	缅　甸	0.17	110	芬　兰	11.73
8	多　哥	0.19	111	新加坡	12.39
9	海　地	0.21	112	爱沙尼亚	13.79
10	喀麦隆	0.26	113	哈萨克斯坦	14.23
11	柬埔寨	0.27	114	加拿大	15.73
12	肯尼亚	0.27	115	沙特阿拉伯	16.25
13	尼日利亚	0.29	116	澳大利亚	17.00
14	科特迪瓦	0.29	117	美　国	17.31
15	苏　丹	0.31	118	巴　林	18.71
16	孟加拉国	0.36	119	阿联酋	20.50
17	加　纳	0.39	120	卢森堡	20.98
18	塔吉克斯坦	0.40	121	特立尼达和多巴哥	31.91
19	刚果共和国	0.41	122	科威特	31.93
20	塞内加尔	0.44	123	卡塔尔	36.90

数据来源：国际能源署，载 http://www.iea.org/publications/freepublications/publication/name,32870,en.html。

可以看出，"人均二氧化碳排放量"最低的20个国家均为发展中国家，其人均排放量均不超过1吨/人，其中非洲国家有14个，亚洲国家5个，加勒比海地区国家1个。而"人均二氧化碳排放量"最高的 20 个国家基本上是发达国家或能源生产输出国，反映了发达国家对于全球气候变化的贡献远大于发展中国家的事实。

7.3.2　1990—2010 年"人均二氧化碳排放量"指标的动态变化情况

1990—2010 年间，人类绿色发展指数测评的 123 个国家"人均二氧化碳排放量"的平均动态变化率为 40.1%。其中有 45 个国家的排放水平下降，其他 78 个国家的排放水平都有不同程度的上升，上升的国家占所有测评国家的 63.4%。这表明，无论是就世界总体的排放而言，还是从各国的排放状况和趋势来看，要实现全球 2050 年比 1990 年至少减排 50% 的目标还面临很大的挑战。排放水平上升程度越高的国家，对全球气候变化的不利影响就越大，其减排的压力和挑战就越大。1990—2010 年各国"人均二氧化碳排放量"指标的动态变化情况如表 7-3 所示。

表 7-3　　　　　　　1990—2010 年各国"人均二氧化碳排放量"指标的动态变化情况

排　名	国　家	2010 年/1990 年变化率(%)	排　名	国　家	2010 年/1990 年变化率(%)
1	格鲁吉亚	−84.0	63	斯洛文尼亚	19.4
2	塔吉克斯坦	−80.7	64	挪　威	20.1
3	亚美尼亚	−77.4	65	叙利亚	23.6
4	吉尔吉斯斯坦	−74.4	66	卡塔尔	24.4
5	阿塞拜疆	−70.0	67	以色列	24.5
6	乌克兰	−56.2	68	多　哥	25.4
7	立陶宛	−55.1	69	新加坡	28.5
8	赞比亚	−54.7	70	利比亚	28.7
9	津巴布韦	−52.8	71	菲律宾	32.1
10	罗马尼亚	−51.0	72	阿尔及利亚	33.4
11	拉脱维亚	−48.6	73	莫桑比克	33.8
12	白俄罗斯	−43.7	74	塞浦路斯	35.9
13	刚果民主共和国	−42.8	75	阿根廷	37.7
14	斯洛伐克	−39.8	76	科特迪瓦	39.9
15	爱沙尼亚	−39.4	77	突尼斯	40.4
16	乌兹别克斯坦	−39.1	78	巴基斯坦	48.0
17	阿尔巴尼亚	−38.3	79	塞内加尔	49.9
18	保加利亚	−32.3	80	埃塞俄比亚	50.8
19	阿联酋	−28.5	81	苏　丹	51.4
20	捷　克	−27.3	82	巴　西	53.2
21	蒙　古	−25.3	83	土耳其	58.5
22	俄罗斯联邦	−24.1	84	刚果共和国	58.6
23	匈牙利	−23.6	85	埃　及	58.7
24	卢森堡	−23.3	86	乌拉圭	59.2
25	德　国	−22.2	87	海　地	60.5

排　名	国　家	2010年/1990年变化率(%)	排　名	国　家	2010年/1990年变化率(%)
26	巴林	−21.2	88	巴拉圭	61.2
27	英国	−19.0	89	缅甸	61.7
28	冰岛	−17.9	90	厄瓜多尔	61.8
29	瑞典	−17.7	91	秘鲁	62.9
30	土库曼斯坦	−16.3	92	沙特阿拉伯	64.8
31	丹麦	−13.6	93	哥斯达黎加	65.7
32	波兰	−11.2	94	也门	67.3
33	美国	−11.0	95	智利	73.2
34	马其顿	−10.7	96	尼加拉瓜	73.4
35	比利时	−9.7	97	多米尼加共和国	75.5
36	法国	−8.9	98	摩洛哥	81.5
37	瑞士	−7.5	99	加蓬	81.5
38	意大利	−6.0	100	玻利维亚	83.1
39	克罗地亚	−4.8	101	坦桑尼亚	99.0
40	南非	−3.7	102	危地马拉	99.1
41	波斯尼亚和黑塞哥维那	−3.6	103	柬埔寨	102.4
42	哥伦比亚	−3.2	104	印度	102.5
43	尼日利亚	−3.1	105	伊朗	111.3
44	牙买加	−2.1	106	加纳	112.3
45	哈萨克斯坦	−1.6	107	韩国	115.4
46	加拿大	0.6	108	印度尼西亚	116.2
47	新西兰	1.4	109	洪都拉斯	117.6
48	爱尔兰	1.6	110	安哥拉	124.5
49	日本	4.2	111	巴拿马	125.8
50	约旦	5.6	112	萨尔瓦多	126.3
51	芬兰	7.5	113	科威特	132.2
52	博茨瓦纳	8.0	114	黎巴嫩	137.9
53	荷兰	8.0	115	马来西亚	138.9
54	希腊	9.9	116	泰国	154.9
55	西班牙	10.7	117	尼泊尔	163.3
56	澳大利亚	12.3	118	中国	174.3
57	奥地利	12.5	119	孟加拉国	176.4
58	肯尼亚	14.4	120	斯里兰卡	196.3
59	葡萄牙	15.2	121	特立尼达和多巴哥	241.0
60	喀麦隆	16.9	122	越南	476.0
61	墨西哥	18.1	123	贝宁	856.8
62	委内瑞拉	19.3			

注：由于柬埔寨的数据始于1995年，因此其变化率计算期间相应为1995—2010年。

数据来源：国际能源署，载 http://www.iea.org/publications/freepublications/publication/name,32870,en.html。

由表 7-3 可以看出，1990—2010 年间各国的"人均二氧化碳排放量"水平变化率差异非常大。在 123 个国家中，下降幅度最大的国家是格鲁吉亚，其 2010 年的"人均二氧化碳排放量"比 1990 年下降了 84％。而上升幅度最高的国家是贝宁，其 2010 年的排放水平比 1990 年增长了 7 倍多。图 7-1 显示了 1990—2010 年各国"人均二氧化碳排放"变化率排名前 20 位和后 20 位的国家及其变化率情况。

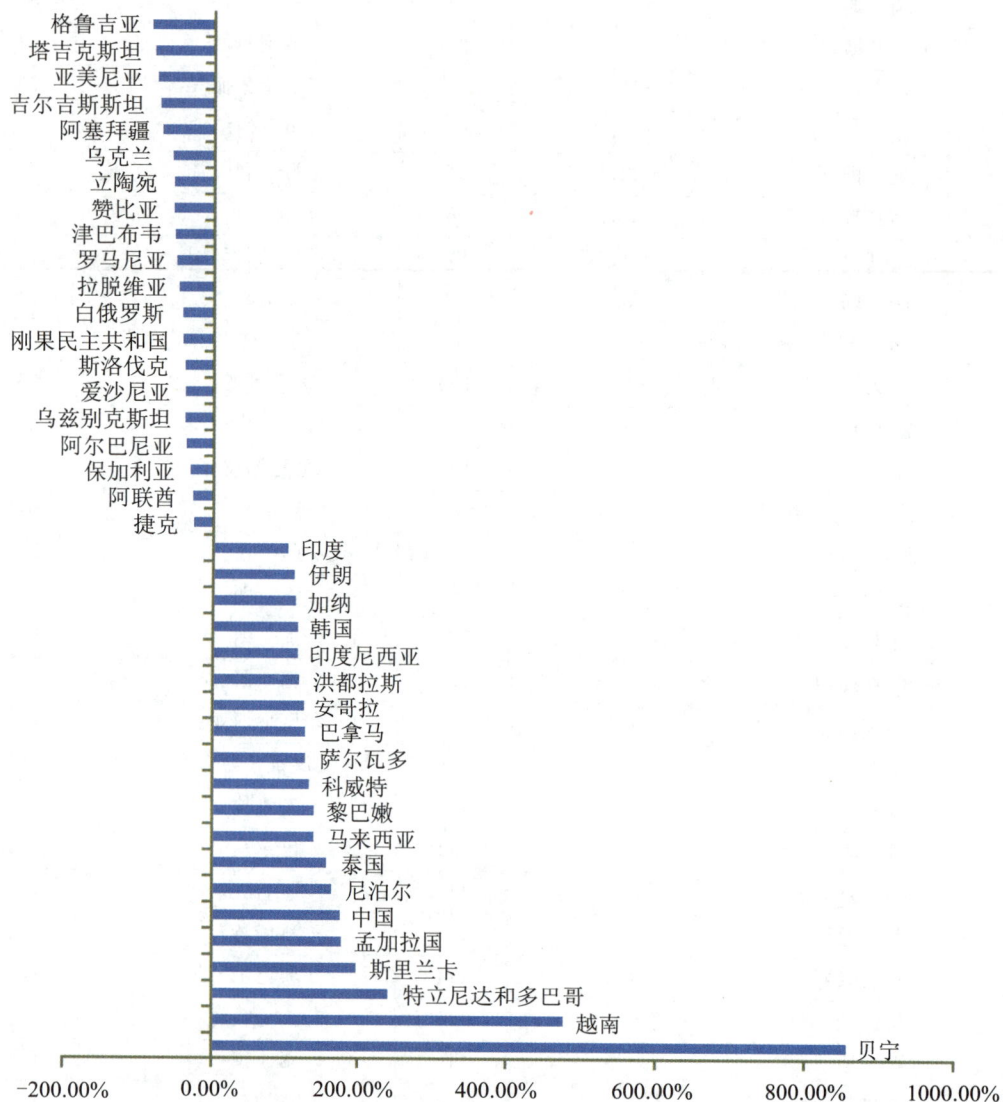

图 7-1 1990—2010 年"人均二氧化碳排放量"指标变化率最大的国家

数据来源：国际能源署，载 http://www.iea.org/publications/freepublications/publication/name,32870,en.html。

可以看出，"人均二氧化碳排放量"在 20 年间降幅最大的 20 个国家均为发展中国家。值得注意的是，其中 16 个均为苏联与东欧地区转轨经济国家。如果从各国单位 GDP 能耗，即一国单位 GDP 生产所消耗的能源量来看，这 16 个国家在 1990—2010 年间的单位 GDP 能耗均有不同程度的下降，平均下降率超过 50％。这充分说明，自 20 世纪 90 年代以来，这些转轨经济国家在经济发展方式上有了很大的改变，绿色发展特点显著，从而促使"人均二氧化碳排放量"有了很大的下降。而在 20 年间"人均二氧化碳排放量"增幅最大的 20 个国家中，也基本上均为发展中国家，还包括能源生产国，表明这些国家在追求经济增长的同时面临着巨大的减排挑战，实现绿色发展的道路还很长。

>>参考文献<<

1. EEA. Environmental Indicator Report 2012：Ecosystem Resilience and Resource Efficiency in a Green Economy in Europe. Luxembourg：Publications Office of the European Union，2012.

2. Nicholas Stern. The Economics of Climate Change：The Stern Review. Cambridge，UK：Cambridge University Press，2006.

3. OECD/IEA. CO_2 Emissions from Fuel Combustion Highlights，2012.

4. Tony Blair. Breaking the Climate Deadlock：A Global Deal for Our Low-Carbon Future，2008.

5. The World Bank. World Development Indicators 2013. Washington，DC：The World Bank，2013.

6. UNEP. Global Environment Outlook 5：Environment for the Future We Want. Malta：Progress Press Ltd. ，2012.

7. 联合国政府间气候变化专门委员会. 气候变化 2007：综合报告（IPCC 第四次评估报告），2008.

8. 中国国务院副总理回良玉在第三次世界气候大会上的讲话，2009-09-03.

9. 何建坤，刘滨，王宇. 全球应对气候变化进程及其对我国的影响. 科学，2008(6).

10. 联合国. 千年发展目标（MDGs）的进展监测指标——千年宣言指标（MDIs），2004.

11. 联合国开发计划署. 人类发展报告 2007/2008——应对气候变化：分化世界中的人类团结，2008.

8.

空气污染类指标：PM$_{10}$

清洁的空气是人类赖以生存的自然要素之一。但是空气污染物排放来自几乎所有经济和社会活动——尤其是电力和热力生产、交通运输、工业和农业等部门，对人类健康和生态环境带来严重威胁，直接影响人们的生活质量。尽管各国和国际社会采取了一些干预措施，但就全球而言，空气污染的影响还在继续恶化，使得空气污染在 2050 年以前都将是造成过早死亡的最主要的环境风险因素。鉴于空气污染物对环境和人类健康不可忽视的影响，世界各国的空气污染状况是其能否实现绿色发展的关键因素之一，也是其绿色发展水平的重要体现。因而，将空气污染代表性指标纳入人类绿色发展指数的测度就非常必要。

>> 8.1 为什么选取空气污染类指标"PM$_{10}$" <<

空气污染对环境和人类健康造成不利影响，是影响人类绿色发展水平的主要因素之一。对大多数国家而言，空气污染中的颗粒物对人类健康产生了最严重的影响。本报告的测度中采用了"PM$_{10}$"这一应用较为广泛的空气质量监测代表性指标，来反映空气污染对人类绿色发展的影响。

8.1.1 主要空气污染物对环境和人类健康造成不利影响————

主要空气污染物包括颗粒物、近地面臭氧、硫氧化物、氮氧化物、一氧化碳、非甲烷挥发性有机化合物、重金属和持久性有机污染物等。颗粒物（PM）造成大气能见度降低，且作为有毒有害金属和其他有毒物质的载体，对人体健康产生不利影响，特别是细微颗粒的健康危害更大。近地面（对流层）臭氧（O$_3$）可对人体呼吸系统产生不利影响，对农作物和森林有害，导致植物叶片损伤和降低抗病性，产量减少。硫氧化物（SO$_x$）影响人类健康，是造成区域性酸沉降的重要前体物，对水生生态系统和建筑物产生负面影响，并有可能对作物和森林产生负面影响。氮氧化物(NO$_x$)排放在光化学氧化剂及烟雾的产生中起很大作用,并与硫氧化物一起形成酸性降水。一氧化碳(CO)可以对人体健康造成不利影响,特别是它妨碍红细胞对氧气的吸收。挥发性有机化合物(VOCs)与氮氧化物一起,是主要的光化学空气污染的前体物。持久性有机污染物(POPs)和重金属(如镉、汞和铅)有毒、可引致癌症,并具有逐步富集至更高食物链的特点,因而在较低浓度下就可以对人类健康产生不利影响。

8.1.2 颗粒物污染对人类健康的影响尤为严重

流行病学研究表明[1],空气污染最严重的健康影响来自颗粒物。空气中的微粒是固体和液体颗粒的混合,大小不一,通常被称为"颗粒物质"(Particulate Matter)。由人类吸入的颗粒物质可引发一系列的健康问题,从短期的轻微眼刺激和上呼吸道症状,到长期的慢性呼吸道疾病如哮喘、心血管疾病和肺癌等。其中,空气动力学当量直径小于$10\mu m$的颗粒物,即PM$_{10}$,对人类健康的威胁最大,因为它们能渗透肺部及血液循环,引发心脏病、肺癌、哮喘和急性下呼吸道感染。而大于$10\mu m$的颗粒物通常不会进入肺部,但会刺激眼睛、鼻子和喉咙。

根据世界卫生组织(WHO)的估计,在全球范围内,细微颗粒物导致了约9%的肺癌死亡、5%的心肺死亡和1%的呼吸道感染死亡。《OECD环境展望2050》估计,因细微颗粒物导致的过早死亡数量,全世界将从2000年的100万人上升到2050年的大约350万人。颗粒物污染是影响世界各国公众健康的重大环境问题。在高收入国家,城市室外空气污染是影响公众健康的排名前十的风险因素,是排名第一的环境风险因素。如在过去20年中,许多OECD国家的PM$_{10}$浓度虽有显著下降,但年平均值仍达到20.9微克/立方米,略高于世界卫生组织制定的20微克/立方米的年平均浓度限值。而中等收入国家由于发展的阶段性特点,所承受的颗粒物污染压力尤为严重。

8.1.3 "PM$_{10}$"是目前较为成熟且运用比较广泛的空气污染代表性测度指标

基于PM$_{10}$的空气质量监测和空气质量标准较为成熟且运用比较广泛。目前,世界各国大多数常规空气质量监测系统的数据均基于对PM$_{10}$的监测,PM$_{2.5}$等更细粒径颗粒物的日常监测仅在部分国家或地区执行,远没有PM$_{10}$的监测普及。因此,许多流行病学研究采用PM$_{10}$作为人群暴露的指示性颗粒物。PM$_{10}$代表了可进入人体呼吸道的颗粒物,包括两个粒径范围的颗粒物,即"粗颗粒物"(空气动力学当量粒径在$2.5\sim10\mu m$间)和"细颗粒物"(空气动力学当量粒径小于$2.5\mu m$,PM$_{2.5}$),这些颗粒物被认为与城市中观察到的人群健康效应有关。前者主要产生于机械

---

[1] 《环境指标报告2012》。

过程，如建筑活动、道路扬尘和风，通常称为"一次颗粒物"（Primary Particulate Matters）；而后者主要来源于燃料燃烧和各种气态污染物在大气中发生光化学反应生成的"二次颗粒物"（Secondary Particulate Matters）。在大多数的城市环境中，粗颗粒物和细颗粒物同时存在，但这两种颗粒物的构成比例在世界不同城市间因当地的自然地理条件、气象因素以及存在特殊颗粒物污染源等而有明显差异。PM_{10} 的浓度数据包含了 $PM_{2.5}$ 的浓度数据。世界卫生组织指出，对于发展中国家的城市而言，PM_{10} 中有近一半是 $PM_{2.5}$；对于发达国家的城市，PM_{10} 中 $PM_{2.5}$ 占 50%～80%。

世界卫生组织制定了 $PM_{2.5}$ 和 PM_{10} 的空气质量准则值，在全球范围内被广泛引用。另外，还有一些区域性组织和国家也根据自身情况，发布了本区域/国家的指导值，如欧盟和美国等。表 8-1 详细列出了几个机构/国家的 PM 空气质量指导值。

表 8-1　　　　　　　　　　　　　　各机构/国家制定的 PM 空气质量指导值

指　标	期　间	WHO AQG (2005)	AQS, EC (2005)	NAAQS, US EPA (2012)	NAAQS, India	GB3095-2012, China
$PM_{2.5}$ ($\mu g/m^3$)	年平均浓度	10	—	15	40	35
	24 小时平均浓度	25	25	35	60	75
PM_{10} ($\mu g/m^3$)	年平均浓度	20	40	—	60	70
	24 小时平均浓度	50	50	150	100	150

注：1. "—"代表无此类指导值。2. AQG—Air Quality Guidelines, World Health Organization；AQS—Air Quality Standards, European Commission；NAAQS—National Ambient Air Quality Standards, US。

数据来源：世界卫生组织：《世界卫生组织关于颗粒物、臭氧、二氧化氮和二氧化硫的空气质量准则》，2006；US Environmental Protection Agency, *Particulate Matter (PM) Standards—Table of Historical PM NAAQS*；European Commission, *Air Quality Standards*；中华人民共和国环境保护部和中华人民共和国国家质量监督检验检疫总局：《环境空气质量标准》（GB3095-2012），2012。

一些相关研究（Katsouyanni et al.，2001；Samet et al.，2000；Cohen et al.，2004；HEI 国际监督委员会，2004）结果表明，公众面临的健康风险与 PM_{10} 的短期暴露有关，并且这种相关性在发达国家和发展中国家是相似的，即日平均浓度每升高 10 $\mu g/m^3$ 就会使死亡率增加约 0.5%。因此，当 PM_{10} 浓度达到 150 $\mu g/m^3$ 时，预期日死亡率会增加 5%，这是值得特别关注的。

目前，世界许多机构或组织等开发的环境与可持续发展相关指数或发布的环境类指标数据，广泛用颗粒物指标（PM_{10}，$PM_{2.5}$）来表示空气质量和空气污染状况，包括环境绩效指数、经济合作与发展组织美好生活指数等，表 8-2 列出了其中一些指数/数据库的情况。

表 8-2   综合指数/数据库使用或发布 PM 指标情况

综合指数/数据库	指标类别	采用指标	数据来源
美好生活指数	空气污染	PM_{10}，微克/立方米	世界银行数据库
世界发展指标（WDI）	空气污染	PM_{10}，微克/立方米	世界银行估计
环境绩效指数（EPI）	空气污染（对人类健康的影响）	$PM_{2.5}$,微克/立方米	美国国家航空航天局（NASA）社会经济数据和应用中心，哥伦比亚大学国际地球科学信息网络中心
《全球环境展望》（GEO）	空气污染	PM_{10}，微克/立方米	世界银行数据库
全球竞争力指数（持续调整的）（GCI）	环境可持续	$PM_{2.5}$，微克/立方米	环境绩效指数
OECD 环境数据指标	空气污染	$PM_{2.5}$，PM_{10}，微克/立方米	OECD 环境统计数据库
《环境指标报告》（EIR）	空气污染	$PM_{2.5}$，PM_{10}，微克/立方米	欧洲环境署空气数据库
真实进步指数（GPI）	空气污染	PM_{10}，微克/立方米	世界银行数据库

>> 8.2　如何选取"PM_{10}"指标 <<

在对空气污染与空气质量指标及其主要发布机构进行梳理的基础上，我们搜集了空气污染主要监测指标信息。考虑到近年数据持续可得、数据涵盖国家范围较广等因素后，我们采用了世界银行的世界发展指标数据库的国家"PM_{10}"指标数据用于测度。

8.2.1　主要空气污染类指标及其发布机构

空气污染类指标一般包括空气污染物排放与空气质量指标，以及空气污染导致的不利影响指标。前者指引起空气污染和空气质量下降的排放物，如颗粒物、二氧化硫、氮氧化物、挥发性有机化合物、持久性有机污染物、重金属等排放或空气质量指标；后者指如因城市室外空气污染或室内空气污染导致的死亡和疾病数量等指标。污染物排放是造成对环境和人类健康负面影响的重要成因，从空气质量的角度体现了世界各国的绿色发展程度，是我们所关注的指标，以体现各国的空气污染状况及改善空气质量所面临的挑战。

目前，许多国际、区域及国家性机构都在关注与发布空气污染相关指标，这些机构或数据库主要包括世界银行、世界卫生组织、OECD 环境统计数据库、环境绩效指数、欧洲环境署等。不同机构所监测发布的指标各有差异，其指标类别、数据可得年份、数据涵盖的国家（地区）个数等方面均有不同。

8.2.2　指标选取及数据来源

根据我们搜集的空气污染主要监测指标信息，并考虑到近年数据持续可得、数据涵盖国家范围较广等因素，首先筛选了 22 个空气污染类主要监测指标，这其中既包括不同机构对某类相同指标的测度，也包括不同排放物种类的测度指标，如表 8-3 所示。

表 8-3　　　　　　　　　　　空气污染类指标选择用表

序号	指标名称	指标解释	最新数据年份	机构/数据库	网址
1	PM_{10}（国家，微克/立方米）	颗粒物浓度指能够深入到呼吸道内和导致严重的健康损害的空气动力学当量直径小于 $10\mu m$（PM_{10}）的微小悬浮颗粒物。国家数据以及地区和收入群体的总计是在居民超过 10 万人城市的居民区的城市人口加权的 PM_{10} 浓度水平。估计值代表了普通城市居民的户外颗粒物年均暴露水平	2010	世界银行/世界发展指标，由世界银行农业和环境服务部估计	http://data.worldbank.org/indicator/EN.ATM.PM10.MC.M3
2	年均 PM_{10} 浓度（国家，微克/立方米）	指空气动力学当量直径小于 $10\mu m$ 的颗粒物年平均浓度。PM_{10} 浓度是对位于都市区的基于人口的固定监测点的定期测量。平均值是指对一国城镇人口在 10 万人以上的城市的人口加权平均值	2003—2010 年的某一年数据，各国不同	世界卫生组织/全球卫生观测数据库	http://apps.who.int/gho/indicatorregistry/App_Main/view_indicator.aspx?iid＝1349
3	年均 PM_{10} 浓度（城市，微克/立方米）	指空气动力学当量直径小于 $10\mu m$ 的颗粒物年平均浓度。PM_{10} 浓度是对位于都市区的基于人口的固定监测点的定期测量。平均值是指对一国城镇人口在 10 万人以上的城市的人口加权平均值	2003—2010 年的某一年数据，各国不同	世界卫生组织公共卫生与环境司，城市户外空气污染数据库	http://www.who.int/phe/health_topics/outdoorair/databases/en/
4	颗粒物（PM_{10}）（微克/立方米）	颗粒物造成大气能见度降低，且可作为有毒金属和其他有毒物质的载体，对人体健康产生不利影响，特别是细颗粒	2010	OECD 环境统计数据库	http://stats.oecd.org/Index.aspx?DataSetCode＝GREEN_GROWTH
5	年均 $PM_{2.5}$ 浓度（国家，微克/立方米）	指空气动力学当量直径小于 $2.5\mu m$ 的颗粒物年平均浓度。$PM_{2.5}$ 浓度是对位于都市区的基于人口的固定监测点的定期测量。平均值是指对一国城镇人口在 10 万人以上的城市的人口加权平均值	2003—2010 年的某一年数据，各国不同	世界卫生组织公共卫生与环境司，城市户外空气污染数据库	http://www.who.int/phe/health_topics/outdoorair/databases/en/
6	人口加权 $PM_{2.5}$（微克/立方米）	悬浮颗粒物能导致急性下呼吸道感染和其他疾病，如癌症。细颗粒物（如 $PM_{2.5}$）能深入渗透肺部组织，比粗颗粒造成更大的损害。年平均浓度大于 10 微克/每立方米对人体健康有害	2010	环境绩效指数/Battelle Memorial Institute in collaboration with CIESIN	http://sedac.ciesin.columbia.edu/data/set/epi-environmental-performance-index-pilot-trend-2012/data-download

序号	指标名称	指标解释	最新数据年份	机构/数据库	网　址
7	因城市室外空气污染导致的死亡和疾病	因城市室外空气污染而造成的疾病负担可以由死亡数、死亡率、寿命损失年数以及寿命损失率来表示。寿命损失年数(DALYs)是一个人口健康的综合量度指标,包括因过早死亡而导致的寿命损失	2004/2008年,各国不同	世界卫生组织/全球卫生观测数据库	http://apps.who.int/gho/data/node.main.155?lang=en
8	使用固体燃料的人口比重(%)	依赖固体燃料作为炊事和取暖主要能源来源的人口比重。这个指标基于炊事所用的主要燃料类型占据了家庭总体能源需求的最大份额。然而,许多家庭使用超过一种类型的燃料做饭,根据气候和地理条件,使用固体燃料取暖也是室内空气污染水平的因素之一	1974—2008年,各国不同	世界卫生组织/全球卫生观测数据库	http://apps.who.int/gho/data/node.main.135?lang=en
9	使用固体燃料的人口比例(%)	指依靠生物质(柴薪、木炭、作物残茬和畜粪)和煤作为炊事和取暖的主要家庭能源的人口比例。固体燃料燃烧不完全和热效低导致排放数百种化合物,其中许多是有害健康的污染物或造成全球气候变化的温室气体。而且住户固体燃料使用、室内空气污染、森林砍伐和土壤侵蚀及温室气体排放之间也存在着重要的联系	2010	联合国经济和社会事务部《千年发展目标监测指标》	http://unstats.un.org/unsd/mdg/SeriesDetail.aspx?srid=712
10	二氧化硫排放量(千吨)	硫氧化物(SOₓ)影响人类健康,导致酸沉降,从而对水生生态系统和建筑物产生负面影响,并有可能对作物和森林生长产生负面影响。数据仅指人为排放,并以二氧化硫排放(SO₂)计量排放量	2010	OECD环境统计数据库	http://stats.oecd.org/Index.aspx?DataSetCode=GREEN_GROWTH
11	单位GDP二氧化硫排放量(克/2005年不变价PPP美元)	指二氧化硫排放量与GDP(2005年不变价PPP)的比率。二氧化硫排放及其导致的酸沉降对水生和陆生生态系统等有不利影响,也对人体健康有害。二氧化硫排放是由能源行业、工业、交通和农业废弃物焚烧等人为活动引致的	2005	环境绩效指数/Smith et al.,2001;World Development Indicators;CIA Factbook	http://sedac.ciesin.columbia.edu/data/set/epi-environmental-performance-index-pilot-trend-2012/data-download

续表

序号	指标名称	指标解释	最新数据年份	机构/数据库	网　址
12	人均二氧化硫排放量（公斤/人）	指二氧化硫排放量与人口的比率。二氧化硫排放及其导致的酸沉降对水生和陆生生态系统等有不利影响，也对人体健康有害。二氧化硫排放是由能源行业、工业、交通和农业废弃物焚烧等人为活动引致的	2005	环境绩效指数/Smith et al.，2001；World Development Indicators；CIA Factbook	http://sedac. ciesin. columbia. edu/data/set/epi-environmental-performance-index-pilot-trend-2012/data-download
13	二氧化氮排放量（千吨）	氮氧化物（NO_x）排放主要来源于化石燃料在高温下燃烧。氮氧化物在光化学氧化剂及烟雾的产生中扮演重要角色，并与硫氧化物一起，是导致区域性酸雨的重要前体物。它们引起关注是因为其对人类健康和环境都有负面影响。数据仅指人为排放量，并以二氧化氮（NO_2）计量排放量	2010	OECD 环境统计数据库	http://stats. oecd. org/Index. aspx？DataSetCode＝GREEN_GROWTH
14	一氧化碳排放量（千吨）	一氧化碳（CO）可以对人体健康造成不利影响，特别是因为它妨碍红细胞对氧气的吸收氧气。数据仅指人为排放量	2010	OECD 环境统计数据库	http://stats. oecd. org/Index. aspx？DataSetCode＝GREEN_GROWTH
15	挥发性有机化合物排放量（千吨）	挥发性有机化合物（VOCs）被认为与氮氧化物一起，是主要的光化学空气污染前体物	2010	OECD 环境统计数据库	http://stats. oecd. org/Index. aspx？DataSetCode＝GREEN_GROWTH
16	臭氧前体物排放量（千吨）	非甲烷挥发性有机化合物（NMVOCs）、氮氧化物、一氧化碳和甲烷排放有助于形成地面（对流层）臭氧。臭氧是一种强氧化剂，对流层臭氧对人类健康和生态系统有不利影响。这一问题主要发生在夏季。高浓度的地面臭氧对人体呼吸系统产生不利影响，有证据表明，长期的暴露能加速肺功能随年龄的下降，可能损害肺功能的发展。有些人群比其他人群更容易受高浓度的影响，通常对儿童、哮喘病患者和老年人等易感人群产生最坏影响。另外，环境中高浓度的臭氧对农作物和森林有害，引起产量减少，导致植物叶片损伤和降低抗病性	2010	欧洲环境署	http://www. eea. europa. eu/data-and-maps/indicators/emissions-of-ozone-precursors-version-2＃toc-1

续表

序号	指标名称	指标解释	最新数据年份	机构/数据库	网址
17	持久性有机污染物排放性(公吨)	持久性有机污染物(POPs,包括多环芳烃)被认为对生物种群直接有毒有害,具有向更高食物链逐步富集的特点。如低等生物长期接触低浓度的POPs,会导致食肉生物(包括人类和野生动物)可能接触到更高有害的浓度。其对人类健康的影响受到关注,是因为其有毒、可引致癌症和畸变等,以及其在低浓度下就可以产生不利影响的特点。自20世纪90年代以来,这一指标追踪持久性有机污染物的人为排放	2010	欧洲环境署	http://www.eea.europa.eu/data-and-maps/indicators/eea32-persistent-organic-pollutant-pop-emissions-1#toc-1
18	重金属排放量(公吨)	重金属(如镉、汞和铅)直接对生物种群有毒,具有向更高食物链逐步富集的特点。如低等生物长期接触低浓度的POPs,会导致食肉生物(包括人类)可能接触到有害的浓度。其对人类健康的影响受到关注,是因为其有毒、可引致癌症和畸变等,以及其在低浓度下就可以产生不利影响的特点。特别地,重金属污染可导致发育迟缓、各种癌症、肾脏损害,甚至在高浓度情况下会导致死亡。自20世纪90年代以来,这一指标追踪重金属的人为排放	2010	欧洲环境署	http://www.eea.europa.eu/data-and-maps/indicators/eea32-heavy-metal-hm-emissions-1/#toc-1
19	二氧化硫排放量(千吨)	二氧化硫(SO_2)是含硫燃料燃烧时产生的排放物,是一种可导致酸沉降的污染物,会导致土壤和水环境质量的潜在变化。酸沉降的后续影响很大,包括对河流湖泊等水生生态系统的负面影响,对森林、农作物和其他植物的破坏以及建筑物腐蚀等。另外,作为一种大气二次颗粒物的重要前体物,二氧化硫也对气溶胶颗粒在大气中的形成有一定作用	2010	欧洲环境署	http://www.eea.europa.eu/data-and-maps/indicators/eea-32-sulphur-dioxide-so2-emissions-1#toc-1

续表

序号	指标名称	指标解释	最新数据年份	机构/数据库	网址
20	氮氧化物排放量(千吨)	一氧化氮(NO)和二氧化氮(NO₂)总称为氮氧化物(NOₓ)。化石燃料燃烧是氮氧化物排放的主要来源。氮氧化物造成酸沉降和水体富营养化,从而导致土壤和水环境质量发生潜在变化。二氧化氮对人体健康有不良影响,也有助于形成二次微粒气溶胶和对流层臭氧(O₃)两大空气污染物	2010	欧洲环境署	http://www.eea.europa.eu/data-and-maps/indicators/eea-32-nitrogen-oxides-nox-emissions-1#toc-1
21	一次颗粒物和二次颗粒物的前体物排放量(千吨)	细微颗粒对人体健康产生副作用,可以导致一些呼吸系统疾病。本指标中的细微颗粒指一次颗粒物(PM₂.₅和PM₁₀)和二次颗粒物的排放前体物(氮氧化物、二氧化硫和氨气)。PM₂.₅和PM₁₀主要指直接排放到大气中的空气动力学当量直径分别小于2.5μm和10μm的细微颗粒。二次颗粒物前体污染物是指在大气中可通过光化学反应而转化为二次颗粒物的气态污染物	2010	欧洲环境署	http://www.eea.europa.eu/data-and-maps/indicators/emissions-of-primary-particles-and-5#toc-1
22	酸化物质排放量(千吨)	酸化物质的排放损害人体健康、生态系统、建筑和材料(腐蚀)。各种污染物的影响取决于其酸化潜力以及生态系统和材料属性。本指标追踪自20世纪90年以来酸化物质的人为排放,包括氮氧化物(NOₓ)、氨气(NH₃)和硫氧化物(SO₂)	2010	欧洲环境署	http://www.eea.europa.eu/data-and-maps/indicators/emissions-of-acidifying-substances-version-2#toc-1

本指数采用世界银行的世界发展指标数据库的2010年国家"PM₁₀"指标数据,作为空气污染类指标的代表性指标。"PM₁₀"是测度大气中颗粒污染物浓度的一个指标,是指能深入渗透呼吸道并导致严重健康损害的空气动力学当量直径小于等于10μm的微小悬浮颗粒在大气中的浓度。国家(地区)的数据是超过10万人的城市居民区中的城市人口加权的PM₁₀水平,为年均浓度估计,代表了普通城市居民的户外颗粒物年均暴露水平。采用"PM₁₀"作为代表性指标主要基于以下理由。

世界银行的世界发展指标中发布的世界179个国家(地区)的PM₁₀年度数据由世界银行农业和环境服务部估计,是被国际社会引用最多的此类数据,如影响力较大的联合国环境规划署《全球环境展望》、经济合作与发展组织美好生活指数、真实进步指数等均使用这一指标数据。数据始于20世纪60年代,每年更新,提供两年前的数据,数据的可得性和连续性都较好,涵盖的国家或地区范围较广。相比较而言，其他发布排放原始数据的机构中，世界卫生组织的排放数据虽来自各成员国报告或一些国际或国家调查项目，但各国可得数据的年份不尽相同，降低了可比性；环境绩效指数测度计算了$PM_{2.5}$的数据，但考虑到$PM_{2.5}$没有包含空气动力学当量直径在$2.5\sim10\mu m$的颗粒物污染对人类健康和生态环境的威胁，且各国最新可得数据年份不统一，故未采用；经济合作与发展组织和欧洲环境署等机构往往只提供其成员国或其区域的数据。其他绝大多数机构都不能提供排放原始数据，而往往是引用上述原始数据或在其基础上进行相应计算，属于间接数据。

>> 8.3 "PM_{10}"指数的统计特征 <<

下面分别对各国 2010 年"PM_{10}"状况及其在 1990—2010 年的动态变化情况进行简要分析。

8.3.1 2010 年"PM_{10}"指标的统计特征

2010 年，人类绿色发展指数测评的 123 个国家 PM_{10} 平均水平为 36.1 微克/立方米，比世界卫生组织所制定的 PM_{10} 年均浓度指导限值 20 微克/立方米超出了近一倍。这表明，全球总体而言还存在较为严重的 PM_{10} 污染，PM_{10} 对环境和人类健康的影响还需高度重视。其中，有 38 个国家的 PM_{10} 年均浓度控制在了世界卫生组织的指导限值以内，其余 85 个国家均超出了世界卫生组织的指导限值，占所有测评国家的 69.1%。超过平均排放水平的国家有 43 个，该指标值越大，表示其 PM_{10} 年均浓度越高，空气污染程度越严重。

从统计数据看，国家间的 PM_{10} 暴露水平差异很大，在 123 个国家中，PM_{10} 年均浓度水平最低的国家是白俄罗斯，2010 年 PM_{10} 年均浓度为 6.3 微克/立方米，仅为各国平均水平的 17.5%，比世界卫生组织的指导限值水平低近 70%。而 PM_{10} 年均浓度水平最高的国家是苏丹，2010 年 PM_{10} 年均浓度为 136.8 微克/立方米，与白俄罗斯的水平相差了 20 多倍，反映出各国降低空气污染和改善空气质量的压力存在巨大差异。表 8-4 列示了 2010 年各国"PM_{10}"指标排名前 20 位和后 20 位的国家及其 PM_{10} 年均浓度水平情况。

表 8-4　　　　　2010 年"PM_{10}"年均浓度水平排名最高和最低的 20 个国家

排　名	国　家	指标值（微克/立方米）	排　名	国　家	指标值（微克/立方米）
1	白俄罗斯	6.3	104	安哥拉	57.8
2	加　蓬	6.8	105	中　国	58.9
3	爱沙尼亚	9.3	106	喀麦隆	59.2
4	委内瑞拉	9.9	107	印度尼西亚	60.1
5	瑞　典	10.2	108	博茨瓦纳	63.5
6	新西兰	10.8	109	巴拉圭	63.6

续表

排 名	国 家	指标值 （微克/立方米）	排 名	国 家	指标值 （微克/立方米）
7	罗马尼亚	11.3	110	斯里兰卡	64.8
8	法 国	11.9	111	利比亚	65.3
9	拉脱维亚	12.3	112	阿尔及利亚	69.3
10	卢森堡	12.5	113	塞内加尔	77.1
11	斯洛伐克	12.7	114	埃 及	77.8
12	爱尔兰	12.8	115	阿联酋	89.4
13	英 国	12.8	116	科威特	90.7
14	澳大利亚	13.1	117	巴基斯坦	91.1
15	多米尼加共和国	14.0	118	蒙 古	95.7
16	俄罗斯联邦	14.5	119	沙特阿拉伯	96.3
17	加拿大	14.5	120	特立尼达和多巴哥	97.2
18	匈牙利	15.0	121	乌拉圭	112.0
19	丹 麦	15.0	122	孟加拉国	115.0
20	芬 兰	15.2	123	苏 丹	136.8

数据来源：世界银行数据库，载 http://data.worldbank.org/indicator/EN.ATM.PM10.MC.M3。

可以看出，PM_{10} 水平最低的 20 个国家中，有一半是发达国家，如瑞典、新西兰、法国等，也包括一些中等收入国家，还包括加蓬、菲律宾等发展中国家，其 PM_{10} 水平都低于世界卫生组织的指导限值。这可能表明，PM_{10} 的排放水平与经济发展程度之间的关系不大，一部分发达国家在经济发展过程中成功地注重了空气质量的改善，为其他国家提供了典范。PM_{10} 水平最高的 20 个国家基本上均为发展中国家或能源生产输出国，与这些国家的经济发展模式及化石能源开采和利用状况密切相关，这些国家面临着在发展经济的同时控制空气污染的挑战，如何实现绿色发展是其未来发展中面临的一项主要任务。

8.3.2 1990—2010 年"PM_{10}"指标的动态变化情况

1990—2010 年间，人类绿色发展指数测评的 123 个国家"PM_{10}"的平均动态变化率为 -51%，所有国家的 PM 水平都有不同程度的下降。这表明，各国和国际社会在降低空气污染、改善空气质量方面的举措取得了明显的效果。其中 64 个国家的下降幅度超过平均值，其他 59 个国家的下降幅度低于平均下降水平，占将近一半。1990—2010 年各国"PM_{10}"指标的动态变化情况如表 8-5 所示。

表 8-5   1990—2010 年各国"PM$_{10}$"指标的动态变化情况

排 名	国 家	2010 年/1990 年变化率(%)	排 名	国 家	2010 年/1990 年变化率(%)
1	亚美尼亚	−87.9	63	克罗地亚	−50.9
2	阿塞拜疆	−82.1	64	刚果民主共和国	−50.2
3	莫桑比克	−80.6	65	孟加拉国	−49.7
4	尼日利亚	−80.5	66	意大利	−49.5
5	爱沙尼亚	−80.4	67	哥伦比亚	−49.5
6	土库曼斯坦	−79.6	68	海 地	−48.8
7	赞比亚	−78.4	69	安哥拉	−48.6
8	乌克兰	−78.2	70	中 国	−48.2
9	格鲁吉亚	−77.9	71	智 利	−47.8
10	也 门	−74.2	72	厄瓜多尔	−47.3
11	白俄罗斯	−74.0	73	蒙 古	−47.1
12	斯洛伐克	−72.4	74	英 国	−47.1
13	约 旦	−72.1	75	马来西亚	−46.7
14	乌兹别克斯坦	−71.8	76	南 非	−46.3
15	新加坡	−70.3	77	丹 麦	−46.2
16	菲律宾	−69.3	78	玻利维亚	−46.2
17	立陶宛	−68.6	79	爱尔兰	−45.3
18	罗马尼亚	−68.5	80	阿根廷	−45.2
19	多米尼加共和国	−67.9	81	波 兰	−44.2
20	拉脱维亚	−67.8	82	日 本	−42.7
21	以色列	−67.7	83	西班牙	−42.2
22	阿联酋	−67.3	84	瑞 士	−41.8
23	坦桑尼亚	−66.9	85	波斯尼亚和黑塞哥维那	−41.7
24	突尼斯	−66.8	86	德 国	−41.6
25	科特迪瓦	−66.1	87	巴 林	−41.4
26	塔吉克斯坦	−65.5	88	加拿大	−41.3
27	俄罗斯联邦	−64.3	89	加 纳	−41.2
28	埃 及	−64.1	90	伊 朗	−40.9
29	马其顿	−63.4	91	巴拉圭	−40.5
30	葡萄牙	−63.2	92	韩 国	−40.2
31	缅 甸	−62.8	93	摩洛哥	−40.1
32	保加利亚	−62.7	94	美 国	−40.0
33	柬埔寨	−60.9	95	沙特阿拉伯	−39.8
34	卡塔尔	−60.8	96	澳大利亚	−39.2
35	捷 克	−60.3	97	津巴布韦	−38.5
36	尼泊尔	−60.2	98	阿尔及利亚	−38.3

排 名	国 家	2010年/1990年变化率(%)	排 名	国 家	2010年/1990年变化率(%)
37	哈萨克斯坦	−59.3	99	贝 宁	−36.6
38	叙利亚	−58.9	100	黎巴嫩	−36.4
39	阿尔巴尼亚	−58.5	101	萨尔瓦多	−35.9
40	越 南	−57.5	102	利比亚	−35.3
41	希 腊	−57.4	103	法 国	−34.7
42	巴基斯坦	−57.4	104	哥斯达黎加	−34.0
43	苏 丹	−56.9	105	斯洛文尼亚	−33.8
44	埃塞俄比亚	−56.4	106	荷 兰	−32.6
45	吉尔吉斯斯坦	−55.8	107	泰 国	−31.7
46	塞浦路斯	−55.6	108	瑞 典	−30.9
47	匈牙利	−55.4	109	比利时	−30.8
48	秘 鲁	−55.3	110	博斯瓦纳	−30.7
49	印度尼西亚	−54.8	111	斯里兰卡	−30.7
50	墨西哥	−54.8	112	芬 兰	−29.4
51	卢森堡	−54.8	113	奥地利	−29.3
52	土耳其	−54.6	114	特立尼达和多巴哥	−26.8
53	刚果共和国	−54.4	115	挪 威	−25.2
54	尼加拉瓜	−53.9	116	冰 岛	−24.8
55	巴 西	−53.1	117	新西兰	−24.6
56	肯尼亚	−53.1	118	危地马拉	−24.6
57	委内瑞拉	−52.3	119	巴拿马	−24.5
58	印 度	−52.1	120	洪都拉斯	−21.9
59	多 哥	−52.0	121	加 蓬	−21.6
60	喀麦隆	−51.4	122	科威特	−20.0
61	乌拉圭	−51.2	123	塞内加尔	−18.3
62	牙买加	−51.1			

注：亚美尼亚、阿塞拜疆、土库曼斯坦、也门、塔吉克斯坦、吉尔吉斯斯坦的数据仅从1992年开始，故其1990年数据以1992年数据替代，变化率计算期间为1992—2010年；斯洛文尼亚的数据始于1994年，因此其1990年数据以1994年数据替代，变化率计算期间为1994—2010年。

数据来源：世界银行数据库，载 http://data.worldbank.org/indicator/EN.ATM.PM10.MC.M3。

由表8-5可以看出，从1990年以来的20年间，123个国家中下降幅度最大的是亚美尼亚，其2010年的PM_{10}年均浓度水平比1992年下降了87.9%。而下降幅度最小的是塞内加尔，其2010年的PM_{10}年均浓度水平比1990年下降了18.3%，二者相差近5倍。图8-1显示了1990—2010年各国"PM_{10}"指标变化率排名前20位和后20位的国家及其变化率情况。

可以看出，PM_{10}年均浓度水平在20年间降幅最大的20个国家均为发展中国家。值得注意的是，其中苏联与东欧地区转轨经济国家有12个，占了60%。这可能表明，这些经济转轨国家在经济发展方式上有了很大的改变，从而促使空气污染程度有了很大改善。其中白俄罗斯、爱沙尼亚、罗马尼亚、拉脱维亚和斯洛伐克在 2010 年的 PM_{10} 水平已进入前 20 位，分别为第 1、第 3、第 7、第 9 和 11 位，表明这些国家在 20 年间大大改善了本国的空气质量，目前已成为全球空气质量较为优良的国家。而 PM_{10} 水平降幅最小的 20 个国家中有 8 个发达国家，其中既包括瑞典、新西兰等 PM_{10} 水平已经相对较低的国家，也包括荷兰、奥地利等 PM_{10} 水平还相对较高的国家。其余大都为亚洲、非洲、拉丁美洲和加勒比海地区的发展中国家，这些国家在经济进一步增长的同时还面临着降低空气污染的巨大挑战。

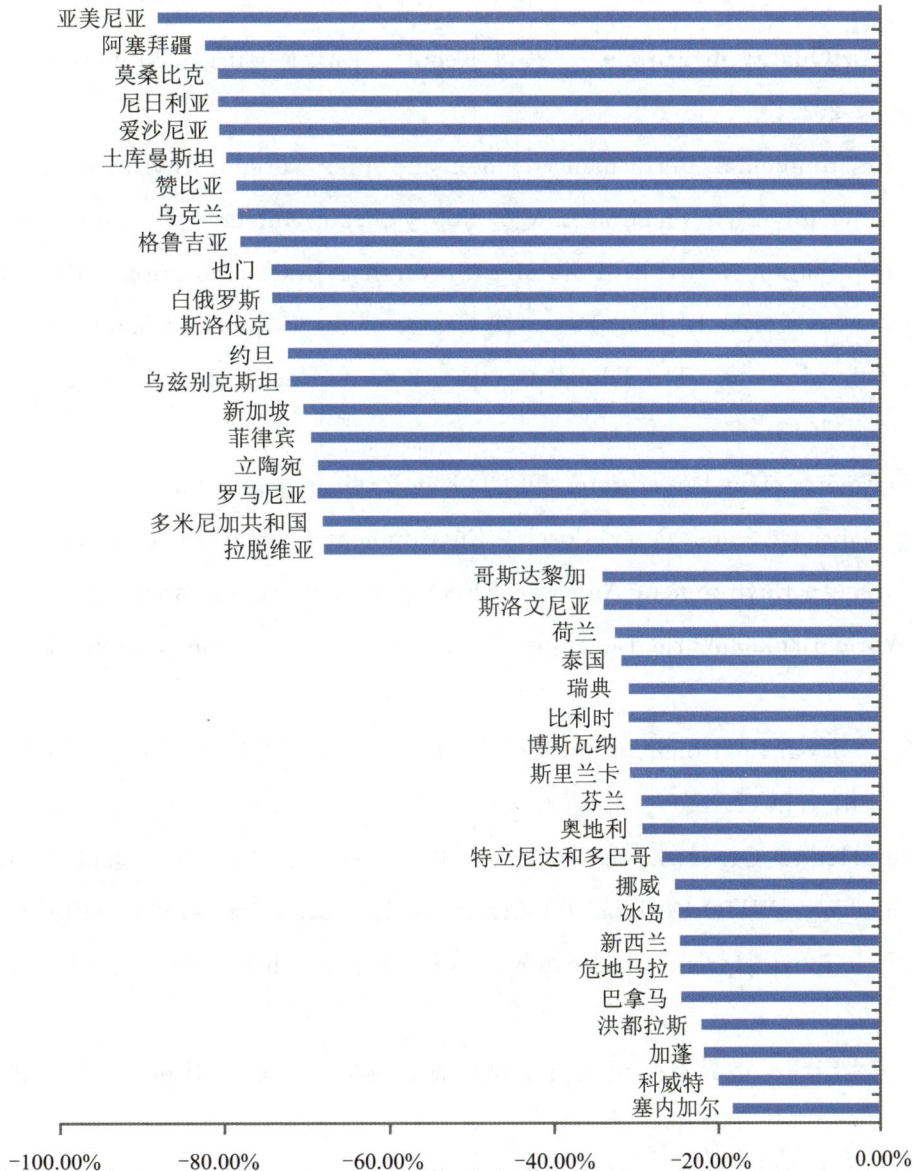

图 8-1　1990—2010 年"PM_{10}"指标变化率最大的国家

数据来源：世界银行数据库，载 http://data.worldbank.org/indicator/EN.ATM.PM10.MC.M3。

>>参考文献<<

1. Clean Air Initiative for Asian Cities(CAI-Asia)Center. Air Quality in Asia：Status and Trends. Pasig City，Philippines，2010.

2. EEA. Environmental Indicator Report 2012：Ecosystem Resilience and Resource Efficiency in a Green Economy in Europe. Luxembourg：Publications Office of the European Union，2012.

3. EEA. Air Quality in Europe — 2011 Report. Luxembourg：Publications Office of the European Union，2011.

4. 2012 Environmental Performance Index and Pilot Trend Environmental Performance Index. Yale Center for Environmental Law & Policy，Yale University：Center for International Earth Science Information Network，Columbia University. In Collaboration with World Economic Forum，Geneva，Switzerland，Joint Research Centre of the European Commission，2012.

5. Klaus Schwab et al. The Global Competitiveness Report 2012—2013. Geneva：World Economic Forum，2012.

6. OECD Environment Directorate. OECD Key Environmental Indicators，2008.

7. Peder Gabrielsen and Peter Bosch. Environmental Indicators：Typology and Use in Reporting. European Environment Agency：EEA Internal Working Paper，2003.

8. The World Bank. World Development Indicators 2013. Washington，DC：The World Bank，2013.

9. UNEP. Global Environment Outlook 5：Environment for the Future We Want. Malta：Progress Press Ltd. ，2012.

10. World Health Organization Regional Office for Europe. Air Quality Guidelines for Europe. Copenhagen：WHO Regional Publications，European Series，2000(91).

11. WHO. Global Health Observatory. Available at：http：//www. who. int/gho/en. /，2013-07-20.

12. 世界卫生组织. 世界卫生组织关于颗粒物、臭氧、二氧化氮和二氧化硫的空气质量准则，2006.

13. 中华人民共和国环境保护部和中华人民共和国国家质量监督检验检疫总局. 环境空气质量标准(GB3095-2012)，2012.

9.

土地类指标：陆地保护区面积占土地面积的比例

土地是人类可利用资源中最重要的组成部分，全球性的人口、资源和环境问题，都与土地资源的稀缺性密切相关。随着人口的增长，人类活动对土地利用的影响越来越大，"人口、资源、环境"问题日益突出，因此，土地资源的可持续利用是未来经济可持续发展的基础和物质保证，是人类社会实现可持续发展的必要条件。

>> 9.1 为什么选取"陆地保护区面积占土地面积的比例"指标 <<

保护区面积是衡量一个地区生物多样性水平，从而衡量绿色发展水平的重要指标。"陆地保护区面积占土地面积的比例"广泛应用于测度和评估国家、区域和全球层面的生态系统发展状况，被采用作为本报告的测度指标之一。

9.1.1 土地类指标的意义

人类绿色发展指数是一套从多个角度评价一个国家和地区绿色发展水平的指标体系，在该体系中设有土地类指标的原因有如下两点。

首先，土地是人类和其他生物生存和发展的重要资源。土地资源是人类赖以生存和发展的物质基础。它为人类的栖息、繁衍、生活、生产等一切活动提供条件。土地的利用程度反映了人类与自然界相互影响与相互作用的密切程度，同时，土地利用的变化也是影响生物多样性的重要因素。因此，无论从人类还是从其他物种的角度，土地的可持续利用都与整个生态系统的可持续发展密不可分。

其次，土地资源是国际公认的、可持续发展的重要组成部分。土地可持续利用的概念源于"可持续发展"这一人类社会共同追求的目标，其思想是1990年印度农业研究会与美国 Rodale 研究所在新德里举行的土地利用研讨会上首次正式提出的。1993年，联合国粮农组织颁布了《可持续土地利用评价纲要》(FESLM)等指导性文件，进一步强调了土地利用的压力、土地退化等问题，推动了土地利用的可持续发展。目前，可持续发展已经成为全球的共识，这使全球范围内的土地利用规划在内容、理论和方法上发生巨大的变化，建立土地可持续利用规划的理论和方法体系也成为世界各国努力探索和追求的目标。

9.1.2 "陆地保护区面积占土地面积的比例"指标的意义

根据联合国的定义：国家的保护区是指面积至少在 1 000 公顷以上、被国家权威机构指定作为限制公众进入的科学保护区、国家公园、自然纪念地、自然保护区或野生动物禁猎区、景观保护区以及建立目的主要为可持续利用的资源管理区，不包括海洋区、未分类的区域和近岸区（潮间带）。土地面积是指一个国家的国土总面积，不包括内陆水体、提出主权主张的大陆架和专属经济区。在大部分情况下，内陆水体的定义包括主要河流和湖泊。

"陆地保护区面积占土地面积的比例"原始数据由联合国环境规划署和世界保护监测中心联合统计，由联合国世界资源所编纂，根据的是各国政府所提供的数据。联合国环境规划署、联合国粮农组织、世界银行、《全球环境展望》等多个世界重要机构/数据库每年发布该指标的统计数据。该指标数据从 1990 年开始持续可得，且涵盖国家范围很广，包括 202 个国家和地区，最新数据为 2010 年。

我们选择"陆地保护区面积占土地面积的比例"作为土地类指标衡量一个国家和地区的绿色发展水平有三点原因。

首先，从绿色发展而言，保护区面积是衡量一个地区生物多样性水平的重要指标。保护生态环境对防止生物多样性的丧失至关重要。保护区旨在保护和恢复物种多样性，并提供有益于地区、国家及全球经济的重要生态产品和服务。同时，保护区具备高效和公正的管理，是地球上各种自然资源的集合。除了保护生物多样性之外，保护区还成为具有很高社会和经济价值的地方，例如支持当地生计，保护水系不受侵蚀，保存大量遗传资源，支持欣欣向荣的休闲和旅游产业，为科学研究和教育提供便利，以及形成文化和其他非物质价值的基础。[①]

其次，保护区面积是联合国千年发展目标的重要监测指标。"保护区面积占地表总面积比例"指标属于联合国千年发展目标的监测指标。用以监测千年发展目标的目标 7："确保环境的可持续性"，具体目标 7.A："将可持续发展原则纳入国家政策和方案，并扭转环境资源的损失"。联合国千年发展目标指出：政府应保持某些地区如科学保护区的自然状态，并禁止采掘利用，还应对另外一些保护区实行部分保护，并可用于休闲或旅游业。[②]

最后，增加世界各国保护区面积、保护生物多样性是世界各国的明确目标。1992 年 6 月，各国在巴西里约热内卢举行的联合国环境与发展大会上签署了一项保护地球生物资源的国际公

---

① 联合国：千年发展目标(MDGs)的进展监测指标——千年宣言指标(MDIs)，2004。
② 同上。

约，公约重申各国对本国生物多样性资源拥有主权权利，并有责任保护生物多样性。截至2013年，世界生物多样性缔约国共召开了十一次会议，2010年，在日本爱知县名古屋市举行的第十届缔约国会议上还提出了爱知生物多样性目标，明确指出："到2020年，力图通过全球保护区网至少保护全世界陆地面积的17％。"根据联合国《千年发展目标报告》，1990年以来，世界各国在增加保护区面积方面不断努力，取得了长足进步。从1990年到2012年，世界陆地保护区总面积占世界陆地面积的比例已从8.9％上升到14.6％；同期，海洋保护区面积（从海岸线延伸出12海里）也从4.6％上升到9.7％。[①] 综上可见，增加保护区面积、保护生物多样性已成为世界各国的明确目标。

9.1.3 "陆地保护区面积占土地面积的比例"指标在国际上的影响力——

目前，世界上使用和公布该指标的著名机构、组织和数据库众多，这些组织将该指标广泛应用于测度和评估国家、区域和全球层面的生态系统发展状况，如表9-1所示。

表9-1   国际上部分使用和公布该指标的机构和数据库

序号	机构和数据库
1	联合国环境规划署
2	世界自然保护监测中心
3	联合国粮农组织
4	欧洲环境署
5	世界银行
6	千年发展目标
7	《全球环境展望》
8	经济合作与发展组织
9	联合国可持续发展指标体系

同时，全球多个综合性的环境可持续性指数研究都将"环境保护区"[②]相关指标作为正向指标来衡量一个区域的环境可持续性，如表9-2所示。

表9-2   国际上部分使用该指标的综合性指数研究

序号	指数	具体指标及作用	机构
1	环境可持续指数（ESI）	使用的指标为"被保护的土地占土地总面积的比例"，主要用于评价环境治理水平	耶鲁大学、哥伦比亚大学
2	环境绩效指数（EPI）	使用了两个指标，即"生物关键居住地保护区"和"海洋保护区"，两个指标均用于评价生物多样性和生物栖息地保护水平	耶鲁大学、哥伦比亚大学

---

① 联合国经济和社会事务部：《2013年千年发展目标报告》，2013。
② 这里提出的"环境保护区"并非专有名词，仅是对下文4个指数研究中的保护区指标的统称。

续表

序号	指 数	具体指标及作用	机 构
3	环境脆弱性指数（EVI）	使用了两个指标，即"海洋保护区面积占比"和"陆地保护区面积占比"，两个指标均用于衡量环境的脆弱程度	南太平洋应用地球科学委员会
4	《环境指标报告》（EIR）	使用的指标为"国家级保护区面积"，主要用于评价生态多样性水平	欧洲环境署

>> 9.2 如何选取"陆地保护区面积占土地面积的比例"指标 <<

"陆地保护区面积占土地面积的比例"指标的选择过程经历了从全面搜集到指标对比筛选的过程，考虑了从可持续性发展角度反映土地的保护情况、指标数据涵盖国家范围较广且近年数据持续可得等方面的因素。

9.2.1 全面搜集阶段

自课题启动以来，研究小组大范围、多角度、全方位地搜集各种土地类指标，并对当前全球影响力较大的指标体系进行深度剖析研究，学习借鉴土地指标的选用方式。经过海选，研究小组从联合国、世界银行、联合国粮农组织、《全球环境展望》、欧洲环境署等全球多个权威机构或数据库中共筛选出 20 个可使用的土地类指标，如表 9-3 所示。

表 9-3 土地类指标选择用表

序号	指标名称	指标解释	最新数据年份	机构/数据库	网 址
1	土地面积（平方公里）	土地面积是指一国国土总面积，不包括内陆水体、提出主权主张的大陆架和专属经济区。在大部分情况下，内陆水体的定义包括主要河流和湖泊	2011	世界银行/世界发展指标；原始数据来自联合国粮农组织	http://data.worldbank.org.cn/indicator/AG.LND.TOTL.K2
2	国土面积（平方千米）	国土面积是一个国家的总面积，其中包括内陆水体和边海的水域面积	2011	世界银行/世界发展指标；原始数据来自联合国粮农组织	http://data.worldbank.org.cn/indicator/AG.SRF.TOTL.K2
3	海拔低于 5 米的土地面积（占土地总面积的比例）（%）	海拔低于 5 米的土地面积是指海拔低于 5 米的土地面积占土地总面积的比例	暂无数据	世界银行/世界发展指标	http://data.worldbank.org.cn/indicator/AG.LND.EL5M.ZS

续表

序号	指标名称	指标解释	最新数据年份	机构/数据库	网　址
4	农业用地面积（平方公里）	农业用地指用于耕地、永久性作物和永久性牧场的用地。联合国粮农组织定义的耕地包括短期作物用地、供割草或放牧的短期草场、供应市场的菜园和自用菜园，以及暂时休闲的土地。因转换耕作方式而休闲的土地不包括在内。多年生作物用地是种有长期生长作物而无须在每次收割后再进行种植的土地。此类土地包括生长开花灌木、果树、坚果树和葡萄树的土地，但不包括木材林用地。多年生牧场是五年以上生长饲草的土地	2011	世界银行/世界发展指标；原始数据来自联合国粮农组织	http://data.worldbank.org.cn/indicator/AG.LND.AGRI.K2
5	农业用地（占土地面积的百分比）（%）	农业用地指用于耕地、永久性作物和永久性牧场的用地。联合国粮农组织定义的耕地包括短期作物用地、供割草或放牧的短期草场、供应市场的菜园和自用菜园，以及暂时休闲的土地。因转换耕作方式而休闲的土地不包括在内。多年生作物用地是种有长期生长作物而无须在每次收割后再进行种植的土地。此类土地包括生长开花灌木、果树、坚果树和葡萄树的土地，但不包括木材林用地。多年生牧场是五年以上生长饲草的土地	2011	世界银行/世界发展指标	http://data.worldbank.org.cn/indicator/AG.LND.AGRI.ZS
6	农业灌溉用地（占农业用地总量的百分比）（%）	农业灌溉用地指有专门供水的农业区，其中包括采用控制漫灌法灌溉的土地	2011	世界银行/世界发展指标；原始数据来自联合国粮农组织	http://data.worldbank.org.cn/indicator/AG.LND.IRIG.AG.ZS
7	保护性农业（千公顷）	"保护性农业"是指收获后不将作物残茬烧毁或将生物质翻耕于地，而是将其作为土壤覆盖留在原地。在下一农季开始时，完全不用耕地，而是利用特殊设备将种子直接播入土壤。除减少矿化、侵蚀和水土流失以外，表层覆盖还抑制杂草发芽，保护土壤微量元素并帮助有机质形成。结果：减少用于整地的时间和劳力，降低燃料消耗和减少空气污染，减少化学投入物需要量，并提高单产和农业收入	2011	全球水资源及农业的信息系统	http://www.fao.org/nr/water/aquastat/data/query/index.html?lang=en
8	耕地（人均公顷数）（公顷）	联合国粮农组织定义的耕地包括短期作物用地（种植双季作物的土地只计算一次）、供割草或放牧的短期草场、供应市场的菜园和自用菜园，以及暂时休闲的土地。因转换耕作方式而休闲的土地不包括在内	2011	世界银行/世界发展指标；原始数据来自联合国粮农组织	http://data.worldbank.org.cn/indicator/AG.LND.ARBL.HA.PC

—— 115 ——

序号	指标名称	指标解释	最新数据年份	机构/数据库	网　址
9	耕地（占土地面积的百分比）（%）	联合国粮农组织定义的耕地包括短期作物用地（种植双季作物的土地只计算一次）、供割草或放牧的短期草场、供应市场的菜园和自用菜园，以及暂时休闲的土地。因转换耕作方式而休闲的土地不包括在内	2011	世界银行/世界发展指标；原始数据来自联合国粮农组织	http://data.worldbank.org.cn/indicator/AG.LND.ARBL.ZS
10	永久性作物用地（占土地的百分比）（%）	永久性作物用地是种植作物的土地，它长期占用土地，不需要在每个收获期之后再重新种植，如可可、咖啡和橡胶。此类土地包括生长开花灌木、果树、坚果树和葡萄树的土地，但不包括木材林用地	2011	世界银行/世界发展指标；原始数据来自联合国粮农组织	http://data.worldbank.org.cn/indicator/AG.LND.CROP.ZS
11	谷物耕地（公顷）	谷物耕地面积是指收获面积，不过有些国家只公布播种或耕作面积。谷物包括小麦、水稻、玉米、大麦、燕麦、黑麦、小米、高粱、荞麦、杂粮。谷类生产数据与收获后仅用作干燥谷物的作物相关。收获后用作干草或未成熟时收割用作食物、饲料或青贮饲料或作牧草用的谷类作物除外	2011	世界银行/世界发展指标	http://data.worldbank.org.cn/indicator/AG.LND.CREL.HA
12	永久性草地和牧场面积（平方公里）	根据联合国粮农组织定义，永久性草地和牧场是指通过耕种或自然生长方式长期用于生长木本饲料作物的土地。如果饲料作物的生长是该土地最需要的用途，那么生长有树木和灌木的永久性草地和牧场应该记录在这一类中	2011	联合国粮农组织	http://faostat3.fao.org/home/index.html#DOWNLOAD
13	陆地及海洋保护区面积（占总领土面积比例）（%）	国家的保护区是指面积至少在1 000公顷以上、被指定作为限制公众进入的科学保护区、国家公园、自然纪念地、自然保护区或野生动物禁猎区、景观保护区以及主要目的为可持续利用的管理区。海洋保护区是通过法律或其他有效手段保留的潮间带或潮下带地区以及上覆水及其相关动植物与历史文化特征，以保护封闭环境的部分或全部。数据也不包括省或地方法律管辖的保护地	2010	世界银行/世界发展指标	http://data.worldbank.org/indicator/ER.PTD.TOTL.ZS
14	陆地保护区面积（占土地总面积的比例）（%）	陆地保护区是指面积至少在1 000公顷以上、被国家权威机构指定作为限制公众进入的科学保护区、国家公园、自然纪念地、自然保护区或野生动物禁猎区、景观保护区以及主要目的为可持续利用的管理区，不包括海洋区、未分类的区域和近岸区（潮间带）	2010	世界银行/世界发展指标	http://data.worldbank.org.cn/indicator/ER.LND.PTLD.ZS

续表

序号	指标名称	指标解释	最新数据年份	机构/数据库	网　址
15	森林面积(占土地面积的百分比)(%)	森林面积是指由自然生长或人工种植且原地高度至少为5米的直立树木(无论是否属于生产性)所覆盖的土地,不包括农业生产系统中的立木(例如果树种植园和农林系统)以及城市公园和花园中的树木	2011	世界银行/世界发展指标	http://data.worldbank.org.cn/indicator/AG.LND.FRST.ZS
16	干旱地区(占国土面积比例)(%)	干旱地区的界定一直存在争论。联合国环境规划署《全球环境展望》数据门户干旱地区统计的是存在潜在的荒漠化危险的地区,但并不统计极端干旱地区。因此,干旱地区指为干旱带、半干旱带、半湿润带以及作物生长期只有1～179天的地区	2003	联合国环境规划署《全球环境展望》数据门户	http://geodata.grid.unep.ch/results.php
17	生态足迹	生态足迹就是能够持续地提供资源或消纳废物的、具有生物生产力的地域空间,其含义就是要维持一个人、地区、国家或者全球的生存所需要的或者能够吸纳人类所排放的废物的、具有生物生产力的地域面积。生态足迹估计要承载一定生活质量的人口,需要多大的可供人类使用的可再生资源或者能够消纳废物的生态系统,又称之为"适当的承载力"	2007	联合国环境规划署《全球环境展望》数据门户;原始数据来自全球生态足迹网	http://geodata.grid.unep.ch/results.php
18	铁路(公里)	可用于提供铁路服务的铁路总长度,并行的铁路线亦计算在内	2011	世界银行/世界发展指标	http://data.worldbank.org.cn/indicator/IS.RRS.TOTL.KM
19	公路网络总量(公里)	公路网包括:快速路、高速公路、主道或国道、次级或地区道路以及该国内的所有其他道路。快速路是专为机动车设计和建造的,将双向车流分开的道路	2010	世界银行/世界发展指标	http://data.worldbank.org/indicator/IS.ROD.TOTL.KM
20	铺设的道路(占道路总量的百分比)(%)	铺设的道路是指表面铺有碾碎的石子(碎石)和碳氢结合物或沥青,并加有混凝土或圆石的道路在该国道路总量中所占比例(按长度衡量)	2010	世界银行/世界发展指标	http://data.worldbank.org.cn/indicator/IS.ROD.PAVE.ZS

9.2.2　指标对比筛选阶段

在广泛查阅资料和搜集指标的同时,研究小组召开了5次讨论会,认为衡量环境可持续发展中土地问题的最好指标应该是"受污染的土地面积"或"退化的土地面积",该指标可充分衡量一个地区的土地状况。然而,现阶段国际各大数据库均未统计这个指标,因此数据不可得。

鉴于此,研究小组在20个数据可得指标的基础上进行了对比筛选。本次筛选的原则有三点：一是指标要从可持续性发展角度反映土地的保护情况；二是指标数据涵盖国家范围较广；三是指标最新数据至少为 2010 年，且其他年度数据持续可得。

通过深度研究和对比，工作小组发现，在千年发展目标、《生物多样性公约》、环境可持续指数、环境绩效指数等多份国际大型研究报告和著名指数体系中，均使用了"保护区面积"这个指标来监测土地使用水平和生物多样性水平。

研究小组进一步分析发现，保护区面积一般是指海洋和陆地保护区面积的总和。但是，统计"海洋保护区面积"的国家全部是拥有海岸线和领海的国家，很多内陆国家没有这个指标数据。我们查阅联合国千年发展目标数据库后发现，统计保护区的 226 个国家和地区中，确实有 71 个国家和地区没有"海洋保护区面积"数据。同时，"海洋保护区面积"的统计相对复杂，存在各国间领海区域、公海保护区划分不明等问题。

最终，经过全面搜查、指标对比筛选等过程，研究小组决定将土地类指标确定为"陆地保护区面积占土地面积的比例"。

当然，"陆地保护区面积占土地面积的比例"指标也有局限性。例如，国家指定某个地区为保护区，主要体现了政府对保护生物多样性的意愿，但是并不能衡量一个政府或国家在减少生物多样性损失方面取得的成效。换句话说，某些地区可能被正式"保护"起来，但并不意味着就得到了足够的管理。因此，该指标并不能完全反映一个地区对生物多样性的保护措施已实际到位。

>> 9.3 "陆地保护区面积占土地面积的比例"指标的统计特征 <<

下面分别对"陆地保护区面积占土地面积的比例"2010 年全国数据分布情况及其在 1990—2010 年的动态变化情况进行简要分析。

9.3.1 2010 年"陆地保护区面积占土地面积的比例"指标的统计特征——

2010 年"陆地保护区面积占土地面积的比例"指标共有 123 个国家参评，均值为 13.2%，超过均值的国家有 56 个，占所有测评国家的 45.5%，数值最高的国家是委内瑞拉，高达 53.8%，数值最低的国家是利比亚，仅为 0.1%。

表 9-4 列出了 2010 年"陆地保护区面积占土地面积的比例"指标排名前 20 位和后 20 位的国家。

表 9-4　　　2010 年"陆地保护区面积占土地面积的比例"指标排名最高和最低的 20 个国家

排　名	国　家	指标值(%)	排　名	国　家	指标值(%)
1	委内瑞拉	53.75	104	哈萨克斯坦	2.52
2	德　国	42.42	105	卡塔尔	2.48
3	尼加拉瓜	36.72	106	韩　国	2.40

排 名	国 家	指标值(%)	排 名	国 家	指标值(%)
4	赞比亚	36.04	107	乌兹别克斯坦	2.26
5	沙特阿拉伯	31.26	108	约 旦	1.91
6	特立尼达和多巴哥	31.24	109	土耳其	1.89
7	博茨瓦纳	30.93	110	孟加拉国	1.81
8	危地马拉	30.63	111	爱尔兰	1.78
9	津巴布韦	28.01	112	科威特	1.59
10	坦桑尼亚	27.53	113	摩洛哥	1.55
11	英 国	26.35	114	巴 林	1.35
12	巴 西	26.28	115	突尼斯	1.30
13	新西兰	26.20	116	萨尔瓦多	0.83
14	柬埔寨	25.77	117	叙利亚	0.64
15	厄瓜多尔	25.10	118	波斯尼亚和黑塞哥维那	0.58
16	瑞 士	24.85	119	也 门	0.52
17	塞内加尔	24.09	120	黎巴嫩	0.48
18	贝 宁	23.81	121	海 地	0.27
19	斯洛伐克	23.18	122	乌拉圭	0.26
20	奥地利	22.93	123	利比亚	0.11

数据来源:世界银行数据库,载 http://data.worldbank.org.cn/indicator/ER.LND.PTLD.ZS。

从地区分布看,非洲和美洲的"陆地保护区面积占土地面积的比例"指标数据略好于其他各大洲,非洲和美洲均有 6 个国家位于前 20 位;欧洲也有 5 个国家位于前 20 位,分别为德国、英国、瑞士、斯洛伐克和奥地利;亚洲仅有沙特阿拉伯和柬埔寨位于前 20 位;另外一个位于前 20 位的国家是大洋洲的新西兰。从排名后 20 位的国家可以看出,有 11 个都是亚洲国家,而美洲、非洲和欧洲分别只有 3 个国家。

9.3.2 1990—2010 年"陆地保护区面积占土地面积的比例"指标的动态变化情况

1990—2010 年间 123 个测算国"陆地保护区面积占土地面积的比例"的变化差异较大。其中,114 个国家是正增长,占 92.7%;8 个国家保持不变;仅有土库曼斯坦出现负增长,但变化率绝对值小于 0.01%。

表 9-5　1990—2010 年各国"陆地保护区面积占土地面积的比例"指标的动态变化情况

排 名	国 家	2010 年/1990 年变化率(%)	排 名	国 家	2010 年/1990 年变化率(%)
1	也 门	917 261.6	63	英 国	19.7
2	柬埔寨	78 207.0	64	危地马拉	18.2

排　名	国　家	2010年/1990年变化率（%）	排　名	国　家	2010年/1990年变化率（%）
3	阿联酋	2 004.6	65	阿根廷	18.1
4	立陶宛	634.8	66	丹　麦	16.7
5	墨西哥	404.6	67	厄瓜多尔	16.1
6	保加利亚	357.2	68	爱沙尼亚	15.4
7	比利时	324.0	69	阿塞拜疆	15.4
8	沙特阿拉伯	312.7	70	亚美尼亚	15.3
9	加　蓬	226.8	71	马其顿	15.2
10	蒙　古	226.2	72	奥地利	14.0
11	意大利	204.1	73	匈牙利	12.8
12	埃　及	203.2	74	哥斯达黎加	12.0
13	巴　西	193.2	75	西班牙	11.4
14	阿尔巴尼亚	190.9	76	荷　兰	11.1
15	秘　鲁	189.2	77	尼日利亚	11.0
16	希　腊	182.2	78	韩　国	10.6
17	拉脱维亚	178.3	79	捷　克	10.4
18	爱尔兰	177.6	80	白俄罗斯	10.3
19	约　旦	162.6	81	土耳其	10.1
20	叙利亚	151.8	82	波斯尼亚和黑塞哥维那	9.5
21	罗马尼亚	145.0	83	以色列	9.5
22	尼加拉瓜	138.3	84	吉尔吉斯斯坦	9.2
23	尼泊尔	121.0	85	巴拿马	8.6
24	芬　兰	115.0	86	哥伦比亚	8.3
25	塔吉克斯坦	113.7	87	新加坡	7.9
26	玻利维亚	111.3	88	印　度	7.3
27	挪　威	107.3	89	莫桑比克	6.8
28	冰　岛	105.0	90	乌兹别克斯坦	6.3
29	缅　甸	101.9	91	孟加拉国	6.0
30	乌克兰	91.8	92	斯里兰卡	6.0
31	巴拉圭	87.1	93	马来西亚	5.9
32	萨尔瓦多	86.0	94	南　非	5.6
33	牙买加	84.3	95	哈萨克斯坦	5.0
34	俄罗斯联邦	82.1	96	埃塞俄比亚	3.9
35	瑞　典	80.4	97	坦桑尼亚	3.5
36	刚果共和国	73.7	98	突尼斯	3.4
37	斯洛文尼亚	72.5	99	乌拉圭	3.3
38	瑞　士	71.9	100	智　利	3.3

续表

排 名	国 家	2010年/1990年变化率(%)	排 名	国 家	2010年/1990年变化率(%)
39	克罗地亚	66.0	101	新西兰	3.3
40	卢森堡	65.3	102	特立尼达和多巴哥	2.5
41	法 国	62.4	103	博茨瓦纳	2.0
42	加拿大	61.0	104	肯尼亚	1.0
43	津巴布韦	55.2	105	利比亚	0.4
44	塞浦路斯	49.1	106	加 纳	0.3
45	波 兰	46.5	107	刚果民主共和国	0.2
46	卡塔尔	42.3	108	美 国	0.1
47	葡萄牙	41.9	109	塞内加尔	0.06
48	澳大利亚	41.2	110	阿尔及利亚	0.04
49	印度尼西亚	41.1	111	赞比亚	0.01
50	越 南	37.6	112	苏 丹	0.01
51	泰 国	36.5	113	科特迪瓦	0.01
52	伊 朗	35.2	114	多 哥	0.01
53	洪都拉斯	34.0	115	安哥拉	0.0
54	委内瑞拉	33.9	116	巴 林	0.0
55	摩洛哥	33.6	117	贝 宁	0.0
56	德 国	32.8	118	多米尼加共和国	0.0
57	格鲁吉亚	32.2	119	海 地	0.0
58	喀麦隆	30.5	120	科威特	0.0
59	菲律宾	24.4	121	黎巴嫩	0.0
60	日 本	23.2	122	巴基斯坦	0.0
61	中 国	22.9	123	土库曼斯坦	-0.01
62	斯洛伐克	20.3			

注：也门1990年无数据，因此增加率按1995年为基年计算。

数据来源：世界银行数据库，载 http://data.worldbank.org.cn/indicator/ER.LND.PTLD.ZS。

结合表9-5和图9-1可以看出，123个国家中共有29个国家的增长幅度超过100%，增幅超过200%的国家有12个。其中，也门、柬埔寨两国的"陆地保护区面积占土地面积的比例"甚至增加了上万倍。除去也门、柬埔寨外，增长最快的20个国家可见图9-1，其中欧洲国家有9个，分别是立陶宛、保加利亚、比利时、意大利、阿尔巴尼亚、希腊、拉脱维亚、爱尔兰和罗马尼亚；亚洲国家有5个，分别是阿联酋、沙特阿拉伯、蒙古、约旦、叙利亚；美洲国家有4个，分别是墨西哥、巴西、秘鲁和尼加拉瓜；非洲国家有2个，分别是加蓬和埃及。数据保持不变的国家有8个，4个国家位于亚洲，分别是巴林、科威特、黎巴嫩和巴基斯坦；美洲和非洲也各有2个国家，美洲国家为多米尼加共和国和海地，非洲国家为安哥拉和贝宁。

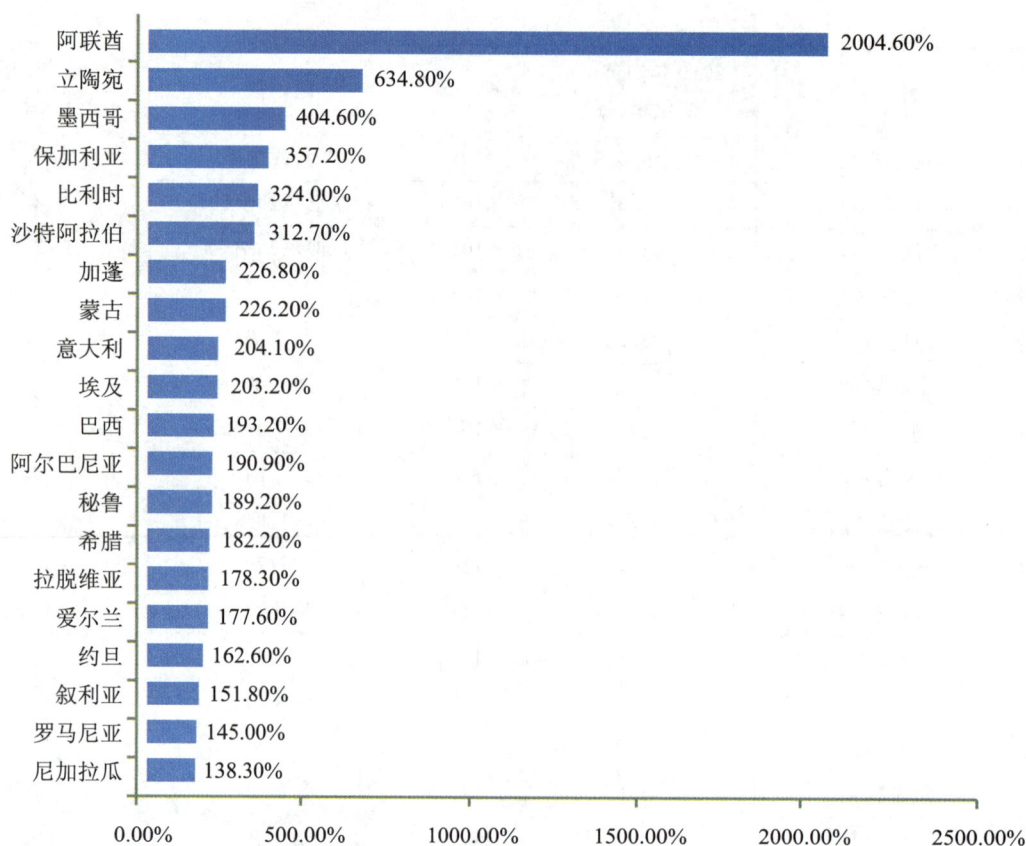

图 9-1　1990—2010 年"陆地保护区面积占土地面积的比例"指标变化率最大的国家

注：也门和柬埔寨的变化率远高于其他国家，在图中未标出。

>>参考文献<<

1. Chape，S. et al. The World's Protected Areas：Status，Value and Prospects in the 21st Century. World Conservation Monitoring Centre（WCMC），2008.

2. Dahlia Chazan et al. A Sustainable Future for Pleasanton：Evaluation Land Use Alternatives. Redefining Progress，2005.

3. Environmental Sustainability Index（ESI）（2001—2005）. Yale Center for Environmental Law & Policy，Yale University；Center for International Earth Science Information Network，Columbia University. In Collaboration with World Economic Forum，Geneva，Switzerland，Joint Research Centre，European Commission Ispra，Italy，2001—2005.

4. Eduard Goldberg. Aggregated Environmental Indices：Review of Aggregation Methodologies in Use，OECD：ENV/EPOC/SE（2001）2/FINAL，2002.

5. EEA. Environmental Indicator Report 2012：Ecosystem Resilience and Resource Efficiency in A Green Economy in Europe. Luxembourg：Publications Office of the European

Union，2012.

6. Global Footprint Network. The National Footprint Accounts. Global Footprint Network，Oakland，CA，USA，2012.

7. John W. Emerson，Marc A. Levy et al. 2012 Environmental Performance Index and Pilot Trend Environmental Performance Index. Yale Center for Environmental Law & Policy，Yale University；Center for International Earth Science Information Network，Columbia University. In Collaboration with World Economic Forum，Geneva，Switzerland，Joint Research Centre of the European Commission，2012.

8. SOPAC. Report on the Environmental Vulnerability Index(EVI)Think Tank Ⅱ，Suva，Fiji，2004.

9. UNDP. Human Development Report 1990—2011. Available at：Http://hdr. undp. org/en/reports/global/hdr2011/.

10. UNEP. Global Environment Outlook 5：Environment for the Future We Want. Malta：Progress Press Ltd. ，2012.

11. UNEP. UNEP Year Book 2013：Emerging Issues in Our Global Environment，2013.

12. The World Bank. World Development Report 2010：Development and Climate Change. Washington，DC：The World Bank，2010.

13. 联合国. 千年发展目标(MDGs)的进展监测指标——千年宣言指标(MDIs)，2004.

14. 联合国经济和社会事务部. 千年发展目标报告，2010—2013.

15. 中华人民共和国环境保护部. 中国履行《生物多样性公约》第三次国家报告，2009.

10.

森林类指标：森林面积占土地面积的百分比

　　长久以来，由于人类对自然资源无节制的开发和利用，特别是对森林的大量砍伐，给全球生态系统带来了一系列的问题，如水土大量流失、温室效应加剧、生物多样性锐减等。这些具有全球性影响的环境问题日益突出，严重威胁着人类的生存与发展，增加了经济生产的难度，使得人类社会受到巨大的经济损失。现代生态经济学认为，森林是全球生态问题的核心，人类面临的生态环境问题如温室效应、臭氧层破坏、全球气候变化、酸雨、物种灭绝、土地沙漠化扩大、森林锐减、野生物种减少、热带雨林减少、土壤退化、干旱与洪涝灾害频发，与森林破坏直接或间接相关，森林减少导致或加剧了上述大部分生态环境问题。[①]

　　因此，要发展绿色经济，促进绿色增长，就必须关注森林问题。森林资源作为一种重要而独特的自然可再生资源，在改善生态环境、增加国民收入、发展绿色经济、满足经济发展需求等方面发挥着不可替代的作用。2010 年，联合国粮农组织对全球森林资源的统计结果也表明，森林作为地球上结构最复杂、功能最多和最稳定的陆地生态系统，对于生态环境有着至关重要的作用。离开了森林的庇护，人类生存和发展的环境条件就丧失了存在的基础。[②] 换句话说，森林是陆地生态系统的主体，是国家和民族赖以生存与发展的重要战略资源，因此关注森林形势与状况对于改善人类的生存环境，维护陆地生态系统的生态平衡，维持人类经济与社会的可持续发展都是至关重要的。考虑到森林在生态、经济与社会中的基础作用，以及国际社会对与森林问题的普遍关注和高度重视，人类绿色发展指数将对森林资源的考核纳入到总指数的测度中。

>> 10.1 为什么选取"森林面积占土地面积的百分比"指标 <<

　　森林作为一种可再生资源，在自然生态系统与社会经济系统协调发展中具有重要作用，具有

---

① 张立：《森林在实现可持续发展中的作用》，载《科学与财富》，2012(12)。
② FAO, *Global Forest Resources Assessments*(FRA)2010，Available at：http://www.fao.org/forestry/fra/en/.

生态、经济、社会三大效益。"森林面积占土地面积的百分比"是反映森林在一个国家或地区相对重要性的首要指标，是一个易于理解的基准变量，被采用作为人类绿色发展的测度指标之一。

10.1.1 森林是人类绿色发展的基础

在绿色发展的理念里，森林是人类生存与发展的基础，是整个社会的基本财富、基本福利和基本安全。[①] 森林作为一种可再生资源，具有生态、经济、社会三大效益。森林的生态效益主要体现在改善生态环境，维持人与生物圈的生态平衡，维护生物多样性等方面；森林的经济效益包括直接经济效益和间接经济效益，其中直接经济效益是指森林能够为人类提供丰富的生活资料，如木材和其他林产品、副产品，间接经济效益是指森林对环境改善所带来的经济效益；森林的社会效益主要包括优化社会发展环境、改善人居环境、满足人们精神享受、成就生态文明等。[②] 具体来讲，森林对人类的贡献主要体现在以下三个方面。

第一，森林与生态。

森林是陆地生命的摇篮，具有综合的环境效益。

森林具有保持水土，涵养水源的功能。森林是土壤的保护伞。森林的枝叶可截留降水，涵蓄土壤水分，补充地下水、抑制蒸发等。林下的草本植物和枯枝落叶层，既能吸水，又能减少雨滴对土壤的直接冲击；同时森林地下庞大的根系能紧紧固定土壤，有效减少水土流失，防止土地荒漠化。

森林发挥着重要的固碳制氧的作用。自然界中的一切动物都要靠氧气来维持生命，而森林是天然的制氧机。如果没有森林等绿色植物制造氧气，则生物生存将失去保障。此外，森林生态系统可以调节空气中的二氧化碳和氧气的平衡。森林通过光合作用吸收空气中的二氧化碳，而且通过凋落物转化为有机质将部分二氧化碳存储在土壤内。据计算，每公顷阔叶林在生长季节每天可吸收近 1 吨二氧化碳，释放 0.75 吨的氧气，能满足 973 人的需氧量。森林有调节气候的功能。森林浓密的树冠在夏季能吸收和散射、反射掉一部分太阳辐射能，减少地面增温。据测定，夏季森林里气温比城市空阔地低 2～4℃，相对湿度则高 15％～25％。

森林是消减环境污染的万能净化器。森林能净化空气、阻滞酸雨、降尘，还可以衰减噪声、降低风速、减弱风力。据测定，森林空气中的二氧化硫要比空旷地少 15％～50％。许多树木能分泌出杀伤力很强的杀菌素，杀死空气中的病菌和微生物，对人类有一定的保健作用。另外，森林还起着隔音墙的作用。枝叶茂密的树冠与表面粗糙的树干，都对噪声有很强的吸收和消减作用。

森林有保护生物多样性的功能。森林是多种动植物生存和繁衍的栖息地，是世界上最丰富的生物物种库和基因库。森林林区内日照相对较少，风速、蒸发、雨量、气温等变化均较林外

[①] 侯元兆：《用森林铺就绿色发展的万世基业》，载《中国绿色时报》，2012-03-09。
[②] 关祥吉：《森林的作用与地位》，载《民营科技》，2011(8)。

旷地为小，土壤和空气的湿度相对较大，形成了特有的"森林气候"。这种"森林气候"适合于野生动植物的生存和发展，并为物种进化和发育提供良好的基础。[①]

第二，森林与经济。

森林是重要的基础性产业，在区域经济发展中具有极高的经济效益。森林为人类的生存与发展提供了大量的木材和其他林产品、副产品，其中林产品包括原木、锯材、纸浆材、人造板材、果品等，副产品包括森林植物的叶、茎、皮、脂、胶等具有很大经济价值的产品。[②]

第三，森林与社会。

在社会方面，茂密的森林可以满足人们精神需求、陶冶情操、提高健康水平，是精神文明建设的重要组成部分。随着社会发展、物质生活水平的提高，人们越来越要求更多地接触大自然，从而缓解紧张工作的心情，调节生活节奏，丰富和提高生活品质，促进身心健康。[③]

此外，林业也为社会提供大量的就业岗位，减少极度贫穷和饥饿。林业的发展同时也能增加山区农民收入，为农民提供致富的途径。此外，通过为贫困家庭提供现金收入、就业和消费品，可以使穷人和其他弱势群体受益。根据联合国粮农组织 2010 年的《全球森林资源评估》报告结果，全球 4% 的森林用来提供社会服务，发挥休闲、旅游和教育或文化精神遗产保护等功能。全球大约有 1 000 万人就业于森林管理以及森林保护岗位。[④]

以上足以说明森林在自然生态系统与社会经济系统协调发展中的重要性。没有森林，就没有生态平衡与经济可持续发展，人类的生存和发展也就是一句空话。

10.1.2 "森林面积占土地面积的百分比"是反映森林资源数量的重要指标

人类绿色发展指数拟采用联合国粮农组织数据库的 2010 年"森林面积占土地面积的百分比"指标数据，作为反映森林资源状况的代表性指标。采用"森林面积占土地面积的百分比"作为代表性指标主要有以下五点理由。

第一，"森林面积占土地面积的百分比"是一个国家或地区森林面积占总土地面积的百分比，是反映一个国家或地区森林面积占有情况或森林资源丰富程度及实现绿化程度的指标，也是确定森林经营和开发利用方针的重要依据之一。[⑤] 森林是陆地生态系统的主体，其结构复杂，既包含有生命的成分，也包含无生命的成分。森林中动物、植物及微生物种类繁多，光、热、水、土壤的作用和功能复杂，结构层次多样。森林履行对人类生存至关重要的若干功能。森林在为

① 杨立冰：《森林的价值及保护战略——生态环境与可持续发展研究》，载《亚太经济》，2003(4)。
② 张颖：《森林社会效益价值评价研究综述》，载《世界林业研究》，2004(3)。
③ 邢美华、黄光体、张俊飚：《森林资源价值评估理论方法和实证研究综述》，载《西北农林科技大学学报》(社会科学版)，2007(5)。
④ FAO, *Global Forest Resources Assessments*(*FRA*)2010, Available at：http://www.fao.org/forestry/fra/en/.
⑤ 李会芳、苏喜友：《森林资源评价浅议》，载《林业调查规划》，2005(2)。

社会提供木材和竹材、木本粮油、林化产品、药用动植物等大量产品的同时，还具有多种多样的环境服务功能，如保持水土，调节水文，防护农田，调节气候，净化空气，防止水、旱、风、沙等自然灾害，保护人类健康，美化环境等作用。① 因此"森林面积占土地面积的百分比"指标能反映一个国家森林资源的丰富程度，也能在一定程度上反映该国森林的生态服务潜力。

第二，"森林面积占土地面积的百分比"是一个易于理解的基准变量，它是反映森林在一个国家或地区相对重要性的首要指标。"森林面积占土地面积的百分比"是所有区域和生态区域可持续森林管理标准和指标进程的常用指标之一。② 该指标也用于计量一国森林的相对重要性，森林面积的变化也能反映其他竞争性用途对土地的需求。

第三，在众多国际研究机构的报告中，"森林面积占土地面积的百分比"都是作为正向指标来衡量一个国家或地区绿色经济的发展及环境的可持续发展状况，例如世界银行的世界发展指标，经济合作与发展组织的绿色增长指标，联合国的可持续发展指标体系等。

第四，"森林面积占土地面积的百分比"被作为联合国千年发展目标目标7具体目标9项下的指标25。具体来讲，千年发展目标第9个具体目标是"将可持续发展原则纳入国家政策和方案，扭转环境资源的损失"，"森林面积占土地面积的百分比"是实施这一目标的5个监测指标之一。③另外，"森林面积占土地面积的百分比"也用于评估2010年《生物多样性公约》中的生物多样性目标的进展情况，以及《所有种类森林的无法律约束力协议》中所包含的全球森林目标进程之一。

第五，"森林面积占土地面积的百分比"的数据持续可得，并且由联合国粮农组织权威发布。联合国粮农组织全球森林资源评估每5～10年进行一次。2010年《全球森林资源评估》报告中有233个国家和地区提供了"森林面积占土地面积的百分比"的数据。

以上五点足以说明"森林面积占土地面积的百分比"对于衡量森林资源状况的重要性。如果一个国家的"森林面积占土地面积的百分比"下降，那么森林的生态功能就会受到影响。森林面积的锐减使复杂的生态结构遭到破坏，原有的功能消失或减弱，导致自然生态进一步恶化。大片林地被砍光，使局部小气候发生变化，也使地表截蓄径流能力减弱，加剧了风沙、洪水等自然灾害，扩大了水土流失区。森林面积缩小，也会使野生动物失去适宜的生活环境，破坏野生动植物栖息和繁衍场所，使物种面临灭绝的威胁。④

>> 10.2　如何选取"森林面积占土地面积的百分比"指标 <<

10.2.1　指标选取及数据来源

"森林面积占土地面积的百分比"指标是课题组经过多次讨论与研究选定出来的。指标选取

---

① 曹建华：《森林资源环境价值核算评价研究综述》，载《江西林业科技》，2002(5)。
② 米锋、李吉跃、杨家伟：《森林生态效益评价的研究进展》，载《北京林业大学学报》，2003(6)。
③ 联合国经济和社会事务部：《千年发展目标监测指标》，2004。
④ 《中国森林生态服务功能评估》项目组：《中国森林生态服务功能评估》，北京，中国林业出版社，2010。

的第一步是广泛和全方位地搜集全球多个权威数据库中的森林指标，第二步是对第一轮海选搜集出来的 20 个森林指标进行筛选。具体的 20 个指标如表 10-1 所示。

表 10-1　　　　　　　　　　　　　　森林类指标选择用表

序号	指标名称	指标解释	最新数据年份	机构/数据库	网　址
1	调整后的储蓄：森林资源净损耗（现价美元）	净森林资源损耗的计算方法为单位资源租金与圆木采伐量相对于自然增长量的超出量的乘积	2011	世界银行工作人员基于《改变国富论：衡量可持续发展的新千年方法》（2011 年）的估计	http://data.worldbank.org/indicator/NY.ADJ.DFOR.CD
2	森林面积（平方公里）	森林面积是指由自然生长或人工种植且原地高度至少为 5 米的直立树木（无论是否属于生产性）所覆盖的土地，不包括农业生产系统中的立木（例如果树种植园和农林系统）以及城市公园和花园中的树木	2011	世界银行；最终数据来自联合国粮农组织	http://data.worldbank.org/indicator/AG.LND.FRST.K2
3	调整后的储蓄：森林资源净损耗（占 GNI 的百分比）	净森林资源损耗的计算方法为单位资源租金与圆木采伐量相对于自然增长量的超出量的乘积	2011	世界银行工作人员基于《改变国富论：衡量可持续发展的新千年方法》（2011 年）的估计	http://data.worldbank.org/indicator/NY.ADJ.DFOR.GN.ZS
4	森林租金（占 GDP 的百分比）	森林租金是圆木砍伐量乘以均价产品和区域特定租金率	2011	世界银行工作人员基于《改变国富论：衡量可持续发展的新千年方法》（2011 年）的估计	http://data.worldbank.org/indicator/NY.GDP.FRST.RT.ZS
5	森林面积占土地面积的百分比（％）	森林面积（占土地面积百分比）是指森林面积占陆地总面积的份额，其中陆地面积是一国总表面积减去内河水域如主要河流和湖泊所覆盖的面积，森林面积是指不小于 0.5 公顷，地面至少 10％为现有或预期树冠所覆盖，而且树身高度应能长到 5 米的地区面积。联合国粮农组织在 2010 年《全球森林资源评估》中指出，森林包括原生林和人工林，其中原生林是指没有明显人类活动迹象而且生态进程未受重大干扰的本地种自然再生林，人工林主要由种植和/或特意播种的树木组成的森林。森林不包括主要为农业和城市用途的土地	2011	世界银行；最终数据来自联合国粮农组织	http://data.worldbank.org.cn/indicator/AG.LND.FRST.ZS

续表

序号	指标名称	指标解释	最新数据年份	机构/数据库	网　址
6	其他林地面积占土地面积的百分比（%）	未被列入"森林"的土地，其面积超过0.5公顷；树高超过5米和林冠覆盖率达到5%～10%，或树木在原生境可以达到这些阈值；或灌木、灌丛和树木的总覆盖率超过10%。不包括主要为农业和城市用途的土地	2010	最终数据来自联合国粮农组织	http://www.fao.org/forestry/fra/fra2010/en/
7	原生林面积（千公顷）	没有明显人类活动迹象而且生态进程未受重大干扰的本地种自然再生林	2010	最终数据来自联合国粮农组织	http://www.fao.org/forestry/fra/fra2011/en/
8	自然再生林面积（千公顷）	有明显人类活动迹象的自然再生林，包括主要通过自然再生方式营造的树木的森林	2010	最终数据来自联合国粮农组织	http://www.fao.org/forestry/fra/fra2012/en/
9	人工林面积（千公顷）	主要由种植和/或特意播种的树木组成的森林	2010	最终数据来自联合国粮农组织	http://www.fao.org/forestry/fra/fra2013/en/
10	森林立木蓄积（百万立方米）	胸高直径超过 X 厘米的所有活木的带皮材积(或板根上方，如果板根更高的话)。包括从地面或自伐根高度至梢端直径为 Y 厘米的树干，也可以包括最小直径为 W 厘米的树枝	2010	最终数据来自联合国粮农组织	http://www.fao.org/forestry/fra/fra2014/en/
11	工业原木总量（千立方米带皮）	为提供产品和服务而采伐得到的木材数量(含树皮的原木量)，但用于能源生产(木质燃料)的采伐量除外	2010	最终数据来自联合国粮农组织	http://www.fao.org/forestry/fra/fra2018/en/
12	木质燃料总量（千立方米带皮）	用于能源生产的木材采伐量，无论是供工业、商业或家用	2010	最终数据来自联合国粮农组织	http://www.fao.org/forestry/fra/fra2019/en/
13	森林面积变化率（%）	森林面积变化率是森林面积变化量与原森林面积的比值	1990—2010	最终数据来自联合国粮农组织	http://www.fao.org/forestry/fra/fra2020/en/
14	森林净变化量（千立方米）	森林面积的变化量	2011	经济与合作发展组织	http://stats.oecd.org/
15	森林资源的利用强度	森林资源的利用强度反映了不同的森林管理方法及其可持续性	2011	经济与合作发展组织	http://stats.oecd.org/
16	人工林年度变化（公顷/年）	人工林年度变化是指由种植和/或特意播种的树木组成的森林面积的变化	2005—2010	联合国环境规划署	http://geodata.grid.unep.ch/results.php

序号	指标名称	指标解释	最新数据年份	机构/数据库	网　址
17	保护区森林面积（千公顷）	通过法律或其他有效方式，指定专门用于保护和维持生物多样性以及与自然相关的文化资源的地区	1990—2010	联合国环境规划署	http://geodata. grid. unep. ch/results. php
18	有管理计划的森林面积（千公顷）	有长期（10 年或以上）书面管理计划的森林面积，目的是界定管理目标，并对此计划定期进行修改	2010	联合国环境规划署	http://geodata. grid. unep. ch/results. php
19	永久性森林产业面积（千公顷）	永久性森林产业面积是指保持森林状态而不能被转换为其他土地用途的森林面积	2010	联合国环境规划署	http://geodata. grid. unep. ch/results. php
20	遭火灾的森林面积变动（公顷/年）	每年遭受火灾的植被面积变动	1990—2005	联合国环境规划署	http://geodata. grid. unep. ch/results. php

经过多次删选，课题组认为"森林面积占土地面积的百分比"指标是一个能全面反映世界各国森林状况的综合指标，森林面积的测量相对比较容易，并且"森林面积占土地面积的百分比"指标计算方法简便，加之该指标已经被列为千年发展目标、2010 年生物多样性目标和全球森林目标进展情况的 60 个监测指标之一，因此课题组将"森林面积占土地面积的百分比"指标选为人类绿色发展指数中衡量世界各国森林可持续发展的主指标。

10.2.2　对辅助指标的引入和说明

经过课题组的多次讨论与研究，除决定将森林覆盖率作为主指标外，还决定选取"其他林地占土地面积的百分比"指标作为辅助指标来共同解释各国森林的可持续发展情况。根据联合国粮农组织 2010 年的《全球森林资源评估》，其他林地是指未被列入"森林"的土地，其面积超过 0.5 公顷；树高超过 5 米和林冠覆盖率达到 5%～10%，或树木在原生境可以达到这些阈值；或灌木、灌丛和树木的总覆盖率超过 10%。因此，将"其他林地面积占土地面积的百分比"指标作为辅助指标，可以使大量因散生树木生长过于稀疏无法称为"森林"的土地列入"其他林地"中。但是，由于"森林"与"其他林地"之间的差别不是非常明显，在许多国家"其他林地占土地面积的百分比"指标也面临重新分类的问题，如在澳大利亚、肯尼亚、莫桑比克和苏丹的一些干旱地区，"其他林地"和"森林"的区别十分模糊，因此数据统计也十分有难度。

特别要指出的是，在课题组所筛选的 123 个国家"其他林地占土地面积的百分比"指标数据中，有 22 个国家的"其他林地占土地面积的百分比"指标数据为 0，有 10 个国家"其他林地占土地面积的百分比"指标数据过小不显著。

>> 10.3 "森林面积占土地面积的百分比"指标的统计特征 <<

下面分别对"森林面积占土地面积的百分比"2010年各国数据分布状况及其在1990—2010年的动态变化情况进行简要分析。

10.3.1 2010年"森林面积占土地面积的百分比"指标的统计特征————

根据"森林面积占土地面积的百分比"的定义，"森林面积占土地面积的百分比"的数值越大，说明该国的森林覆盖率越高；反之，数值越小，则森林覆盖率就越低。在人类绿色发展指数测评的123个国家中，2010年"森林面积占土地面积的百分比"的均值为29.1%，其中超过均值（包括和均值相等）的国家有66个，占所有评测国家的53.7%。所有的123个国家中，数值最高的国家是加蓬，数值高达85.4%；数值最低的国家是卡塔尔，数值为0.0%。

2010年评测的123个国家的"森林面积占土地面积的百分比"数据中，排名前20位的国家该数值均高于（等于）51.0%，而排名后20位的国家中，该指标数值均低于（等于）6.1%，如表10-2所示。

表 10-2   2010年"森林面积占土地面积的百分比"指标排名最高和最低的20个国家

排　名	国　家	指标值（%）	排　名	国　家	指标值（%）
1	加　蓬	85.4	104	肯尼亚	6.1
2	芬　兰	72.9	105	多　哥	5.3
3	瑞　典	68.7	106	吉尔吉斯斯坦	5.0
4	日　本	68.5	107	阿联酋	3.8
5	刚果民主共和国	68.0	108	海　地	3.7
6	赞比亚	66.5	109	新加坡	3.3
7	刚果共和国	65.6	110	塔吉克斯坦	2.9
8	韩　国	64.1	111	叙利亚	2.7
9	马来西亚	62.3	112	巴基斯坦	2.2
10	斯洛文尼亚	62.2	113	哈萨克斯坦	1.2
11	巴　西	61.4	114	约　旦	1.1
12	柬埔寨	57.2	115	也　门	1.0
13	哥伦比亚	54.5	116	巴　林	0.7
14	拉脱维亚	53.9	117	阿尔及利亚	0.6
15	秘　鲁	53.1	118	沙特阿拉伯	0.5
16	玻利维亚	52.8	119	科威特	0.4
17	委内瑞拉	52.5	120	冰　岛	0.3
18	爱沙尼亚	52.3	121	埃　及	0.1
19	印度尼西亚	52.1	122	利比亚	0.1
20	哥斯达黎加	51.0	123	卡塔尔	0.0

数据来源：联合国粮农组织，载 http://www.fao.org/forestry/fra/en/。

10.3.2 1990—2010年"森林面积占土地面积的百分比"指标的动态变化情况

1990—2010年间，人类绿色发展指数123个测评的国家中除巴林以外的122个国家都有"森林面积变化率"的数据，由于巴林在2010年以前森林面积过小，因此无法计算其"森林面积变化率"。在122个有"森林面积变化率"的国家中，有53个国家森林面积从1990年到2010年都有所增加，占122个测评国家的43.4%，有17个国家森林面积没有变化，占13.9%，其余的52个国家森林面积在不同程度上都有所缩小，占42.6%。冰岛的上升幅度最大，增幅高达233%；多哥下降的比例最高，降幅为58%。1990—2010年各国"森林面积占土地面积的百分比"指标的动态变化情况如表10-3所示。

表 10-3　1990—2010年各国"森林面积占土地面积的百分比"指标的动态变化情况

排 名	国 家	2010年/1990年变化率(%)	排 名	国 家	2010年/1990年变化率(%)
1	冰 岛	233.0	62	加 蓬	0.0
2	科威特	100.0	63	伊 朗	0.0
3	乌拉圭	90.0	64	利比亚	0.0
4	埃 及	59.0	65	卡塔尔	0.0
5	爱尔兰	59.0	66	沙特阿拉伯	0.0
6	突尼斯	56.0	67	新加坡	0.0
7	越 南	47.0	68	南 非	0.0
8	叙利亚	32.0	69	土库曼斯坦	0.0
9	中 国	32.0	70	也 门	0.0
10	西班牙	32.0	71	波斯尼亚和黑塞哥维那	−1.0
11	阿联酋	29.0	72	格鲁吉亚	−1.0
12	丹 麦	22.0	73	刚果共和国	−1.0
13	意大利	21.0	74	阿尔巴尼亚	−2.0
14	希 腊	18.0	75	牙买加	−2.0
15	保加利亚	18.0	76	韩 国	−2.0
16	土耳其	17.0	77	泰 国	−3.0
17	以色列	17.0	78	秘 鲁	−3.0
18	菲律宾	17.0	79	哥伦比亚	−3.0
19	吉尔吉斯斯坦	14.0	80	哈萨克斯坦	−3.0
20	匈牙利	13.0	81	澳大利亚	−3.0
21	立陶宛	11.0	82	孟加拉国	−3.0
22	白俄罗斯	11.0	83	刚果民主共和国	−4.0
23	英 国	10.0	84	安哥拉	−4.0
24	挪 威	10.0	85	特立尼达和多巴哥	−6.0

排 名	国 家	2010 年/1990 年 变化率（%）	排 名	国 家	2010 年/1990 年 变化率（%）
25	法 国	10.0	86	赞比亚	−6.0
26	马其顿	9.0	87	肯尼亚	−6.0
27	瑞 士	8.0	88	墨西哥	−8.0
28	乌兹别克斯坦	8.0	89	苏 丹	−8.0
29	塞浦路斯	7.0	90	马来西亚	−9.0
30	新西兰	7.0	91	玻利维亚	−9.0
31	印 度	7.0	92	塞内加尔	−9.0
32	智 利	6.0	93	巴 西	−10.0
33	爱沙尼亚	6.0	94	莫桑比克	−10.0
34	荷 兰	6.0	95	阿尔及利亚	−10.0
35	拉脱维亚	6.0	96	委内瑞拉	−11.0
36	斯洛文尼亚	5.0	97	海 地	−13.0
37	波 兰	5.0	98	蒙 古	−13.0
38	乌克兰	5.0	99	巴拿马	−14.0
39	黎巴嫩	5.0	100	阿根廷	−16.0
40	葡萄牙	4.0	101	巴拉圭	−17.0
41	克罗地亚	4.0	102	博茨瓦纳	−17.0
42	瑞 典	3.0	103	喀麦隆	−18.0
43	罗马尼亚	3.0	104	埃塞俄比亚	−19.0
44	德 国	3.0	105	缅 甸	−19.0
45	奥地利	3.0	106	坦桑尼亚	−19.0
46	美 国	3.0	107	印度尼西亚	−20.0
47	科特迪瓦	2.0	108	贝 宁	−21.0
48	摩洛哥	2.0	109	斯里兰卡	−21.0
49	哥斯达黎加	2.0	110	柬埔寨	−22.0
50	芬 兰	1.0	111	危地马拉	−23.0
51	卢森堡	1.0	112	萨尔瓦多	−24.0
52	捷 克	1.0	113	亚美尼亚	−24.0
53	斯洛伐克	1.0	114	尼泊尔	−25.0
54	塔吉克斯坦	0.0	115	厄瓜多尔	−29.0
55	比利时	0.0	116	津巴布韦	−30.0
56	日 本	0.0	117	尼加拉瓜	−31.0
57	俄罗斯联邦	0.0	118	巴基斯坦	−33.0
58	阿塞拜疆	0.0	119	加 纳	−34.0
59	加拿大	0.0	120	洪都拉斯	−36.0
60	多米尼加共和国	0.0	121	尼日利亚	−48.0
61	约 旦	0.0	122	多 哥	−58.0

数据来源：联合国粮农组织，载 http://www.fao.org/forestry/fra/en/。

图 10-1 为 1990—2010 年各国"森林面积净变化率"前 20 位和后 20 位的国家。1990—2010 年 122 个国家中,"森林面积占土地面积的百分比"变化率排名前 20 位的国家分别为:冰岛、科威特、乌拉圭、埃及、爱尔兰、突尼斯、越南、叙利亚、中国、西班牙、阿联酋、丹麦、意大利、希腊、保加利亚、土耳其、以色列、菲律宾、吉尔吉斯斯坦、匈牙利,其增幅均超过(等于) 13%。排名后 20 位的国家分别为:喀麦隆、埃塞俄比亚、缅甸、坦桑尼亚、印度尼西亚、贝宁、斯里兰卡、柬埔寨、危地马拉、萨尔瓦多、亚美尼亚、尼泊尔、厄瓜多尔、津巴布韦、尼加拉瓜、巴基斯坦、加纳、洪都拉斯、尼日利亚、多哥,其变化率降幅几乎都超过(等于)13%。

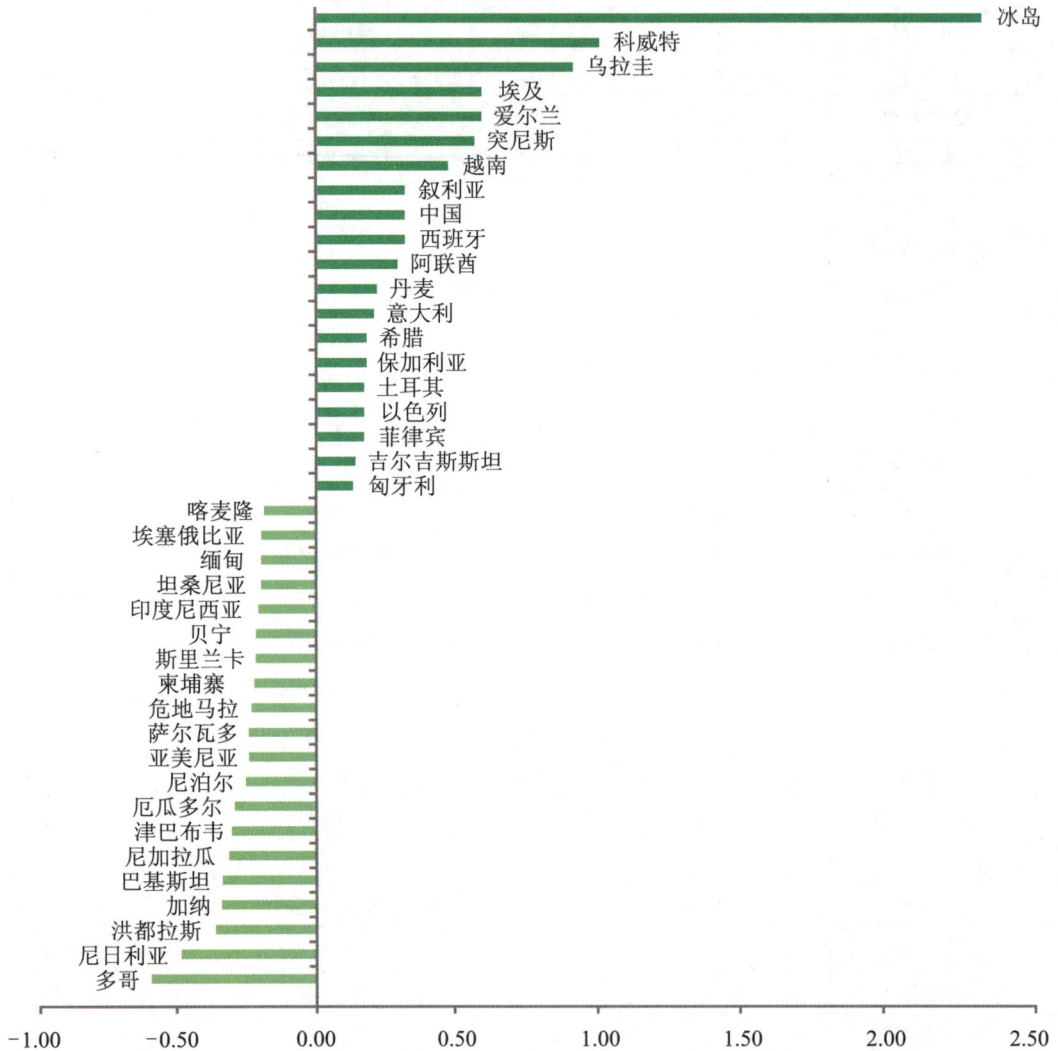

图 10-1　1990—2010 年"森林面积占土地面积的百分比"指标变化率最大的国家

数据来源:联合国统计司,载 http://unstats.un.org/unsd/mdg/Host.aspx?Content=indicators/officiallist.htm。

>>参考文献<<

1. FAO. Global Forest Resources Assessments(FRA). Available at:http://www.fao.org/forestry/fra/en/),2010.

2. FAO. The Area of Forest Under Sustainable Management. Analysis of Reports to the Global Forest Resources Assessment 2010. FAO Forest Resources Assessment Working Paper. Rome，Italy，2010.

3. UNEP. Global Environment Outlook 4：Environment for Development. Available at：http：//www. unep. org/geo/geo4/media/，2007.

4. UN. Official list of MDG Indicators. New York，USA：United Nations Statistics Division. Available at：http：//unstats. un. org/unsd/mdg/Host. aspx? Content ＝ Indicators/Officiallist. htm，2008.

5. The World Bank. World Development Indicators Database. Data for 2010. Available at：http：//databank. worldbank. org/ddp/home. do? Step＝12&id＝4&CNO＝2，2010.

6. 曹建华. 森林资源环境价值核算评价研究综述. 江西林业科技，2002(5).

7. 关祥吉. 森林的作用与地位. 民营科技，2011(8).

8. 侯元兆. 用森林铺就绿色发展的万世基业. 中国绿色时报，2012(6).

9. 李凤丽. 论森林对保护生态环境的作用. 民营科技，2012(7).

10. 李会芳，苏喜友. 森林资源评价浅议. 林业调查规划，2005(2).

11. 联合国经济社会事务部. 千年发展目标监测指标，2004.

12. 米锋，李吉跃，杨家伟. 森林生态效益评价的研究进展. 北京林业大学学报，2003(6).

13. 邢美华，黄光体，张俊飚. 森林资源价值评估理论方法和实证研究综述. 西北农林科技大学学报(社会科学版)，2007(5).

14. 杨立冰. 森林的价值及保护战略——生态环境与可持续发展研究. 亚太经济，2003(4).

15. 张立. 森林在实现可持续发展中的作用. 科学与财富，2012(12).

16. 张颖. 森林社会效益价值评价研究综述. 世界林业研究，2004(3).

17. 《中国森林生态服务功能评估》项目组. 中国森林生态服务功能评估. 北京：中国林业出版社，2010.

11.

水类指标：获得改善饮用水源的人口占一国总人口的比例

水是生命之源，生产之要，生态之基。由于自然和人为因素的影响，水问题变得更加复杂，尤其是环境污染的加剧和饮用水资源的日益破坏、饮水资源的短缺和污染已成为世界性的重要问题。

>> 11.1 为什么选取"获得改善饮用水源的人口占一国总人口的比例"指标 <<

水对人类和自然界具有同等重要的意义，本报告中我们先从水与人类生存关系开始分析。饮用水安全问题是人类生活质量的基本保障，是人类绿色发展的重要组成部分，享有基本饮用水安全服务是实现消除贫困、提高人们生活质量的先决条件。因此，本报告选用"获得改善饮用水源的人口占一国总人口的比例"作为人类绿色发展指标的重要指标之一。

11.1.1 涉水指标的意义

目前，全球水环境问题令世人担忧。不安全的水源是发展中国家许多疾病产生的直接原因，提供可持续获得的改善饮用水源对减少疾病、保障生活质量至关重要。2012 年 3 月 6 日，联合国儿童基金会和世界卫生组织联合发布的一份报告显示，全世界已实现将无法持续获得安全饮用水的人口比例减半的千年发展目标，这远早于 2015 年千年发展目标的最后期限。这是千年发展目标中率先实现的一项。但同时，联合国儿童基金会和世界卫生组织提醒到，由于无法在全球衡量水质，目前的改善饮用水源估计得并不完全准确，还有大量的工作要做。测度世界总体绿色发展水平，选取水类指标是非常重要的，对测度一国的绿色发展状况十分必要。

11.1.2 "获得改善饮用水源的人口占一国总人口的比例"指标的意义

国际通用的水类指标众多，其中，改善饮用水源是指通过积极的干预，主动保护水源不受外界的污染。联合国儿童基金会和世界卫生组织联合监测方案(JMP)中定义改善的饮用水源类别包括：进入住所的自来水、进入庭院或小区的自来水、公共水龙头或储水管、管井或钻孔、受保护的掘井、受保护的泉水、雨水等。"获得改善饮用水源的人口占一国总人口的比例"指标的选取具有重要意义。

一方面，水污染已成为世界各地实现绿色发展中最尖锐的问题之一。减少水污染，尤其是减少饮用水污染是水资源管理的重要组成部分。实现人类的绿色发展，如何保护人类地球上有限的水资源迫在眉睫。随着全球水资源供不应求，水资源短缺无论在发达国家还是发展中国家都已成为日益凸显的关键问题，全球超过40%的人口正面临水资源短缺，水问题已经成为影响人类绿色发展的重要问题之一。根据世界卫生组织的报告，1990—2010年间，20亿人获得了良好的饮用水源。但截至2010年，全球仍有11%的人口，即7.83亿人仍难以获得良好的饮用水源。

另一方面，"获得改善饮用水源的人口占一国总人口的比例"是千年发展目标监测的重要指标。指标依据改良水源能够提供安全水的假设，监测可获得改良水源的情况。"可饮用水获得人口占总人口的比例"是千年发展目标中的指标，即千年发展目标测量获得安全饮用水和基本卫生设施的以下指标：使用改善的饮用水源的人口比例和使用改良卫生设施的人口比例。千年发展目标号召世界各国到2015年将无法持续获得安全饮用水和基本卫生设施的人口比例减半。这一目标目前已经提前实现。此外，"获得改善饮用水源的人口占一国总人口的比例"也是联合国目前正在研究并将推出的后2015年可持续发展目标重点关注的指标之一。

11.1.3 "获得改善饮用水源的人口占一国总人口的比例"指标的国际影响力

目前，使用和公布"获得改善饮用水源的人口占一国总人口的比例"指标的国际机构和组织众多。这些组织将该指标广泛应用于测度和评估国家、区域和全球层面的发展状况，如表11-1所示。

表 11-1　国际上使用和公布该指标的组织、机构

序号	组织、机构	序号	组织、机构
1	世界卫生组织	2	世界银行
3	联合国儿童基金会	4	联合国环境规划署
5	联合国人居署	6	联合国粮农组织
7	法国开发署	8	亚洲开发银行
9	非洲部长级水利议会	10	亚太水论坛
11	德国国际合作机构	12	千年发展目标
13	欧盟	14	联合国水机制计划
15	瑞士发展合作中心	16	英国国际发展部

续表

序号	组织、机构	序号	组织、机构
17	全球应用研究网络	18	美国国际开发署
19	国际水与卫生中心	20	法国开发署
21	复兴信贷银行集团	22	供水与卫生合作理事会
23	瑞士发展与合作署	24	水援助组织

资料来源：世界银行水与环境卫生计划署，载 http://www.wsp.org/about/Water-and-Sanitation-Organizations。

同时，众多著名世界指数以此为测算基础。世界上多个综合性的著名指数中使用了"获得改善饮用水源的人口占一国总人口的比例"，如表 11-2 所示。

表 11-2　　　　　　　　　以该指标为基础的世界著名指数

序号	指　数	机　构
1	世界发展指标	世界银行
2	环境绩效指数	耶鲁大学
3	《全球环境展望》	联合国环境规划署
4	《环境指标报告 2012》	欧洲环境署
5	美好生活指数	经济合作与发展组织

>> 11.2　如何选取"获得改善饮用水源的人口占一国总人口的比例"指标 <<

"获得改善饮用水源的人口占一国总人口的比例"指标的选取过程至关重要。为了确保指标的科学客观，我们首先对涉及的水指标进行全面的搜集，然后根据数据可得性，结合绿色发展的要求对比筛选出相应的指标。

11.2.1　全面搜集阶段

在水类指标全面搜集阶段，我们对主要国际机构和组织公布的水类指标进行全面搜集整理，力求能够从多个角度全方位地搜集各种水指标，如表 11-3 所示。

表 11-3　　　　　　　　　水类指标选择用表

序号	指标名称	指标解释	最新数据年份	机构/数据库	网　址
1	获得改善的饮用水的人口占总人口的比例（%）	获得改善的饮用水是指通过积极的干预，保护水源不受外界的污染，尤其是不受到排泄物污染的水源	2011	世界卫生组织/联合国儿童基金会联合监测方案	http://data.worldbank.org.cn/indicator/SH.H2O.SAFE.ZS

序号	指标名称	指标解释	最新数据年份	机构/数据库	网　址
2	获得改善水源的人口所占百分比(%)	获得改善的水源是指从改善的水源合理获得足够用水的人口比例。改善的水源包括诸如接入家庭的输水管线、公共水管、蓄水池、受到保护的井、泉以及雨水收集。未经改善的水源包括售水机、水罐车、未加保护的井和泉。合理地获得水源意味着每人每天从距离居所1公里范围内的水源可获取至少20升水	2010	世界卫生组织/联合国儿童基金会联合监测方案	http://data.worldbank.org.cn/indicator/SH.H2O.SAFE.ZS
3	水的生产率(%)	水的生产率计算系用不变价GDP除以水的年度总提取量所得	2011	联合国粮农组织	http://data.worldbank.org.cn/indicator/ER.GDP.FWTL.M3.KD
4	可再生水资源(10亿立方米)	内部的可再生水资源是指长期年平均河流径流量和由内源性降水产生的水源补给。为避免重复计算地表水和地下水资源,扣除地表水和地下水资源重叠部分的总和	2011	联合国粮农组织	http://111.13.109.88:83/1Q2W3E4R5T6-Y7U8I9O0P1Z2X3C4V5B/www.fao.org/docrep/018/i3289e/i3289e.pdf
5	人均可再生内陆淡水资源(10亿立方米)	可再生内陆淡水资源是指某国国内的可再生资源(内陆河流及降雨产生的地表水)。人均可再生内陆淡水资源使用世界银行的人口估算值进行计算	2011	联合国粮农组织	http://data.worldbank.org.cn/indicator/ER.H2O.INTR.PC
6	可再生内陆淡水资源总量(10亿立方米)	可再生内陆淡水资源是指某国国内的可再生资源(内陆河流及降雨产生的地表水)	2011	联合国粮农组织	http://data.worldbank.org.cn/indicator/ER.H2O.INTR.K3
7	年度淡水抽取总量(10亿立方米)	年度淡水抽取量是指水源总抽取量,未计入水库的蒸发损失	2011	联合国粮农组织	http://data.worldbank.org.cn/indicator/ER.H2O.FWTL.K3
8	平均降水深度(年毫米)	平均降水量是指国家范围内年降水量的长期平均深度(时空分布),降水量是指从云层中降落的任何液态水或固态水	2011	联合国粮农组织	http://data.worldbank.org.cn/indicator/AG.LND.PRCP.MM
9	年度淡水抽取量,农业(占淡水抽取总量的百分比)(%)	年度淡水抽取量是指水源总抽取量,未计入水库的蒸发损失。在咸水淡化厂作为重要水源的国家,抽取量也包括来自咸水淡化厂的水。在从不可再生的蓄水层或咸水淡化厂的抽取量相当可观,或者废水回收利用率相当高的地方,则抽取量可能超过可再生资源总量的百分之百。农业抽取量是用于灌溉和畜牧生产的总抽取量	2011	联合国粮农组织	http://data.worldbank.org.cn/indicator/ER.H2O.FWAG.ZS

序号	指标名称	指标解释	最新数据年份	机构/数据库	网　址
10	农业灌溉用地（占农业用地总量的百分比）（%）	农业灌溉用地指有专门供水的农业区，包括采用控制漫灌法灌溉的土地	2011	联合国粮农组织	http://data. worldbank. org. cn/indicator/AG. LND. IRIG. AG. ZS
11	年度淡水抽取量，工业用水（占淡水总抽取量的百分比）（%）	年度淡水抽取量指水源总抽取量，未计入水库的蒸发损失。在咸水淡化厂作为重要水源的国家，抽取量也包括来自咸水淡化厂的水。在从不可再生的蓄水层或咸水淡化厂的抽取量相当可观，或者废水回收利用率相当高的地方，则抽取量可能超过可再生资源总量的百分之百。工业用水抽取量为工业直接使用的总抽取量，包括用于热电厂冷却用水抽取量	2011	联合国粮农组织	http://data. worldbank. org. cn/indicator/ER. H2O. FWIN. ZS
12	年度淡水抽取量，总量（占内部资源的百分比）（%）	工农业抽取量是用于灌溉和畜牧生产以及直接工业使用的总抽取量，包括热电厂冷却用水的抽取量。民用抽取量包括饮用水、市政用水或供水，以及公共服务、商业机构和居民用水	2011	联合国粮农组织	http://data. worldbank. org. cn/indicator/ER. H2O. FWTL. ZS
13	年度淡水抽取量，生活用水（占淡水总抽取量的百分比）（%）	民用抽取量包括饮用水、市政用水或供水，以及公共服务、商业机构和居民用水	2011	联合国粮农组织	http://data. worldbank. org. cn/indicator/ER. H2O. FWDM. ZS
14	木材工业污水排放（占有机污水排放总量比例）（%）	木材工业污水排放比重是指《国际标准行业分类》(ISIC)第 2 修订版所定义的双位数类别中第 33 类——木材制造相关活动的污水排放量。水体有机污染物排放量是用生化需氧量来衡量的，后者指的是水中细菌在分解废物时所消耗的氧气量。这是一种检测有机污染物存在的标准的水处理检测方法	2007	世界银行发展研究小组	http://data. worldbank. org. cn/indicator/EE. BOD. WOOD. ZS
15	水体有机污染物（BOD）排放量（每日公斤）	水体有机污染物排放量是用生化需氧量来衡量的，后者指的是水中细菌在分解废物时所消耗的氧气量。这是一种检测有机污染物存在的标准的水处理检测方法	2007	世界银行发展研究小组	http://data. worldbank. org. cn/indicator/EE. BOD. WRKR. KG

序号	指标名称	指标解释	最新数据年份	机构/数据库	网　址
16	食品工业污水排放(占有机污水排放总量比例)(%)	食品工业污水排放比重是指《国际标准行业分类》(ISIC)第2修订版所定义的双位数类别中第31类——食品及饮料制造相关活动的污水排放量。水体有机污染物排放量是用生化需氧量来衡量的,后者指的是水中细菌在分解废物时所消耗的氧气量。这是一种检测有机污染物的存在的标准的水处理检测方法	2007	世界银行发展研究小组	http://data.worldbank.org.cn/indicator/EE.BOD.FOOD.ZS
17	金属工业污水排放(占有机污水排放总量比例)(%)	金属工业污水排放比重是指《国际标准行业分类》(ISIC)第2修订版所定义的双位数类别中第37类——基本金属制造相关活动的污水排放量	2007	世界银行发展研究小组	http://data.worldbank.org.cn/indicator/EE.BOD.MTAL.ZS
18	其他工业污水排放(占有机污水排放总量比例)(%)	其他工业污水排放比重是指《国际标准行业分类》(ISIC)第2修订版所定义的双位数类别中第38和39类——其他制造业相关活动的污水排放量	2007	世界银行发展研究小组	http://data.worldbank.org.cn/indicator/EE.BOD.OTHR.ZS
19	农村改善的水源(获得改善水源的农村人口所占百分比)(%)	获得改善的水源是指从改善的水源合理获得足够用水的人口比例,改善的水源包括诸如接入家庭的输水管线、公共水管、蓄水池、受到保护的井、泉以及雨水收集。未经改善的水源包括售水机、水罐车、未加保护的井和泉。合理地获得水源意味着每人每天从距离居所1公里范围内的水源可获取至少20升水	2010	世界卫生组织和联合国儿童基金会联合监测项目	http://data.worldbank.org.cn/indicator/SH.H2O.SAFE.RU.ZS
20	城市改善的水源(获得改善水源的城市人口所占百分比)(%)	获得改善的水源是指从改善的水源合理获得足够用水的人口比例,改善的水源包括诸如接入家庭的输水管线、公共水管、蓄水池、受到保护的井、泉以及雨水收集。未经改善的水源包括售水机、水罐车、未加保护的井和泉。合理地获得水源意味着每人每天从距离居所1公里范围内的水源可获取至少20升水	2010	世界卫生组织和联合国儿童基金会联合监测项目	http://data.worldbank.org.cn/indicator/SH.H2O.SAFE.UR.ZS
21	陆地及海洋保护区面积(占总领土面积比例)(%)	国家保护区是指面积至少在1 000公顷以上、被指定作为限制公众进入的科学保护区、国家公园、自然纪念地、自然保护区或野生动物禁猎区、景观保护区以及主要目的为可持续利用的管理区。海洋保护区是通过法律或其他有效手段保留的潮间带或潮下带地区以及上覆水及其相关动植物与历史文化特征,以保护封闭环境的部分或全部。数据也不包括省或地方法律管辖的保护地	2010	联合国环境规划署和世界保护监测中心	http://data.worldbank.org.cn/indicator/ER.PTD.TOTL.ZS

续表

序号	指标名称	指标解释	最新数据年份	机构/数据库	网　址
22	水力发电量（千瓦时）	电力来源是指用于发电的投入。水力发电指由水力发电站生产的电力	2011	国际能源机构	http://data. worldbank. org.cn/indicator/EG. ELC. HYRO. KH
23	水力发电量（占总发电电量的比例）（%）	电力来源是指用于发电的投入。水力发电指由水力发电站生产的电力	2011	国际能源机构	http://data. worldbank. org.cn/indicator/EG. ELC. HYRO. ZS

参考各大型国际机构和组织的数据库，我们共筛选出 40 多个可能使用的水指标，主要涉及地表水、淡水资源、饮用水、工业用水、农业用水、水污染、水力发电等多项指标。从这些指标中进一步筛选，留下 23 个主要的参考指标。

11.2.2　指标对比筛选阶段

在指标对比筛选阶段，我们结合绿色发展的要求，根据数据可得性、数据测算方法，拟选择"获得改善饮用水源的人口占一国总人口的比例"和"获得改善水源的人口所占百分比"指标。从数据可得性上看，这两项指标均基于各国代表性的家庭调查和人口普查所收集的数据，该指标数据可持续获取，并且由联合国儿童基金会和世界卫生组织持续发布。其中，联合国千年发展目标监测指标中对城市和农村可以持续获得改良水源的人口比例的定义是：使用管道水、公用水龙头、钻井或水泵、受保护的水井、受保护的泉水或雨水的人口百分比，改良水源不包括生产厂商提供的水、瓶装水、运水车或未受保护的井口和泉源。

在"获得改善饮用水源的人口占一国总人口的比例"和"获得改善水源的人口所占百分比"两个指标中，我们选取前者来分析人类绿色发展指数中的水类指标，理由如下。

从指标含义上看，两者都是衡量人类用水质量的重要指标，两者都反映了国家或地区通过积极的干预，保护水源不受外界的污染，尤其是不受到排泄物污染的水源。但相对而言，"获得改善饮用水源的人口占一国总人口的比例"更能反映一国或地区水源改善的状况。而该指标的标准也更加严格，这样对一国水资源的要求更高，更加贴近绿色发展的要求。

从测算方法上看，"获得改善饮用水源的人口占一国总人口的比例"被计算为使用管道水、公用水龙头、钻井或水泵、受保护的水井、受保护的泉水或雨水的人数与总人口之比，用百分比表示。联合国儿童基金会和世界卫生组织通过联合监测方案，评估"使用改良饮用水源"的趋势，具体办法是利用现有的住户调查和普查数据划定一条回归线。利用人口加权平均数，根据国家估计数计算区域和全球数值。因此，该指标数据持续可得。

但同时，"获得改善饮用水源的人口占一国总人口的比例"指标的使用也存在一些局限性。例如该指标反映了一国饮用水改善状况，但对一国的水质并没有做出系统说明；另外，该指标来源于调查数据，因此可能存在住户调查数据收集和分析的时间安排不正规，调查的间隔过长等问题。

>> 11.3 "获得改善饮用水源的人口占一国总人口的比例"指标的统计特征 <<

为了更好地比较各国在饮用水安全方面的情况，将从时间和空间两个角度来进行分析。从空间分析2010年各国"获得改善饮用水源的人口占一国总人口的比例"指标的得分情况；从时间分析1990—2010年各国指标的变化状况。

总体上看，2010年人类绿色发展指数测评的123个国家"获得改善饮用水源的人口占一国总人口的比例"指标的平均值为89.40%，较1990年增长7个百分点。2010年，超过平均值的国家有83个，占所有测评国家的67.47%。国家间"获得改善饮用水源的人口占一国总人口的比例"差异显著。在123个国家中，"获得改善饮用水源的人口占一国总人口的比例"指标最高的是英国、瑞士、瑞典、澳大利亚等发达国家，指标值为100%；最低的是刚果民主共和国，指标值为46.02%。

11.3.1 2010年"获得改善饮用水源的人口占一国总人口的比例"指标的统计特征

进行空间比较分析时，根据2010年各国"改善饮用水源的人口占一国总人口的比例"指标对比来看，排名最高的国家和排名后20位的国家间的差异很大，如表11-4所示。

表11-4 2010年"获得改善饮用水源的人口占一国总人口的比例"指标排名最高和最低的国家

排 名	国 家	指标值(%)	排 名	国 家	指标值(%)
1	澳大利亚	100.00	104	贝 宁	75.13
1	奥地利	100.00	105	喀麦隆	74.15
1	巴 林	100.00	106	塞内加尔	72.70
1	比利时	100.00	107	刚果共和国	72.23
1	塞浦路斯	100.00	108	土库曼斯坦	70.85
1	丹 麦	100.00	109	塔吉克斯坦	65.42
1	芬 兰	100.00	110	柬埔寨	64.99
1	法 国	100.00	111	海 地	63.90
1	德 国	100.00	112	赞比亚	63.23
1	匈牙利	100.00	113	尼日利亚	60.59
1	冰 岛	100.00	114	肯尼亚	60.13
1	以色列	100.00	115	多 哥	58.42
1	意大利	100.00	116	苏 丹	54.87

续表

排　名	国　家	指标值(%)	排　名	国　家	指标值(%)
1	日　本	100.00	117	也　门	54.60
1	黎巴嫩	100.00	118	阿拉伯利比亚民众国	54.40
1	卢森堡	100.00	119	坦桑尼亚	53.44
1	摩洛哥	100.00	120	安哥拉	52.60
1	荷　兰	100.00	121	埃塞俄比亚	47.21
1	新西兰	100.00	122	莫桑比克	46.62
1	挪　威	100.00	123	刚果民主共和国	46.02
1	卡塔尔	100.00			
1	新加坡	100.00			
1	斯洛伐克	100.00			
1	瑞　典	100.00			
1	瑞　士	100.00			
1	英　国	100.00			

注：部分国家 2010 年数据缺失，用最近有数据年份的数据补值，具体如下：利比亚用 2001 年数据补值，立陶宛用 2009 年数据补值，罗马尼亚用 2008 年数据补值，委内瑞拉用 2007 年数据补值。波兰 1990 年至今无数据，暂用东欧国家均值补值：包括白俄罗斯、爱沙尼亚、拉脱维亚、立陶宛、哈萨克斯坦、乌克兰、保加利亚、捷克、匈牙利、波兰、摩尔多瓦、罗马尼亚、俄罗斯联邦、斯洛伐克。

数据来源：世界卫生组织/联合国儿童基金会联合监测方案（JMP），载 http://www.wssinfo.org/data-estimates/table/。

由表 11-4 可知，"获得改善饮用水源的人口占一国总人口的比例"排名前列的国家主要是经济发达国家，且这些国家主要位于欧洲，而排名靠后的国家主要是非洲的一些不发达国家，由此可见，"获得改善饮用水源的人口占一国总人口的比例"与地域和经济发展实力关系较为紧密。

11.3.2　1990—2010 年"获得改善饮用水源的人口占一国总人口的比例"

指标的动态变化情况

从时间上看，1990—2010 年，世界各国"获得改善饮用水源的人口占一国总人口的比例"指标变化率差异非常大。

表 11-5　　1990—2010 年"获得改善饮用水源的人口占一国总人口的比例"指标的动态变化情况

排　名	国　家	2010 年/1990 年变化率(%)	排　名	国　家	2010 年/1990 年变化率(%)
1	埃塞俄比亚	246.95	63	海　地	4.05
2	柬埔寨	107.00	64	希　腊	3.69
3	巴拉圭	65.86	65	葡萄牙	3.53
4	加　纳	61.85	66	哥斯达黎加	3.43
5	越　南	61.82	67	乌拉圭	3.36

续表

排名	国家	2010年/1990年变化率(%)	排名	国家	2010年/1990年变化率(%)
6	蒙古	57.13	68	委内瑞拉	3.32
7	喀麦隆	51.29	69	刚果共和国	3.25
8	缅甸	48.60	70	波斯尼亚和黑塞哥维那	1.59
9	肯尼亚	40.68	71	乌克兰	1.40
10	中国	37.11	72	津巴布韦	1.08
11	莫桑比克	35.81	73	美国	0.40
12	斯里兰卡	35.24	74	马其顿	0.34
13	贝宁	31.58	75	斯洛伐克	0.18
14	赞比亚	30.49	76	克罗地亚	0.10
15	尼泊尔	29.51	77	利比亚	0.06
16	印度	28.95	78	白俄罗斯	0.04
17	尼日利亚	28.48	79	加拿大	0.04
18	玻利维亚	27.25	80	爱尔兰	0.02
19	安哥拉	24.13	81	科威特	0.00
20	塞内加尔	21.98	82	澳大利亚	0.00
21	洪都拉斯	21.27	83	奥地利	0.00
22	萨尔瓦多	20.76	84	比利时	0.00
23	多哥	20.52	85	塞浦路斯	0.00
24	印度尼西亚	19.96	86	丹麦	0.00
25	厄瓜多尔	19.27	87	芬兰	0.00
26	突尼斯	17.65	88	法国	0.00
27	土耳其	16.85	89	德国	0.00
28	罗马尼亚	16.53	90	冰岛	0.00
29	尼加拉瓜	14.90	91	以色列	0.00
30	阿塞拜疆	14.71	92	意大利	0.00
31	吉尔吉斯斯坦	14.55	93	日本	0.00
32	危地马拉	14.54	94	黎巴嫩	0.00
33	格鲁吉亚	14.51	95	卢森堡	0.00
34	墨西哥	14.13	96	荷兰	0.00
35	秘鲁	13.35	97	新西兰	0.00
36	马来西亚	12.95	98	挪威	0.00
37	巴拿马	12.48	99	波兰	0.00
38	摩洛哥	12.37	100	卡塔尔	0.00

续表

排　名	国　家	2010年/1990年变化率（%）	排　名	国　家	2010年/1990年变化率（%）
39	泰　国	10.87	101	新加坡	0.00
40	南　非	10.66	102	瑞　典	0.00
41	巴　西	9.53	103	瑞　士	0.00
42	韩　国	9.08	104	英　国	0.00
43	菲律宾	8.95	105	西班牙	0.00
44	智　利	8.91	106	斯洛文尼亚	0.00
45	孟加拉国	8.80	107	捷　克	0.00
46	亚美尼亚	8.73	108	阿联酋	−0.02
47	塔吉克斯坦	7.43	109	爱沙尼亚	−0.04
48	巴基斯坦	6.89	110	立陶宛	−0.05
49	埃　及	6.85	111	拉脱维亚	−0.06
50	刚果民主共和国	6.63	112	牙买加	−0.32
51	特立尼达和多巴哥	6.02	113	保加利亚	−0.43
52	阿根廷	5.94	114	约　旦	−0.52
53	加　蓬	5.91	115	哈萨克斯坦	−1.38
54	沙特阿拉伯	5.48	116	阿尔巴尼亚	−2.05
55	巴　林	5.42	117	坦桑尼亚	−2.82
56	博茨瓦纳	5.30	118	乌兹别克斯坦	−3.00
57	伊　朗	5.06	119	多米尼加共和国	−7.65
58	哥伦比亚	5.02	120	阿尔及利亚	−10.74
59	科特迪瓦	4.89	121	也　门	−17.65
60	叙利亚	4.73	122	土库曼斯坦	−18.00
61	匈牙利	4.54	123	苏　丹	−18.59
62	俄罗斯联邦	4.15			

注：部分国家1990年数据缺失，用最近有数据年份的数据补值，具体如下：韩国和吉尔吉斯斯坦用1991年数据补值，亚美尼亚用1992年数据补值，塔吉克斯坦用1993年数据补值，加蓬、土库曼斯坦和乌克兰用1994年数据补值，刚果共和国和立陶宛用1997年数据补值。波兰1990年至今无数据，暂用东欧国家均值补值，具体包括的东欧国家见表11-4注。

数据来源：世界卫生组织/联合国儿童基金会联合监测方案（JMP），载 http://www.wssinfo.org/data-estimates/table/。

　　图11-1是1990—2010年"获得改善饮用水源的人口占一国总人口的比例"指标正向和负向变化最大的国家。

　　1990—2010年"获得改善饮用水源的人口占一国总人口的比例"正向变化最大的国家是埃塞俄比亚、柬埔寨、巴拉圭、加纳、越南等国；负向变化最大的国家是多米尼加共和国、阿尔及

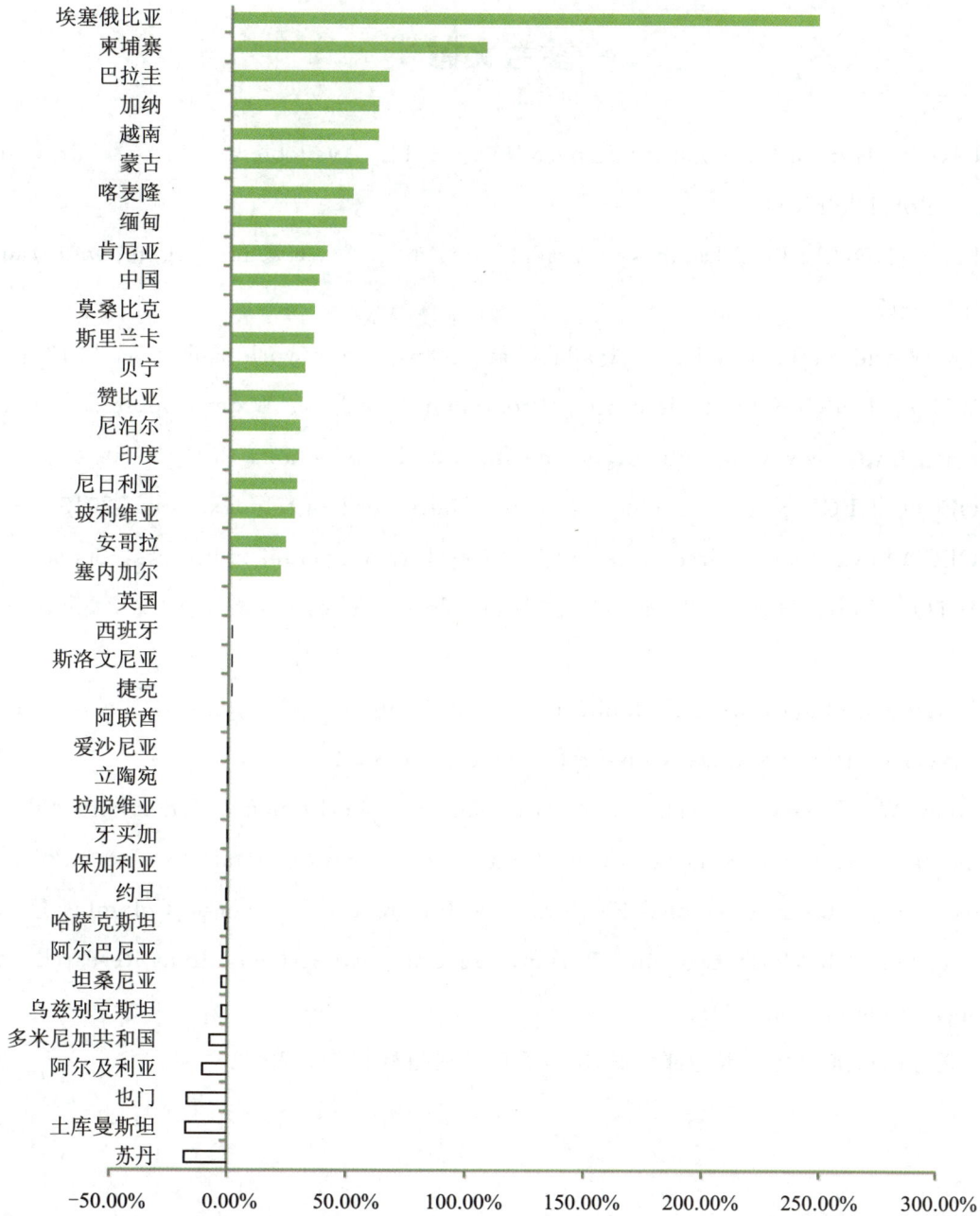

图 11-1　1990—2010 年"获得改善饮用水源的人口占一国总人口的比例"指标变化率最大的国家

数据来源：世界卫生组织/联合国儿童基金会联合监测方案(JMP)，载 http://www.wssinfo.org/data-estimates/table/。

利亚、也门、土库曼斯坦、苏丹等国。

　　从 1990—2010 年各国的"获得改善饮用水源的人口占一国总人口的比例"变动情况来看，主要发达国家 20 年间的数据基本没有变化，这些国家是捷克、澳大利亚、塞浦路斯、法国、以色列、斯洛文尼亚、奥地利、丹麦、德国、意大利西班牙、比利时、芬兰、冰岛、日本、黎巴嫩、新西兰、卡塔尔、瑞士、瑞典、卢森堡、挪威、新加坡、英国、科威特、荷兰、波兰。这些国家主要是经济发达国家，经济实力雄厚，大多在 20 世纪 90 年代左右就基本实现了居民安全水源的全覆盖。

>>参考文献<<

1. UNDP. Human Development Report 1990—2011. Available at：http://hdr. undp. org/en/reports/global/hdr2011/.

2. FAO. AQUASTAT Database. Available at：http://www. fao. org/nr/water/aquastat/data，2013-04-15.

3. The World Bank. Database. Available at：http://data. worldbank. org，2013-07-15.

4. WHO / UNICEF Joint Monitoring Programme(JMP) for Water Supply and Sanitation. Available at：http://www. wssinfo. org/data-estimates/introduction，2013-07-20.

5. OECD. OECD Stat. Available at：http://stats. oecd. org/Index. aspx，2013-07-20.

6. OECD Environment Directorate. OECD Key Environmental Indicators，2008.

7. WTO. Global Health Observatory. Available at：http://www. who. int/gho/en，2013-07-20.

8. UNDESA. Indicators for Monitoring the Millennium Development Goals：Definitions，Rationale，Concepts and Sources(Chinese Language). UN，2005.

9. John W. Emerson et al. 2012 Environmental Performance Index and Pilot Trend Environmental Performance Index. Yale Center for Environmental Law & Policy，Yale University；Center for International Earth Science Information Network，Columbia University. In Collaboration with World Economic Forum，Geneva，Switzerland，Joint Research Centre of the European Commission，2012.

10. 联合国经济和社会事务部. 2013 年千年发展目标报告，2013.

12.

生态类指标：受威胁动物占总物种的百分比

生物多样性是生物及其与环境形成的生态复合体以及与此相关的各种生态过程的总和，其丰富程度可以反映环境生态质量的状况。生物多样性是人类生存的基础，具有巨大的经济价值和无法替代的生态意义。生物多样性及其变化与人类生存状态直接相关，是人类绿色发展的重要组成部分，而生物多样性的保护状况是人类与自然和谐发展的集中体现。在生物多样性的三个基本组成中，物种多样性是一个便于量化的客观指标。生物物种的濒危程度可以直接反映生物多样性的保护状况。因此，我们选用了"受威胁动物占总物种的百分比"作为衡量人类绿色发展的主要指标之一，并以"受威胁植物占总物种的百分比"作为辅助指标，以便简单明了地将各国生物多样性方面的状况客观地反映出来。

>> 12.1　为什么选取"受威胁动物占总物种的百分比"指标 <<

生物多样性是人类生存的基础，其中物种多样性作为生物多样性的三个基本组成之一，是一个便于量化的客观指标。我们选用了"受威胁动物占总物种的百分比"作为测度人类绿色发展的指标之一。

12.1.1　生物多样性类指标的含义

(1)生态系统与物种多样性

人类生存的生态系统是植物、动物和微生物组成的自然综合体。生物多样性可称为"地球上生命的多样性"，复杂多样的生物组成和生态过程对于维持生态系统的运转必不可少。而生态系统是提供生态系统服务的基础，所提供的生态系统服务最终将影响人类福祉。人类生活环境的改变会直接或间接促使生物多样性发生变化，因此存在于人类之间、生物多样性之间以及生态系统之间的相互作用，对于人类社会发展的影响是巨大的。生物多样性主要包括三个层次：遗传多样性、物种多样性和生态系统多样性。其中，物种多样性是生态系统组成结构的重要指标，它不仅可以反映生态系统的组织化水平，而且可以通过结构与功能的关系间接反映生态系统功能的特征。

(2)"受威胁动物占总物种的百分比"与物种多样性

在生态系统中，物种之间会形成复杂的相互关系。物种多样性高的生态系统，其生物群落的食物链和食物网更加趋于复杂，当面对来自外界环境的变化或生态系统内部种群的波动时，由于有一个较强大的反馈系统，从而可以得到较大的缓冲，在更长的时期内维持生态系统的稳定。这样的生态系统更为健康稳定，对人类的生活和生产有着积极的作用。在越来越受到广泛关注的生态系统服务的研究中，物种多样性是其存在的基础，具有极高的生态系统服务经济估值。

为了反映生态系统的健康程度，人类绿色发展指数指标系统选取了各国"受威胁动物占总物种的百分比"作为生态水平测定的主要指标。当本指标引用世界自然保护联盟(IUCN)红色名录数据时，"受威胁"(Threatened)一词是根据 IUCN ver 3.1 版的分类标准界定的，包括以下 3 个级别的总称：极危(CR)、濒危(EN)和易危(VU)。实际物种包括哺乳动物、鸟类、爬行动物、两栖动物、鱼类和无脊椎动物。"受威胁动物占总物种的百分比"的计算方法为该国受威胁动物的物种数量与该国总物种数量的百分比。这个指标从动物界的健康程度这个生物多样性构成的一个方面，较为客观地反映了一个国家物种多样性的保护状况和该国生态系统的健康状态。

(3)受威胁植物占总物种的百分比

人类绿色发展指数指标系统选取了各国"受威胁植物占总物种的百分比"作为生态水平的测定的辅助指标。其计算方法为该国受威胁植物物种数量与该国总物种数量的百分比。这个指标从植物界的健康程度这个生物多样性构成的另一个方面，对上述动物界的测定指标进行了补充，二者结合能够更全面地反映一个国家物种多样性的生存状态和该国生态系统的健康状态。虽然受威胁动物与植物同等重要，但是就绿色发展理念来说，植物与绿色的关系更为紧密，该指标之所以作为辅助指标，其原因将在指标筛选部分中具体解释。

12.1.2 生物多样性指标的意义

(1)生物多样性在人类发展中的重要性

在过去几百年的发展过程中，人类活动对生态系统的干预和毁坏造成了物种的快速灭绝。其灭绝速度比地球历史上物种的自然灭绝速度增长了 1 000 倍之多。人类的活动正在更大程度上改变地球上生命的多样性，并且这些变化多数可引起生物多样性的丧失。特别是对生物多样性造成重要影响的农业、渔业和林业三个领域的活动往往是各个国家发展战略的主体，其提供的收入多数投资于工业化和经济发展。这些发展再一次对生态系统造成了严重的影响。

在近年对人类发展的反思和研究过程中，生物多样性直接(通过提供生活必需品、调节功能和生态系统服务功能)和间接(通过支持性的生态系统服务功能)提供于人类福祉获得了研究和肯定。在有别于传统社会经济发展的思考中，人类的绿色发展基于自身福利及生物本质价值的考虑，将以生物多样性指标为依据，对生态系统做出某些更为有利的决策。

生物多样性是生物及其与环境形成的生态复合体以及与此相关的各种生态过程的总和。生物多样性包括三个层次：遗传多样性、物种多样性和生态系统多样性。其中，物种多样性是最显著且相对容易衡量的指标。由于物种多样性是遗传多样性的外显表达，同时也是生态系统多样性的构成基础，所以在人类绿色发展指数指标体系中，生物多样性指标的设定是对各国生态系统状态鉴定的有效而客观的指标。

(2)本报告中物种多样性的层次及意义

物种多样性的含义主要包含两个层次：一定区域内物种的总和以及生态学方面的物种分布的均匀程度。第一个层次是从分类学、系统学和生物地理学角度对物种的状况进行研究，主要通过区域调查进行研究，亦可称为区域物种多样性；第二个层次中，由于生态学方面的物种分布的均匀程度常常是从群落组织水平上进行研究，通过样方或样点在群落水平上进行研究，因此亦可称为生态多样性或群落物种多样性。在人类绿色发展指数指标体系中，基础数据是来源于第一个层次的研究，但是经过百分比数据处理后，对各个国家第二个层次的变化也有了很清晰的体现。

12.1.3 "受威胁动物占总物种的百分比"指标的国际影响力————

(1)数据来源及权威性

全世界至少有1 300万～1 400万个物种，但科学描述过的仅有175万种。实际上，科学描述过的物种和被认为是有效的物种的准确数目对大多数类群来说仍然是不清楚的。目前我们甚至不能将地球上的物种估计到一个确定的数量级。所以，关于物种总数及受威胁物种数量的数据需要一个受到全球认可的数据来源。目前，使用和公布"受威胁动物占总物种的百分比"指标的国际机构和组织主要是世界自然保护联盟(IUCN)。本指标的数据来源为IUCN。IUCN是目前世界上最大的、最重要的世界性保护联盟，是政府及非政府机构都能参与合作的少数几个国际组织之一，成立于1948年10月。该组织发布的IUCN濒危物种"红色名录"，于1963年开始编制，是根据严格准则去评估数以千计的物种及亚种的灭绝风险所编制而成的，是全球动植物物种保护现状的一个权威名录。IUCN每年发布的相关数据被联合国及全球多个研究机构广为引用。"受威胁动物占总物种的百分比"在2011年的人类发展指数报告中被作为环境可持续性的主要指标之一。

(2)本报告所使用数据的特殊性及权威性说明

由于IUCN每年都有新一版的数据发布，本指标体系中受威胁动物物种的数量是IUCN《2010年受威胁物种红色名录》中的统计数据。根据人类发展指数报告中的说明，在IUCN 2010

年濒危动物的相关数据中，对于某些国家（如巴西）特有两栖物种是否应纳入红色物种名录尚存有争议。因此，本测算指标使用的数据可能与各国物种评估中的数据总和不一致。

>> 12.2 如何选取"受威胁动物占总物种的百分比"指标 <<

"受威胁动物占总物种的百分比"的指标选取过程是本报告的重要环节之一，也是开展研究的基础。为了得到兼具客观性和简明性的研究指标，研究组首先对生态相关的指标进行了全面的检索和搜集，经过多次讨论和分析，结合人类绿色发展的主旨，筛选出了最适宜的测算指标。

12.2.1 全面搜集阶段

由于人类的生态位十分广泛，几乎参与了地球上所有生态系统的活动，影响着地球生态系统各方面的演化和发展，同时也被各种生态系统的变化所影响着。所以，反映这种关系的指标是研究组主要关注的对象。按照主要的生态因子分类，在生态指标全面搜集阶段，对主要国际机构和组织公布的生态相关指标进行了全面搜集整理，所获结果如表 12-1 所示。

表 12-1 生态类指标选择用表

序号	指标名称	指标解释	最新数据年份	机构/数据库	网址
1	GEF 生物多样性效益指数（0＝无生物多样性潜力，100＝最大）	GEF 生物多样性效益指数是根据各国代表性物种、其受胁状况及其各国栖息地种类的多样性所得出的各国相对生物多样性潜力的综合指标。该指数进行了规范化处理，因此其数值从 0（无生物多样性潜力）直至 100（最大生物多样性潜力）	2008	世界银行	http://data.worldbank.org.cn/indicator/ER.BDV.TOTL.XQ
2	生态足迹	生态足迹就是能够持续地提供资源或消纳废物的、具有生物生产力的地域空间（Biologically Productive Areas）。生态足迹估计要承载一定生活质量的人口，需要多大的可供人类使用的可再生资源或者能够消纳废物的生态系统，又称之为"适当的承载力"	2008	全球生态足迹网	http://www.footprintnetwork.org/en/index.php/GFN/page/basics_introduction/
3	受到威胁的高等植物种类（种）	高等植物是指本土维管植物物种。受胁物种名录基于世界自然保护联盟划分为濒危、易危、稀有、未定、脱离危险和欠了解物种	2012	世界银行	http://data.worldbank.org.cn/indicator/ER.BDV.TOTL.XQ

序号	指标名称	指标解释	最新数据年份	机构/数据库	网　址
4	受到威胁的哺乳动物种类(种)	该数据中,哺乳动物种类不包括鲸和海豚。受胁物种名录基于世界自然保护联盟划分为濒危、易危、稀有、未定、脱离危险和欠了解物种	2012	世界银行	http://data.worldbank.org.cn/indicator/ER.BDV.TOTL.XQ
5	受胁鱼类(种)	鱼类受胁物种名录基于世界自然保护联盟划分为濒危、易危、稀有、未定、无危和数据缺乏物种的数量	2012	世界银行	http://data.worldbank.org.cn/indicator/ER.BDV.TOTL.XQ
6	海洋保护区(占领海的百分比)(%)	海洋保护区是通过法律或其他有效手段保留的潮间带或潮下带地区以及上覆水及其相关动植物与历史文化特征,以保护封闭环境的部分或全部	2010	世界银行	http://data.worldbank.org.cn/indicator/ER.BDV.TOTL.XQ
7	陆地保护区面积(占土地总面积的比例)(%)	陆地保护区是指面积至少在1 000公顷以上、被指定作为限制公众进入的科学保护区、国家公园、自然纪念地、自然保护区或野生动物禁猎区、景观保护区以及主要目的为可持续利用的管理区,不包括海洋区、未分类的区域和近岸区(潮间带)	2010	世界银行	http://data.worldbank.org.cn/indicator/ER.BDV.TOTL.XQ
8	保护区面积占地表总面积及百分比(%)	陆地保护区占该国国土面积的百分比	2008	联合国千年发展目标指标	http://mdgs.un.org/unsd/mdg/Home.aspx
9	海洋和陆地保护区(km²)	国家海洋和陆地保护区的总面积	2011	联合国统计司	http://unstats.un.org/unsd/ENVIRONMENT/Time%20series.htm#Biodiversity
10	海洋和陆地保护区百分比(%)	国家海洋和陆地保护区总面积占国土面积与领海面积之和的百分比	2011	联合国统计司	http://unstats.un.org/unsd/ENVIRONMENT/Time%20series.htm#Biodiversity
11	生态系统服务	生态系统服务指人类从生态系统获得的所有惠益,包括供给服务、调节服务、文化服务以及支持服务	2009	生态环境与生物多样性经济学	http://www.teebweb.org/
12	蝴蝶指数	草地蝴蝶的种群数量和种类	2010	欧洲环境署	http://glossary.eea.europa.eu/
13	野生鸟类指数	野生鸟类的种类和种群数量	2010	生物多样性指标	http://www.bipindicators.net/

序号	指标名称	指标解释	最新数据年份	机构/数据库	网 址
14	海草和其他水生植物(种)	海草和其他水生植物的种类和数量	2011	联合国粮农组织	http://ftp.fao.org/FI/STAT/summary
15	鱼类、甲壳类和软体动物类(种)	鱼类、甲壳类和软体动物类的种类和种群数量	2011	联合国粮农组织	http://ftp.fao.org/FI/STAT/summary/
16	珊瑚礁的分布(km²)	温带水域珊瑚礁的分布	2009	UNEP-WCMC	http://data.unep-wcmc.org/
17	永久性作物用地(占土地的百分比)(%)	永久性作物用地是指种植作物的土地,它长期占用土地,不需要在每个收获期之后再重新种植,如可可、咖啡和橡胶。此类土地包括生长开花灌木、果树、坚果树和葡萄树的土地,但不包括木材林用地	2012	世界银行	http://data.worldbank.org.cn/indicator/AG.LND.CROP.ZS
18	人均可再生的内陆淡水资源(m³)	可再生的内陆淡水资源是指某国国内的可再生水资源(内陆河流及降雨产生的地表水)。人均可再生内陆淡水资源使用世界银行的人口估算值进行计算	2012	世界银行	http://data.worldbank.org.cn/indicator/ER.H2O.INTR.PC
19	海洋保护区(占领海的百分比)(%)	海洋保护区是通过法律或其他有效手段保留的潮间带或潮下带地区以及上覆水及其相关动植物与历史文化特征,以保护封闭环境的部分或全部	2012	世界银行	http://data.worldbank.org.cn/indicator/ER.MRN.PTMR.ZS
20	初级农产品生产量(吨)	初级产品的物理质量	2012	联合国粮农组织	http://www.fao.org/statistics/zh/
21	以作物为基础的饲料生产量(吨)	可作为饲料的粮食的物理质量	2012	联合国粮农组织	http://www.fao.org/statistics/zh/
22	用来喂动物的作物产量(吨)	FAO ProdSTAT 特定种类的作物投喂给动物的物理质量	2012	联合国粮农组织	http://www.fao.org/statistics/zh/
23	种子产量(吨)	种子的物理质量	2012	联合国粮农组织	http://www.fao.org/statistics/zh/
24	初级和加工农畜产品的进出口量(吨)	特定国家进口及出口的加工农畜产品的物理质量	2012	联合国粮农组织	http://www.fao.org/statistics/zh/

续表

序号	指标名称	指标解释	最新数据年份	机构/数据库	网 址
25	非农产品进出口量(kg)	特定国家进口及出口的非农产品的物理质量	2012	联合国商品贸易统计数据库	http://www.fao.org/statistics/zh/
26	家畜作物消费量(吨干物质每年)	牲畜饲料作物为基础的数据	2012	联合国粮农组织	http://www.fao.org/statistics/zh/
27	初级林产品产量、初级及加工的林产品的进出口量(吨和 m³)	木材和林木燃料产品的物理量	2012	联合国粮农组织	http://www.fao.org/statistics/zh/
28	初级渔业产品产量、初级及加工的渔业产品的进出口量(吨)	海洋和内陆鱼类物理量的数据,进口和出口鱼商品数据	2012	联合国粮农组织	http://www.fao.org/statistics/zh/
29	按部门分类的碳排放量(kg)	某个国家的经济各行业的二氧化碳排放量数据	2012	国际能源署	http://data.iea.org/ieastore/statslisting.asp
30	建成区面积(km²)	城市的市中的城市化区域面积大小	2012	联合国粮农组织	http://www.fao.org/statistics/zh/
31	农田收益(%)	世界 164 种主要作物产品的平均收益率	2012	联合国粮农组织	http://www.fao.org/statistics/zh/
32	影响农田收益的国内因素(个)	某个国家的对农田产量形成影响的因素	2010	全球生态足迹网	http://www.footprintnetwork.org/en/index.php/GFN/page/methodology/#2
33	放牧的土地收益(kg)	世界平均单产的产草量	2010	全球生态足迹网	http://www.footprintnetwork.org/en/index.php/GFN/page/methodology/#2
34	渔业收益(%)	世界鱼类品种的平均收益率(基于年度海洋初级生产力计算的)	2012	世界鱼类数据库	http://www.fishbase.org
35	森林产品收益(吨)	世界森林平均产量,是基于森林的净年度增量	2012	联合国粮农组织	http://www.fao.org/statistics/zh/
36	吸纳二氧化碳的土地的收益(%)	世界平均碳吸收能力。虽然不同的生态系统具有封存二氧化碳的能力,目前吸纳二氧化碳的土地的收益按照生态足迹方法计算	2010	全球生态足迹网	http://www.footprintnetwork.org/en/index.php/GFN/page/methodology/#2

续表

序号	指标名称	指标解释	最新数据年份	机构/数据库	网　址
37	（EQF）等效因子	作物、牧原、森林和海洋的EQF。其根据是使用全球农业生态区模型衡量的土地的适宜性	2010	联合国粮农组织；IIASA	http://www.fao.org/statistics/zh/
38	海洋健康指数	海洋健康指数是一个多角度的、全面的评估和监测海洋健康的体系。主要从10个方面来评估海洋生产力：食物供给、非商业性捕捞、天然产品、碳汇、生计、旅游与度假、清洁的水、生物多样性、地区归属感、安全海岸线	2008	保护国际基金会	http://www.oceanhealthindex.org/

由于在资料搜查阶段获得生态相关指标的广泛性，研究组对其进行了筛选比较，在几个比较适宜的指标之间也进行了讨论和鉴别。最终，为了体现生态环境的包容性和各国生态状况的独特性，研究组确定了主测算指标"受威胁动物占总物种的百分比"和辅助指标"受威胁植物占总物种的百分比"。

12.2.2　指标对比筛选阶段

在指标的选择过程中，一些指标由于其自身特点成为备选指标。以下对主指标"受威胁动物占总物种的百分比"与备选指标"生态足迹"，辅助指标"受威胁植物占总物种的百分比"与备选指标"陆地保护区面积"之间的比较和选取进行简述。

（1）"受威胁动物占总物种的百分比"与"生态足迹"

在主指标的选择过程中，"生态足迹"作为一个有效的指标进入研究组的视野。生态足迹模型是以生物生产性空间来度量人与自然之间的相互依赖关系。在生产端，生态足迹以生态承载力为指标，度量研究区拥有的生物生产力空间的大小；在消费端，生态足迹模型以生态足迹为指标，度量生产一定人口消费的资源及吸纳其排放的废弃物所需要的生物生产性空间的面积。生态足迹可以有效地、定量地判断某一国家或地区目前可持续发展的状态，并且由于其表达是用土地或水域面积，代表了生态系统中重要的组分。但是由于"生态足迹"的研究较"受威胁动物占总物种的百分比"晚，而且由于其为复合指标，发布具有一定滞后性，最新数据为2008年，且参与国家不满120个，所以本报告未能采用该指标。

（2）"受威胁植物占总物种的百分比"与"陆地保护区面积"

在辅助指标的选择过程中，研究组考虑过使用"陆地保护区面积"对"受威胁动物占总物种的百分比"进行补充。由于"陆地保护区面积"表达的是国家对生态系统保护的重视程度和政策强度，所以与"受威胁动物占总物种的百分比"所表示的自然状态的物种受损状态可以互为补充。

但是，由于"陆地保护区面积"经讨论被用于土地方面指标，所以为了更全面地表现各国的生态系统健康状态，研究组选用了在物种组分上与主指标互补的"受威胁植物占总物种的百分比"作为辅助指标。而且，就人类绿色发展理念来说，绿色的最直接表达就是植物的生存状态。所以，选用"受威胁植物占总物种的百分比"是十分合理且切合题目的。

>> 12.3 "受威胁动物占总物种的百分比"指标的统计特征 <<

下面对各国2010年"受威胁动物占总物种的百分比"指标的数据统计特征及状况进行了简要分析。但受数据可得性所限，未能考察其在1990—2010年的动态变化情况。

12.3.1 2010年"受威胁动物占总物种的百分比"指标的统计特征———

根据"受威胁动物占总物种的百分比"的定义，受威胁动物占总物种的百分比越低，其物种多样性保存状况越好，也就是说，从动物界的角度看，该国的生态系统健康状态越好，由此获得表12-2。

表 12-2   2010年"受威胁动物占总物种的百分比"指标排名最高和最低的20个国家

排 名	国 家	指标值(%)	排 名	国 家	指标值(%)
1	卢森堡	2	104	土耳其	15
2	博茨瓦纳	2	105	阿尔巴尼亚	15
3	爱沙尼亚	3	106	牙买加	15
4	津巴布韦	3	107	南 非	15
5	赞比亚	3	108	日 本	15
6	萨尔瓦多	3	109	摩洛哥	16
7	白俄罗斯	4	110	希 腊	16
8	巴拉圭	4	111	印度尼西亚	16
9	芬 兰	4	112	西班牙	16
10	拉脱维亚	4	113	多米尼加共和国	17
11	立陶宛	4	114	新加坡	17
12	多 哥	4	115	墨西哥	17
13	玻利维亚	4	116	马来西亚	18
14	尼加拉瓜	4	117	葡萄牙	19
15	安哥拉	4	118	海 地	19
16	刚果共和国	4	119	斯里兰卡	19
17	贝 宁	4	120	菲律宾	19
18	荷 兰	5	121	美 国	21
19	苏 丹	5	122	澳大利亚	22
20	瑞 典	5	123	新西兰	25

数据来源：联合国开发计划署，载 http://hdr.undp.org/en/reports/global/hdr2011/download/。

根据选择研究的 123 个国家列表的统计数据计算，2010 年各国"受威胁动物占总物种的百分比"均值为 9.42%。在 123 个国家中，"受威胁动物占总物种的百分比"高于均值的国家有 49 个，低于均值的国家有 74 个，说明全球的动物物种保护已受到多数国家的重视，各国动物物种数量的减退在一定程度上得到了控制。在统计数据中，欧洲地区的卢森堡和非洲地区的博茨瓦纳并列第一。令人惊讶的是，生态环境状态在全球有口皆碑的新西兰以 25% 的数值排名最后。这个数据一方面反映了新西兰物种的丰富程度；另一方面也表现出新西兰物种数量消失的严重程度。在前 20 位中，欧洲国家占 40%，非洲国家占 35%，美洲国家和亚洲国家共占 25%。在后 20 位中，亚洲国家占 35%，欧洲国家占 25%，美洲国家占 20%，大洋洲国家占 10%，非洲国家占 10%。由此可见，亚洲的物种多样性流失严重，物种多样性保护意识和生态保护政策还有待提高；美洲的状态也不容乐观，美国作为经济发达国家和美洲地区的代表，排名仅为倒数第三位，这对全世界都是一个警醒。在发展经济的同时，生态系统的健康状态是不能被忽视的。而欧洲国家由于其较为发达的经济状态和人文环境，生态系统状态相对较好，但是仍有一些国家需要注意。非洲国家因为其物种的丰富性，以及经济的相对落后所造成对生态系统损伤能力有限，在动物物种的保存方面相对占有一些优势。

12.3.2 1990—2010 年"受威胁动物占总物种的百分比"指标的动态变化情况

为了更清晰全面地展示在近年来人类发展过程中生态系统的变化，研究组将全球 1990—2000 年"受威胁动物占总物种的百分比"进行计算并制表呈现。所有相关数据均来自于世界自然保护联盟历年统计数据。

在相关数据的查找收集过程中研究组发现，全球受威胁动物的首次统计数据是于 1996 年发布的，且并不连续。1996 年的第一次全球数据只有 97 个物种。1998 年只有受威胁植物的统计数据。2000 年以后，数据的发布频率逐渐增高，但是 2005 年并未有数据发布。在统计数据的分类方面，2006 年之前的数据物种分类种类少，例如爬行类动物只统计了海龟科，在大类中，软体动物门并未参与统计。同时，世界自然保护联盟关于受威胁物种分级的版本也在 1991—2004 年多次变化，共计 7 个版本。因此，1990—2010 年受威胁动物相关数据不具备连续性和均一性，无法与后期数据进行比较，故而无法制作"受威胁动物占总物种的百分比"指标的动态变化表。

对于这种情况，研究组对其进行了讨论。由于生态水平相关指标中，非生物因素指标（水、土地、森林等）自古作为资源被人类使用，与人类社会经济发展关系明显而紧密，因此很早就获得了关注，其相关数据为多个政府及研究机构所测定，历年数据完整且所涉及种类繁多。对生物多样性的关注，则始于 20 世纪初，而得到较为全面的关注并与社会经济价值相关联则是发生在近十年。同时，由于全球物种普查、监测和统计的工作量巨大，在信息技术还没有发展起来的年代，相关的数据并不能很好地搜集和分析。因此，2006 年之前的数据出现的调查范围小、数据缺失等问题都是可以理解的。

>> 12.4 辅助类指标的选择和统计特征 <<

为了尽可能全面地反映各国生物多样性的状况,我们选择以"受威胁植物占总物种的百分比"作为辅助指标。但受数据可能性所限,只能作为对主测度指标"受威胁动物占总物种的百分比"的补充,对各国的状况进行简要分析。

12.4.1 为什么选取"受威胁植物占总物种的百分比"作为辅助指标——

在人类绿色发展指数指标体系中,生态水平的指标被确定为生物多样性指标,辅助指标为该国"受威胁植物占总物种的百分比"。其计算方法为该国受威胁植物物种数量与该国总物种数量的百分比。其选择标准和数据来源亦为世界自然保护联盟相关数据库。辅助指标的选择,从植物界这个生物多样性构成的主要方面,与动物界数据互补地反映了一国物种多样性的状态和该国生态系统的健康状态。

由于植物对于灾害和胁迫没有驱避性,所以其对于环境变化的反映更加直接和强烈。但是由于全球范围植物物种统计工作开展时间较晚,1998 年世界自然保护联盟才开始发布第一次全球意义上的受威胁植物物种统计数据,且当时的分类和种类非常少,数据的可用性很差。即使到了 2013 年,各国关于植物物种的相关统计仍然较动物物种不完整,所以,仅将"受威胁植物占总物种的百分比"作为辅助指标,对各国的生态系统状况做补充说明。

12.4.2 各国辅助指标的统计特征——

根据"受威胁植物占总物种的百分比"的定义,"受威胁植物占总物种的百分比"越低,其物种多样性保存状况越好,也就是说,从植物界的角度看,该国的生态系统健康程度越好,由此获得表 12-3。

表 12-3　　　　2010 年"受威胁植物占总物种的百分比"指标排名最高和最低的 20 个国家

排 名	国 家	指标值(%)	排 名	国 家	指标值(%)
1	伊 朗	0.09	79	越 南	6.55
2	特立尼达和多巴哥	0.12	80	印 度	7.56
3	乌克兰	0.14	81	俄罗斯联邦	7.72
4	克罗地亚	0.14	82	秘 鲁	8.2
5	罗马尼亚	0.14	83	科特迪瓦	8.22
6	乌拉圭	0.15	84	印度尼西亚	8.41
7	埃 及	0.16	85	巴拿马	8.79
8	巴基斯坦	0.17	86	菲律宾	9.01
9	匈牙利	0.17	87	加 纳	9.55

排　名	国　家	指标值（%）	排　名	国　家	指标值（%）
10	波斯尼亚和黑塞哥维那	0.18	88	巴　西	9.64
11	加拿大	0.19	89	坦桑尼亚	9.77
12	比利时	0.20	90	尼日利亚	11.36
13	亚美尼亚	0.21	91	加　蓬	12.15
14	利比亚	0.21	92	中　国	13.8
15	芬　兰	0.22	93	也　门	14.94
16	爱尔兰	0.25	94	斯里兰卡	19.62
17	沙特阿拉伯	0.28	95	喀麦隆	21.05
18	葡萄牙	0.29	96	马来西亚	25.31
19	土耳其	0.31	97	牙买加	42.34
20	斯洛伐克	0.33	98	厄瓜多尔	60.43

数据来源：世界自然保护联盟，载 http://www.iucnredlist.org/about/publications-links♯Red_List_Index。

　　根据人类绿色发展指数选择研究的 123 个国家列表对 2010 年度相关数据进行查询计算，只获得 98 个国家的数据，其余 24 个国家该年度数据为 0。因此，按照所获得的 98 个国家统计数据计算，2010 年各国"受威胁植物占总物种的百分比"均值为 4.69%。在这 98 个国家中，"受威胁动物占总物种的百分比"高于均值的国家有 27 个，低于均值的国家为 72 个，说明全球的植物物种保护已受到多数国家的重视，各国植物物种数量的减退在一定程度上得到了控制。但是，由于植物方面数据的不完整性，该数据仅供参考。在统计数据中，亚洲地区的伊朗名列第一位。位于南美的厄瓜多尔以 60.43% 的最高值排名最后。这其中原因在于，世界上现存面积最大的热带雨林——亚马孙热带雨林是厄瓜多尔的重要组成部分。雨林中的物种极为丰富，但是由于过度开发，许多物种处于濒危状态。在前 20 位中，欧洲国家占 55%，优势十分明显。在后 20 位中，亚洲国家占 35%，美洲国家占 35%。由此可见，亚洲和美洲的植物物种多样性流失严重，物种多样性保护意识和生态保护政策还有待提高。美洲，尤其是南美地区，以厄瓜多尔和巴西的热带雨林为例，其物种数量丰富，不断有新物种被发现，是世界重要的物种种质库。这样的地方，若是受到不合理的开发和侵入，其物种数量的减少是非常迅速的。

　　生态指标方面，结合主测算指标和辅助测算指标可以看出，亚洲和美洲的生态系统受到了较为严重的破坏，欧洲地区的保护意识则相对较好。这对各地区绿色发展的理念和政策制定是一个有意义的参考信息。

>>参考文献<<

1. Alison J. Stattersfield，David R. Capper，Guy C. L. Dutson. Threatened Birds of the World. Bird Life International，2000.

2. Craig Hilton-Taylor，Russell A. Mittermeier. 2000 IUCN Red List of Threatened Species. Available at：http：//www. iucnredlist. org/about/publications-links＃Red_List_Index.

3. Eugene Pleasants Odum，Gary W. Barrett. Fundamentals of Ecology（5th ed.）. Thomson Brooks/Cole，2005.

4. IUCN. Guidance Documents for Using the IUCN Red List Categories and Criteria，Available at：http：//www. iucnredlist. org/technical-documents/categories-and-criteria.

5. IUCN. IUCN Red List of Threatened Species. Available at：http：//www. iucnredlist. org/about/publications-links＃Red_List_Index.

6. IUCN. The IUCN Sampled Red List Index for Plants. Plants Under Pressure—A Global Assessment. Available at：http：//www. plants2020. net/document/0207/.

7. IUCN. Threatened Species in Past and Present Red Lists. Available at：http：//www. iucnredlist. org/about/summary-statistics＃Tables_1_2.

8. IUCN. Total Endemic and Threatened Endemic Species in Each Country（totals by taxonomic group）. Available at：http：//www. iucnredlist. org/about/summary-statistics＃Tables_1_2.

9. Jean-Christophe Vié，Craig Hilton-Taylor，Simon N. Stuart. Wildlife in a Changing World—An Analysis of the 2008 IUCN Red List of Threatened Species™. IUCN，2009.

10. UNDP. Human Development Report 2011. Available at：http：//hdr. undp. org/en/reports/global/hdr2011/download/.

11. IUCN. 2001 IUCN Red List Categories and Criteria version 3. 1. Available at：http：//www. iucnredlist. org/technical-documents/categories-and-criteria.

12. IUCN. 2004 IUCN Red List of Threatened Species. A Global Species Assessment. Available at：http：//www. iucnredlist. org/about/publications-links＃Red_List_Index.

13. IUCN. 1994 IUCN Red List Categories and Criteria version 2. 3. Available at：http：//www. iucnredlist. org/technical-documents/categories-and-criteria.

14. 于贵瑞. Scientific Frontier on Human Activities and Ecosystem Changes. 北京：高等教育出版社，2009.

附录
HGDI 与 IHDI 排名比较

为了比较分析人类绿色发展指数(HGDI)与世界上具有广泛影响力的相关指数的排名差异，本报告进一步比较了 HGDI 与不平等调整后人类发展指数(IHDI)的排名情况，如附录表 1 所示。

附录表 1　人类绿色发展指数(HGDI)与不平等调整后人类发展指数(IHDI)排名比较

国　家	HGDI	IHDI	排名差	国　家	HGDI	IHDI	排名差
瑞　典	1	8	7	澳大利亚	63	2	−61
瑞　士	2	12	10	罗马尼亚	64	42	−22
斯洛伐克	3	28	25	尼加拉瓜	65	97	32
德　国	4	9	5	萨尔瓦多	66	78	12
拉脱维亚	5	41	36	菲律宾	67	84	17
日　本	6	10	4	新加坡	68	25	−43
挪　威	7	1	−6	危地马拉	69	98	29
奥地利	8	23	15	吉尔吉斯斯坦	70	91	21
芬　兰	9	15	6	土耳其	71	73	2
哥斯达黎加	10	53	43	乌克兰	72	60	−12
新西兰	11	3	−8	约　旦	73	72	−1
卢森堡	12	22	10	卡塔尔	74	33	−41
爱沙尼亚	13	30	17	越　南	75	95	20
英　国	14	24	10	巴拉圭	76	83	7
斯洛文尼亚	15	27	12	缅　甸	77	107	30
立陶宛	16	37	21	伊　朗	78	61	−17
捷　克	17	26	9	摩洛哥	79	96	17
巴　西	18	64	46	乌拉圭	80	44	−36
委内瑞拉	19	66	47	斯里兰卡	81	79	−2
法　国	20	13	−7	玻利维亚	82	82	0
波　兰	21	36	15	印度尼西亚	83	90	7
比利时	22	17	−5	阿尔及利亚	84	74	−10
白俄罗斯	23	52	29	埃　及	85	87	2
意大利	24	21	−3	中　国	86	77	−9
马来西亚	25	49	24	加　纳	87	105	18
匈牙利	26	32	6	特立尼达和多巴哥	88	51	−37
丹　麦	27	18	−9	塞内加尔	89	113	24
克罗地亚	28	43	15	乌兹别克斯坦	90	88	−2
希　腊	29	20	−9	叙利亚	91	93	2

国　家	HGDI	IHDI	排名差	国　家	HGDI	IHDI	排名差
哥伦比亚	30	69	39	沙特阿拉伯	92	47	−45
爱尔兰	31	5	−26	南　非	93	92	−1
荷　兰	32	6	−26	尼泊尔	94	110	16
厄瓜多尔	33	68	35	哈萨克斯坦	95	57	−38
葡萄牙	34	35	1	塔吉克斯坦	96	94	−2
以色列	35	14	−21	利比亚	97	45	−52
巴拿马	36	46	10	贝　宁	98	109	11
塞浦路斯	37	31	−6	柬埔寨	99	100	1
智　利	38	38	0	巴　林	100	34	−66
韩　国	39	11	−28	阿联酋	101	29	−72
加拿大	40	7	−33	喀麦隆	102	106	4
加　蓬	41	81	40	印　度	103	99	−4
保加利亚	42	50	8	科特迪瓦	104	117	13
阿尔巴尼亚	43	55	12	蒙　古	105	86	−19
马其顿	44	63	19	孟加拉国	106	104	−2
多米尼加共和国	45	76	31	土库曼斯坦	107	75	−32
西班牙	46	19	−27	巴基斯坦	108	101	−7
洪都拉斯	47	89	42	津巴布韦	109	123	14
博茨瓦纳	48	85	37	刚果共和国	110	102	−8
亚美尼亚	49	67	18	赞比亚	111	118	7
牙买加	50	70	20	科威特	112	40	−72
秘　鲁	51	54	3	安哥拉	113	115	2
波斯尼亚和黑塞哥维那	52	59	7	尼日利亚	114	112	−2
墨西哥	53	48	−5	多　哥	115	111	−4
冰　岛	54	16	−38	也　门	116	108	−8
黎巴嫩	55	62	7	肯尼亚	117	103	−14
泰　国	56	80	24	苏　丹	118	119	1
阿塞拜疆	57	58	1	坦桑尼亚	119	116	−3
俄罗斯联邦	58	56	−2	海　地	120	114	−6
格鲁吉亚	59	65	6	刚果民主共和国	121	122	1
阿根廷	60	39	−21	埃塞俄比亚	122	120	−2
美　国	61	4	−57	莫桑比克	123	121	−2
突尼斯	62	71	9				

注：1.《2010 年人类发展报告》公布了 169 个国家或地区 2010 年的 IHDI 排序，由于与本报告 HGDI 参与测算的国家有所差异，为了计算 IHDI 与 HGDI 国家排名的变化情况，本报告从《2010 年人类发展报告》的 169 个国家中抽取出与 HGDI 相应的国家之后，重新排序；2.《2010 年人类发展报告》中没有公布黎巴嫩 2010 年的 IHDI 数据，故使用黎巴嫩 2011 年的 IHDI 的相对排序来近似替代其在 2010 年中的排序。

通过对比发现，HGDI 与 IHDI 参与对比的 123 个国家中，排名差异在 10 位以内的国家有 59 个，约占总数的 48%。可见，HGDI 与 IHDI 的排名有将近一半是比较接近的。在两者排名的前 10 位中，有 3 个国家是相同的；在两者排名的后 10 位中，有 6 个国家是相同的。

进一步，我们将 HGDI 和 IHDI 国家排名差异超过 20 位的国家进行对比，如附录表 2 所示。在 123 个国家中，排名差异在 20 位以上的国家有 44 个，占总数的 36%。从表中可以看出，两个指数排名存在着一定的差异。其中，HGDI 较 IHDI 排名下降最大的是阿联酋和科威特两国，名次均下降 72 位；HGDI 较 IHDI 排名上升最大的是委内瑞拉，名次上升 47 位。

附录表 2　　　　　　　　HGDI 和 IHDI 排名差异超过 20 位的国家

国　家	IHDI	HGDI	排名差（上升）	大　洲	国　家	IHDI	HGDI	排名差（下降）	大　洲
委内瑞拉	66	19	47	南　美	阿联酋	29	101	−72	亚　洲
巴　西	64	18	46	南　美	科威特	40	112	−72	亚　洲
哥斯达黎加	53	10	43	北　美	巴　林	34	100	−66	亚　洲
洪都拉斯	89	47	42	北　美	澳大利亚	2	63	−61	大洋洲
加　蓬	81	41	40	非　洲	美　国	4	61	−57	北　美
哥伦比亚	69	30	39	南　美	利比亚	45	97	−52	非　洲
博茨瓦纳	85	48	37	非　洲	沙特阿拉伯	47	92	−45	亚　洲
拉脱维亚	41	5	36	东　欧	新加坡	25	68	−43	亚　洲
厄瓜多尔	68	33	35	南　美	卡塔尔	33	74	−41	亚　洲
尼加拉瓜	97	65	32	北　美	冰　岛	16	54	−38	欧　洲
多米尼加共和国	76	45	31	北　美	哈萨克斯坦	57	95	−38	亚　洲
缅　甸	107	77	30	亚　洲	特立尼达和多巴哥	51	88	−37	北　美
白俄罗斯	52	23	29	东　欧	乌拉圭	44	80	−36	南　美
危地马拉	98	69	29	北　美	加拿大	7	40	−33	北　美
斯洛伐克	28	3	25	欧　洲	土库曼斯坦	75	107	−32	亚　洲
马来西亚	49	25	24	亚　洲	韩　国	11	39	−28	亚　洲
泰　国	80	56	24	亚　洲	西班牙	19	46	−27	欧　洲
塞内加尔	113	89	24	非　洲	爱尔兰	5	31	−26	欧　洲
立陶宛	37	16	21	东　欧	荷　兰	6	32	−26	欧　洲
吉尔吉斯斯坦	91	70	21	亚　洲	罗马尼亚	42	64	−22	欧　洲
牙买加	70	50	20	北　美	以色列	14	35	−21	亚　洲
越　南	95	75	20	亚　洲	阿根廷	39	60	−21	南　美
上升国家所属大洲	北美洲	6	南美洲	4	下降国家所属大洲	北美洲	3	南美洲	2
	欧　洲	4	非　洲	3		欧　洲	5	非　洲	1
	亚　洲	5	大洋洲	0		亚　洲	10	大洋洲	1

　　从附录表 2 可以看到，HGDI 与 IHDI 排名差异超过 20 位的国家中，排名上升较大的国家北美洲有 6 个，南美洲有 4 个，欧洲有 4 个，非洲有 3 个，亚洲有 5 个。而 HGDI 较 IHDI 排名下降较大的国家中，北美洲有 3 个，南美洲有 2 个，欧洲有 5 个，非洲有 1 个，亚洲有 10 个，大洋洲有 1 个。

附表

附表 I

人类绿色发展指数 12 个指标 123 个国家数据表

>> 1. 低于最低食物能量摄取标准的人口比例 <<

指标单位	%
来源机构/数据库	联合国统计司；最终数据来自联合国粮农组织
指标解释	"低于最低食物能量摄取标准的人口比例"是指食物摄入量低于食物能量需求最低水平的人口百分比。也被称为营养不良发生率，即营养不良人口的百分比
网　址	http://mdgs.un.org/unsd/mdg/Metadata.aspx? Indicatorid＝5

序 号	国 家	2010 年	序 号	国 家	2010 年
1	阿尔巴尼亚	5.0	63	科威特	5.0
2	阿尔及利亚	5.0	64	吉尔吉斯斯坦	7.1
3	安哥拉	28.0	65	拉脱维亚	5.0
4	阿根廷	5.0	66	黎巴嫩	5.0
5	亚美尼亚	5.0	67	利比亚	5.0
6	澳大利亚	5.0	68	立陶宛	5.0
7	奥地利	5.0	69	卢森堡	5.0
8	阿塞拜疆	5.0	70	马其顿	5.0
9	巴林	5.0	71	马来西亚	5.0
10	孟加拉国	17.1	72	墨西哥	5.0
11	白俄罗斯	5.0	73	蒙古	25.6
12	比利时	5.0	74	摩洛哥	5.4
13	贝宁	8.7	75	莫桑比克	39.3
14	玻利维亚	24.8	76	缅甸	22.0
15	波斯尼亚和黑塞哥维那	5.0	77	尼泊尔	18.4
16	博茨瓦纳	29.0	78	荷兰	5.0

序　号	国　家	2010 年	序　号	国　家	2010 年
17	巴　西	7.2	79	新西兰	5.0
18	保加利亚	5.0	80	尼加拉瓜	21.5
19	柬埔寨	18.9	81	尼日利亚	8.1
20	喀麦隆	15.1	82	挪　威	5.0
21	加拿大	5.0	83	巴基斯坦	20.3
22	智　利	5.0	84	巴拿马	11.1
23	中　国	11.5	85	巴拉圭	22.1
24	哥伦比亚	12.4	86	秘　鲁	12.6
25	刚果民主共和国	36.1	87	菲律宾	16.6
26	刚果共和国	36.3	88	波　兰	5.0
27	哥斯达黎加	5.8	89	葡萄牙	5.0
28	科特迪瓦	20.2	90	卡塔尔	5.0
29	克罗地亚	5.0	91	罗马尼亚	5.0
30	塞浦路斯	5.0	92	俄罗斯联邦	5.0
31	捷　克	5.0	93	沙特阿拉伯	5.0
32	丹　麦	5.0	94	塞内加尔	20.4
33	多米尼加共和国	5.0	95	新加坡	5.0
34	厄瓜多尔	18.5	96	斯洛伐克	5.0
35	埃　及	5.0	97	斯洛文尼亚	5.0
36	萨尔瓦多	11.9	98	南　非	5.0
37	爱沙尼亚	5.0	99	西班牙	5.0
38	埃塞俄比亚	40.2	100	斯里兰卡	24.5
39	芬　兰	5.0	101	苏　丹	39.2
40	法　国	5.0	102	瑞　典	5.0
41	加　蓬	6.2	103	瑞　士	5.0
42	格鲁吉亚	28.2	104	叙利亚	5.0
43	德　国	5.0	105	塔吉克斯坦	34.6
44	加　纳	5.0	106	坦桑尼亚	38.5
45	希　腊	5.0	107	泰　国	8.1
46	危地马拉	29.7	108	多　哥	17.3
47	海　地	43.8	109	特立尼达和多巴哥	9.5
48	洪都拉斯	10.0	110	突尼斯	5.0
49	匈牙利	5.0	111	土耳其	5.0
50	冰　岛	5.0	112	土库曼斯坦	5.0
51	印　度	18.3	113	乌克兰	5.0
52	印度尼西亚	9.4	114	阿联酋	5.0
53	伊　朗	5.0	115	英　国	5.0

序 号	国 家	2010 年	序 号	国 家	2010 年
54	爱尔兰	5.0	116	美 国	5.0
55	以色列	5.0	117	乌拉圭	5.0
56	意大利	5.0	118	乌兹别克斯坦	6.7
57	牙买加	8.7	119	委内瑞拉	5.0
58	日 本	5.0	120	越 南	10.1
59	约 旦	5.0	121	也 门	31.8
60	哈萨克斯坦	5.0	122	赞比亚	46.8
61	肯尼亚	30.9	123	津巴布韦	32.8
62	韩 国	5.0			

注：由于巴林、缅甸、刚果民主共和国、卡塔尔和新加坡无"低于最低食物能量摄取标准的人口比例"数据，因此"人类绿色发展指数"指标体系拟用"不平等调整后收入指数"排名中该国相邻两国的"低于最低食物能量摄取标准的人口比例"数据均值替代。

>> 2. 不平等调整后收入指数 <<

指标单位	无
来源机构/数据库	联合国开发计划署/不平等调整后人类发展指数
指标解释	"不平等调整后收入指数"是指在考虑不平等分布因素下，以人均家庭可支配收入或消费为基础，计算得出能体现公平、平等的收入指数，是不平等调整后人类发展指数（IHDI）的三个指标之一。"不平等调整后收入指数"借鉴英国著名经济学家安东尼·B. 阿特金森测度不平等的方法，对一个国家人均家庭可支配收入或消费进行综合评估，指数值越高，说明各国的经济状况越好，国家的收入分配越公平、平等。较之于传统人类发展指数（HDI）中的"收入指数"，"不平等调整后收入指数"考虑了不平等因素，反映的是各国经济状况的实际水平，是对传统"收入指数"的有效补充
网 址	http://hdr.undp.org/en/media/HDR_2010_EN_Tables_rev.xls

序 号	国 家	2010 年	序 号	国 家	2010 年
1	阿尔巴尼亚	0.512	63	科威特	0.906
2	阿尔及利亚	0.633	64	吉尔吉斯斯坦	0.357
3	安哥拉	0.334	65	拉脱维亚	0.536
4	阿根廷	0.460	66	黎巴嫩	0.489
5	亚美尼亚	0.483	67	利比亚	0.736
6	澳大利亚	0.702	68	立陶宛	0.551
7	奥地利	0.709	69	卢森堡	0.746
8	阿塞拜疆	0.586	70	马其顿	0.489
9	巴 林	0.800	71	马来西亚	0.488
10	孟加拉国	0.299	72	墨西哥	0.469
11	白俄罗斯	0.599	73	蒙 古	0.399
12	比利时	0.701	74	摩洛哥	0.409
13	贝 宁	0.276	75	莫桑比克	0.107

续表

序　号	国　家	2010 年	序　号	国　家	2010 年
4	玻利维亚	0.232	76	缅　甸	0.397
15	波斯尼亚和黑塞哥维那	0.416	77	尼泊尔	0.226
16	博茨瓦纳	0.699	78	荷　兰	0.720
17	巴　西	0.401	79	新西兰	0.793
18	保加利亚	0.545	80	尼加拉瓜	0.324
19	柬埔寨	0.295	81	尼日利亚	0.298
20	喀麦隆	0.321	82	挪　威	0.788
21	加拿大	0.698	83	巴基斯坦	0.385
22	智　利	0.448	84	巴拿马	0.321
23	中　国	0.412	85	巴拉圭	0.342
24	哥伦比亚	0.344	86	秘　鲁	0.348
25	刚果民主共和国	0.070	87	菲律宾	0.355
26	刚果共和国	0.360	88	波　兰	0.590
27	哥斯达黎加	0.428	89	葡萄牙	0.575
28	科特迪瓦	0.281	90	卡塔尔	0.956
29	克罗地亚	0.512	91	罗马尼亚	0.590
30	塞浦路斯	0.650	92	俄罗斯联邦	0.616
31	捷　克	0.667	93	沙特阿拉伯	0.789
32	丹　麦	0.738	94	塞内加尔	0.293
33	多米尼加共和国	0.407	95	新加坡	0.887
34	厄瓜多尔	0.458	96	斯洛伐克	0.664
35	埃　及	0.465	97	斯洛文尼亚	0.685
36	萨尔瓦多	0.382	98	南　非	0.373
37	爱沙尼亚	0.590	99	西班牙	0.653
38	埃塞俄比亚	0.220	100	斯里兰卡	0.414
39	芬　兰	0.711	101	苏　丹	0.433
40	法　国	0.709	102	瑞　典	0.726
41	加　蓬	0.523	103	瑞　士	0.725
42	格鲁吉亚	0.388	104	叙利亚	0.424
43	德　国	0.689	105	塔吉克斯坦	0.328
44	加　纳	0.246	106	坦桑尼亚	0.268
45	希　腊	0.633	107	泰　国	0.396
46	危地马拉	0.297	108	多　哥	0.203
47	海　地	0.141	109	特立尼达和多巴哥	0.601
48	洪都拉斯	0.291	110	突尼斯	0.469
49	匈牙利	0.614	111	土耳其	0.498
50	冰　岛	0.659	112	土库曼斯坦	0.355

序　号	国　家	2010 年	序　号	国　家	2010 年
51	印　度	0.397	113	乌克兰	0.509
52	印度尼西亚	0.418	114	阿联酋	0.911
53	伊　朗	0.683	115	英　国	0.653
54	爱尔兰	0.664	116	美　国	0.667
55	以色列	0.603	117	乌拉圭	0.504
56	意大利	0.645	118	乌兹别克斯坦	0.372
57	牙买加	0.442	119	委内瑞拉	0.449
58	日　本	0.838	120	越　南	0.367
59	约　旦	0.450	121	也　门	0.341
60	哈萨克斯坦	0.525	122	赞比亚	0.259
61	肯尼亚	0.252	123	津巴布韦	0.008
62	韩　国	0.653			

注：1. 阿尔及利亚、巴林、博茨瓦纳、伊朗、日本、科威特、利比亚、缅甸、新西兰、卡塔尔、沙特阿拉伯、新加坡、苏丹、阿联酋 14 个无数据国家由 2010 年非调整的 HDI 补值；2. 黎巴嫩由 2011 年数据补值。

＞＞ 3. 不平等调整后预期寿命指数 ＜＜

指标单位	无
来源机构/数据库	联合国开发计划署/不平等调整后人类发展指数
指标解释	"不平等调整后预期寿命指数"是指在考虑不平等分布因素下，以联合国生命表数据为基础，计算得出能体现公平、平等的预期寿命指数，是不平等调整后人类发展指数（IHDI）的三个指标之一。"不平等调整后预期寿命指数"借鉴英国著名经济学家安东尼·B. 阿特金森测度不平等的方法，对一个国家健康方面的情况进行综合评估，指数值越高，说明各国的健康状况越好，居民享有获取健康的机会越公平、平等。较之于传统人类发展指数（HDI）中的"预期寿命指数"，"不平等调整后预期寿命指数"考虑了各国不平等因素，反映的是人类健康发展的实际水平，是对传统"预期寿命指数"的有效补充
网　址	http://hdr.undp.org/en/media/HDR_2010_EN_Tables_rev.xls

序　号	国　家	2010 年	序　号	国　家	2010 年
1	阿尔巴尼亚	0.802	63	科威特	0.850
2	阿尔及利亚	0.688	64	吉尔吉斯斯坦	0.601
3	安哥拉	0.206	65	拉脱维亚	0.768
4	阿根廷	0.790	66	黎巴嫩	0.718
5	亚美尼亚	0.727	67	利比亚	0.759
6	澳大利亚	0.934	68	立陶宛	0.752
7	奥地利	0.913	69	卢森堡	0.903
8	阿塞拜疆	0.613	70	马其顿	0.773
9	巴　林	0.816	71	马来西亚	0.797
10	孟加拉国	0.555	72	墨西哥	0.787

序　号	国　家	2010 年	序　号	国　家	2010 年
11	白俄罗斯	0.716	73	蒙　古	0.579
12	比利时	0.911	74	摩洛哥	0.670
13	贝　宁	0.404	75	莫桑比克	0.244
14	玻利维亚	0.534	76	缅　甸	0.418
15	波斯尼亚和黑塞哥维那	0.798	77	尼泊尔	0.569
16	博茨瓦纳	0.417	78	荷　兰	0.911
17	巴　西	0.698	79	新西兰	0.912
18	保加利亚	0.771	80	尼加拉瓜	0.718
19	柬埔寨	0.445	81	尼日利亚	0.220
20	喀麦隆	0.279	82	挪　威	0.927
21	加拿大	0.918	83	巴基斯坦	0.501
22	智　利	0.867	84	巴拿马	0.766
23	中　国	0.714	85	巴拉圭	0.663
24	哥伦比亚	0.718	86	秘　鲁	0.709
25	刚果民主共和国	0.209	87	菲律宾	0.705
26	刚果共和国	0.312	88	波　兰	0.829
27	哥斯达黎加	0.858	89	葡萄牙	0.891
28	科特迪瓦	0.361	90	卡塔尔	0.820
29	克罗地亚	0.844	91	罗马尼亚	0.751
30	塞浦路斯	0.901	92	俄罗斯联邦	0.661
31	捷　克	0.862	93	沙特阿拉伯	0.736
32	丹　麦	0.884	94	塞内加尔	0.359
33	多米尼加共和国	0.678	95	新加坡	0.925
34	厄瓜多尔	0.743	96	斯洛伐克	0.816
35	埃　及	0.641	97	斯洛文尼亚	0.891
36	萨尔瓦多	0.687	98	南　非	0.353
37	爱沙尼亚	0.784	99	西班牙	0.928
38	埃塞俄比亚	0.331	100	斯里兰卡	0.756
39	芬　兰	0.913	101	苏　丹	0.379
40	法　国	0.932	102	瑞　典	0.934
41	加　蓬	0.446	103	瑞　士	0.941
42	格鲁吉亚	0.667	104	叙利亚	0.769
43	德　国	0.911	105	塔吉克斯坦	0.517
44	加　纳	0.354	106	坦桑尼亚	0.365
45	希　腊	0.907	107	泰　国	0.706
46	危地马拉	0.640	108	多　哥	0.443
47	海　地	0.443	109	特立尼达和多巴哥	0.653

续表

序　号	国　家	2010 年	序　号	国　家	2010 年
48	洪都拉斯	0.669	110	突尼斯	0.751
49	匈牙利	0.796	111	土耳其	0.690
50	冰　岛	0.948	112	土库曼斯坦	0.520
51	印　度	0.483	113	乌克兰	0.685
52	印度尼西亚	0.678	114	阿联酋	0.846
53	伊　朗	0.680	115	英　国	0.900
54	爱尔兰	0.911	116	美　国	0.886
55	以色列	0.922	117	乌拉圭	0.806
56	意大利	0.931	118	乌兹别克斯坦	0.565
57	牙买加	0.690	119	委内瑞拉	0.745
58	日　本	0.961	120	越　南	0.750
59	约　旦	0.729	121	也　门	0.477
60	哈萨克斯坦	0.595	122	赞比亚	0.231
61	肯尼亚	0.354	123	津巴布韦	0.281
62	韩　国	0.902			

注：黎巴嫩由 2011 年数据补值。

>> 4. 不平等调整后教育指数 <<

指标单位	无
来源机构/数据库	联合国开发计划署/不平等调整后人类发展指数
指标解释	"不平等调整后教育指数"是指在考虑不平等分布因素下，以各国平均受教育年限为基础，计算得出能体现公平、平等的教育指数，是不平等调整后人类发展指数（IHDI）的三个指标之一。"不平等调整后教育指数"借鉴英国著名经济学家安东尼·B. 阿特金森测度不平等的方法，对一个国家平均受教育年限的情况进行综合评估，指数值越高，说明各国的教育状况越好，居民享有受教育的机会越公平、平等。较之于传统人类发展指数（HDI）中的"教育指数"，"不平等调整后教育指数"考虑了不平等因素，反映的是各国教育状况的实际水平，是对传统"教育指数"的有效补充
网　址	http://hdr. undp. org/en/media/HDR_2010_EN_Tables_rev. xls

序　号	国　家	2010 年	序　号	国　家	2010 年
1	阿尔巴尼亚	0.601	63	科威特	0.598
2	阿尔及利亚	0.659	64	吉尔吉斯斯坦	0.611
3	安哥拉	0.207	65	拉脱维亚	0.778
4	阿根廷	0.672	66	黎巴嫩	0.528
5	亚美尼亚	0.675	67	利比亚	0.750
6	澳大利亚	0.982	68	立陶宛	0.803
7	奥地利	0.753	69	卢森堡	0.692
8	阿塞拜疆	0.646	70	马其顿	0.527

序 号	国 家	2010 年	序 号	国 家	2010 年
9	巴 林	0.794	71	马来西亚	0.746
10	孟加拉国	0.219	72	墨西哥	0.564
11	白俄罗斯	0.683	73	蒙 古	0.634
12	比利时	0.784	74	摩洛哥	0.246
13	贝 宁	0.202	75	莫桑比克	0.144
14	玻利维亚	0.510	76	缅 甸	0.415
15	波斯尼亚和黑塞哥维那	0.545	77	尼泊尔	0.193
16	博茨瓦纳	0.718	78	荷 兰	0.834
17	巴 西	0.470	79	新西兰	1.076
18	保加利亚	0.682	80	尼加拉瓜	0.333
19	柬埔寨	0.331	81	尼日利亚	0.228
20	喀麦隆	0.312	82	挪 威	0.919
21	加拿大	0.834	83	巴基斯坦	0.196
22	智 利	0.657	84	巴拿马	0.644
23	中 国	0.453	85	巴拉圭	0.494
24	哥伦比亚	0.482	86	秘 鲁	0.510
25	刚果民主共和国	0.244	87	菲律宾	0.554
26	刚果共和国	0.330	88	波 兰	0.728
27	哥斯达黎加	0.519	89	葡萄牙	0.670
28	科特迪瓦	0.160	90	卡塔尔	0.659
29	克罗地亚	0.636	91	罗马尼亚	0.693
30	塞浦路斯	0.626	92	俄罗斯联邦	0.631
31	捷 克	0.859	93	沙特阿拉伯	0.701
32	丹 麦	0.813	94	塞内加尔	0.172
33	多米尼加共和国	0.450	95	新加坡	0.772
34	厄瓜多尔	0.501	96	斯洛伐克	0.821
35	埃 及	0.304	97	斯洛文尼亚	0.750
36	萨尔瓦多	0.415	98	南 非	0.529
37	爱沙尼亚	0.851	99	西班牙	0.781
38	埃塞俄比亚	0.137	100	斯里兰卡	0.519
39	芬 兰	0.805	101	苏 丹	0.244
40	法 国	0.751	102	瑞 典	0.825
41	加 蓬	0.575	103	瑞 士	0.786
42	格鲁吉亚	0.749	104	叙利亚	0.312
43	德 国	0.858	105	塔吉克斯坦	0.608
44	加 纳	0.487	106	坦桑尼亚	0.237
45	希 腊	0.788	107	泰 国	0.491

序　号	国　家	2010 年	序　号	国　家	2010 年
46	危地马拉	0.270	108	多　哥	0.264
47	海　地	0.219	109	特立尼达和多巴哥	0.611
48	洪都拉斯	0.379	110	突尼斯	0.378
49	匈牙利	0.815	111	土耳其	0.405
50	冰　岛	0.854	112	土库曼斯坦	0.647
51	印　度	0.255	113	乌克兰	0.795
52	印度尼西亚	0.424	114	阿联酋	0.706
53	伊　朗	0.688	115	英　国	0.766
54	爱尔兰	0.888	116	美　国	0.863
55	以色列	0.799	117	乌拉圭	0.653
56	意大利	0.706	118	乌兹别克斯坦	0.672
57	牙买加	0.619	119	委内瑞拉	0.495
58	日　本	0.901	120	越　南	0.398
59	约　旦	0.508	121	也　门	0.149
60	哈萨克斯坦	0.753	122	赞比亚	0.330
61	肯尼亚	0.369	123	津巴布韦	0.416
62	韩　国	0.663			

注：1. 阿尔及利亚、巴林、博茨瓦纳、伊朗、日本、科威特、利比亚、马来西亚、缅甸、新西兰、卡塔尔、沙特阿拉伯、新加坡、苏丹、阿联酋 15 个无数据国家由 2010 年非调整的 HDI 补值；2. 黎巴嫩由 2011 年数据补值。

>> 5. 获得改善卫生设施的人口占一国总人口的比例 <<

指标单位	%
来源机构/数据库	世界卫生组织/联合国儿童基金会联合监测方案
指标解释	"获得改善卫生设施的人口占一国总人口的比例"是指具有最基本的处理排泄物设施的人口所占的比例，这些设施能够有效防止人畜及蚊蝇与排泄物接触。经改善的卫生设施包括从简单但有防护的厕坑到连通污水管道的直冲式厕所。为了保证有效，卫生设施的修建方式必须正确并得到适当维护
网　址	http://www.wssinfo.org/data-estimates/table/

序　号	国　家	2010 年	序　号	国　家	2010 年
1	阿尔巴尼亚	93.3	63	科威特	100.0
2	阿尔及利亚	95.1	64	吉尔吉斯斯坦	93.3
3	安哥拉	57.2	65	拉脱维亚	78.6
4	阿根廷	95.9	66	黎巴嫩	98.3
5	亚美尼亚	90.2	67	利比亚	96.6
6	澳大利亚	100.0	68	立陶宛	86.7
7	奥地利	100.0	69	卢森堡	100.0

序　号	国　家	2010 年	序　号	国　家	2010 年
8	阿塞拜疆	82.0	70	马其顿	91.1
9	巴　林	99.2	71	马来西亚	95.7
10	孟加拉国	53.9	72	墨西哥	83.9
11	白俄罗斯	93.0	73	蒙　古	52.7
12	比利时	100.0	74	摩洛哥	69.7
13	贝　宁	13.7	75	莫桑比克	18.6
14	玻利维亚	45.5	76	缅　甸	76.0
15	波斯尼亚和黑塞哥维那	95.8	77	尼泊尔	34.1
16	博茨瓦纳	63.8	78	荷　兰	100.0
17	巴　西	80.3	79	新西兰	97.9
18	保加利亚	100.0	80	尼加拉瓜	52.0
19	柬埔寨	31.6	81	尼日利亚	31.0
20	喀麦隆	47.7	82	挪　威	100.0
21	加拿大	99.8	83	巴基斯坦	47.3
22	智　利	98.1	84	巴拿马	71.1
23	中　国	64.8	85	巴拉圭	70.8
24	哥伦比亚	77.7	86	秘　鲁	70.8
25	刚果民主共和国	30.0	87	菲律宾	74.1
26	刚果共和国	18.0	88	波　兰	89.3
27	哥斯达黎加	93.5	89	葡萄牙	100.0
28	科特迪瓦	23.7	90	卡塔尔	100.0
29	克罗地亚	98.2	91	罗马尼亚	72.1
30	塞浦路斯	100.0	92	俄罗斯联邦	70.4
31	捷　克	100.0	93	沙特阿拉伯	100.0
32	丹　麦	100.0	94	塞内加尔	50.6
33	多米尼加共和国	81.9	95	新加坡	100.0
34	厄瓜多尔	92.0	96	斯洛伐克	99.7
35	埃　及	95.0	97	斯洛文尼亚	100.0
36	萨尔瓦多	69.8	98	南　非	73.8
37	爱沙尼亚	95.2	99	西班牙	100.0
38	埃塞俄比亚	19.6	100	斯里兰卡	90.0
39	芬　兰	100.0	101	苏　丹	22.4
40	法　国	100.0	102	瑞　典	100.0
41	加　蓬	32.9	103	瑞　士	100.0
42	格鲁吉亚	93.6	104	叙利亚	94.6
43	德　国	100.0	105	塔吉克斯坦	94.7
44	加　纳	13.4	106	坦桑尼亚	11.6

续表

序　号	国　家	2010 年	序　号	国　家	2010 年
45	希　腊	98.6	107	泰　国	93.5
46	危地马拉	79.4	108	多　哥	11.5
47	海　地	25.9	109	特立尼达和多巴哥	92.1
48	洪都拉斯	79.2	110	突尼斯	89.1
49	匈牙利	100.0	111	土耳其	90.8
50	冰　岛	100.0	112	土库曼斯坦	99.1
51	印　度	34.2	113	乌克兰	94.3
52	印度尼西亚	57.7	114	阿联酋	97.5
53	伊　朗	99.1	115	英　国	100.0
54	爱尔兰	99.0	116	美　国	99.6
55	以色列	100.0	117	乌拉圭	98.7
56	意大利	97.9	118	乌兹别克斯坦	100.0
57	牙买加	80.2	119	委内瑞拉	90.9
58	日　本	100.0	120	越　南	73.0
59	约　旦	98.0	121	也　门	52.7
60	哈萨克斯坦	97.3	122	赞比亚	42.0
61	肯尼亚	29.2	123	津巴布韦	40.3
62	韩　国	100.0			

注：1. 意大利 1990 年至今无数据，暂用 OECD 国家均值补值，OECD 国家包括 34 个成员国：澳大利亚、奥地利、比利时、加拿大、智利、捷克、丹麦、爱沙尼亚、芬兰、法国、德国、希腊、匈牙利、冰岛、爱尔兰、以色列、意大利、日本、韩国、卢森堡、墨西哥、荷兰、新西兰、挪威、波兰、葡萄牙、斯洛伐克、斯洛文尼亚、西班牙、瑞典、瑞士、土耳其、英国、美国；2. 拉脱维亚、立陶宛 2010 年数据缺失，使用 2009 年数据补值；3. 波兰、罗马尼亚 2010 年数据缺失，使用 2008 年数据补值；4. 委内瑞拉 2010 年数据缺失，使用 2007 年数据补值；5. 黎巴嫩 2010 年数据缺失，使用 2005 年数据补值；6. 新西兰 1990 年至今无数据，暂用 OECD 国家均值补值。

>> 6. 一次能源强度 <<

指标单位	吨标准油/千美元（购买力平价法，2005 年不变价）				
来源机构/数据库	国际能源署				
指标解释	"一次能源强度"是一个国家能源消费总量与国内生产总值（GDP）之间的比例。主要用购买力平价（PPP）的方式来反映一个国家生产一单位 GDP 所消耗的能源总量。该指标说明一个国家经济活动中对能源的利用程度，反映经济结构和能源利用效率的变化				
网　址	http://www.iea.org/publications/freepublications/publication/kwes.pdf				
序　号	国　家	2010 年	序　号	国　家	2010 年
1	阿尔巴尼亚	0.08	63	科威特	0.27
2	阿尔及利亚	0.15	64	吉尔吉斯斯坦	0.27
3	安哥拉	0.13	65	拉脱维亚	0.15

续表

序 号	国 家	2010 年	序 号	国 家	2010 年
4	阿根廷	0.13	66	黎巴嫩	0.12
5	亚美尼亚	0.16	67	利比亚	0.19
6	澳大利亚	0.15	68	立陶宛	0.14
7	奥地利	0.11	69	卢森堡	0.12
8	阿塞拜疆	0.15	70	马其顿	0.15
9	巴 林	0.37	71	马来西亚	0.19
10	孟加拉国	0.14	72	墨西哥	0.13
11	白俄罗斯	0.23	73	蒙 古	0.33
12	比利时	0.17	74	摩洛哥	0.12
13	贝 宁	0.29	75	莫桑比克	0.52
14	玻利维亚	0.17	76	缅 甸	0.02
15	波斯尼亚和黑塞哥维那	0.23	77	尼泊尔	0.32
16	博茨瓦纳	0.09	78	荷 兰	0.14
17	巴 西	0.14	79	新西兰	0.16
18	保加利亚	0.21	80	尼加拉瓜	0.21
19	柬埔寨	0.18	81	尼日利亚	0.33
20	喀麦隆	0.18	82	挪 威	0.14
21	加拿大	0.21	83	巴基斯坦	0.2
22	智 利	0.13	84	巴拿马	0.09
23	中 国	0.26	85	巴拉圭	0.16
24	哥伦比亚	0.08	86	秘 鲁	0.08
25	刚果民主共和国	1.16	87	菲律宾	0.12
26	刚果共和国	0.1	88	波 兰	0.15
27	哥斯达黎加	0.1	89	葡萄牙	0.1
28	科特迪瓦	0.28	90	卡塔尔	0.17
29	克罗地亚	0.12	91	罗马尼亚	0.15
30	塞浦路斯	0.12	92	俄罗斯联邦	0.35
31	捷 克	0.18	93	沙特阿拉伯	0.3
32	丹 麦	0.11	94	塞内加尔	0.16
33	多米尼加共和国	0.1	95	新加坡	0.12
34	厄瓜多尔	0.12	96	斯洛伐克	0.16
35	埃 及	0.16	97	斯洛文尼亚	0.14
36	萨尔瓦多	0.11	98	南 非	0.29
37	爱沙尼亚	0.25	99	西班牙	0.1
38	埃塞俄比亚	0.43	100	斯里兰卡	0.1
39	芬 兰	0.22	101	苏 丹	0.18
40	法 国	0.14	102	瑞 典	0.16

续表

序　号	国　家	2010 年	序　号	国　家	2010 年
41	加　蓬	0.11	103	瑞　士	0.09
42	格鲁吉亚	0.15	104	叙利亚	0.22
43	德　国	0.12	105	塔吉克斯坦	0.17
44	加　纳	0.26	106	坦桑尼亚	0.36
45	希　腊	0.1	107	泰　国	0.22
46	危地马拉	0.17	108	多　哥	0.5
47	海　地	0.23	109	特立尼达和多巴哥	0.69
48	洪都拉斯	0.17	110	突尼斯	0.11
49	匈牙利	0.15	111	土耳其	0.12
50	冰　岛	0.52	112	土库曼斯坦	0.57
51	印　度	0.18	113	乌克兰	0.47
52	印度尼西亚	0.22	114	阿联酋	0.2
53	伊　朗	0.27	115	英　国	0.1
54	爱尔兰	0.09	116	美　国	0.17
55	以色列	0.12	117	乌拉圭	0.1
56	意大利	0.1	118	乌兹别克斯坦	0.56
57	牙买加	0.16	119	委内瑞拉	0.24
58	日　本	0.13	120	越　南	0.24
59	约　旦	0.23	121	也　门	0.13
60	哈萨克斯坦	0.42	122	赞比亚	0.45
61	肯尼亚	0.33	123	津巴布韦	2.87
62	韩　国	0.19			

>> 7. 人均二氧化碳排放量 <<

指标单位	吨/人
来源机构/数据库	《燃料燃烧 CO_2 排放（2012 版）》，国际能源署
指标解释	二氧化碳是人为温室气体排放的主要来源。本指标的二氧化碳排放是指燃料燃烧所产生的排放，包括在消费固体、液体、气体燃料和天然气燃烧时所产生的二氧化碳排放
网　址	http://www.iea.org/publications/freepublications/publication/name,32870,en.html

序　号	国　家	2010 年	序　号	国　家	2010 年
1	阿尔巴尼亚	1.2	63	科威特	31.9
2	阿尔及利亚	2.8	64	吉尔吉斯斯坦	1.3
3	安哥拉	0.9	65	拉脱维亚	3.6
4	阿根廷	4.2	66	黎巴嫩	4.4
5	亚美尼亚	1.3	67	利比亚	8.1

序　号	国　家	2010 年	序　号	国　家	2010 年
6	澳大利亚	17.0	68	立陶宛	4.0
7	奥地利	8.3	69	卢森堡	21.0
8	阿塞拜疆	2.7	70	马其顿	4.0
9	巴　林	18.7	71	马来西亚	6.5
10	孟加拉国	0.4	72	墨西哥	3.9
11	白俄罗斯	6.9	73	蒙　古	4.3
12	比利时	9.8	74	摩洛哥	1.4
13	贝　宁	0.5	75	莫桑比克	0.1
14	玻利维亚	1.4	76	缅　甸	0.2
15	波斯尼亚和黑塞哥维那	5.3	77	尼泊尔	0.1
16	博茨瓦纳	2.3	78	荷　兰	11.3
17	巴　西	2.0	79	新西兰	7.0
18	保加利亚	5.8	80	尼加拉瓜	0.8
19	柬埔寨	0.3	81	尼日利亚	0.3
20	喀麦隆	0.3	82	挪　威	8.0
21	加拿大	15.7	83	巴基斯坦	0.8
22	智　利	4.1	84	巴拿马	2.4
23	中　国	5.4	85	巴拉圭	0.7
24	哥伦比亚	1.3	86	秘　鲁	1.4
25	刚果民主共和国	0.1	87	菲律宾	0.8
26	刚果共和国	0.4	88	波　兰	8.0
27	哥斯达黎加	1.4	89	葡萄牙	4.5
28	科特迪瓦	0.3	90	卡塔尔	36.9
29	克罗地亚	4.3	91	罗马尼亚	3.5
30	塞浦路斯	9.0	92	俄罗斯联邦	11.2
31	捷　克	10.9	93	沙特阿拉伯	16.3
32	丹　麦	8.5	94	塞内加尔	0.4
33	多米尼加共和国	1.9	95	新加坡	12.4
34	厄瓜多尔	2.1	96	斯洛伐克	6.5
35	埃　及	2.2	97	斯洛文尼亚	7.5
36	萨尔瓦多	1.0	98	南　非	6.9
37	爱沙尼亚	13.8	99	西班牙	5.8
38	埃塞俄比亚	0.1	100	斯里兰卡	0.6
39	芬　兰	11.7	101	苏　丹	0.3
40	法　国	5.5	102	瑞　典	5.1
41	加　蓬	1.8	103	瑞　士	5.6
42	格鲁吉亚	1.1	104	叙利亚	2.8

序　号	国　家	2010 年	序　号	国　家	2010 年
43	德　国	9.3	105	塔吉克斯坦	0.4
44	加　纳	0.4	106	坦桑尼亚	0.1
45	希　腊	7.5	107	泰　国	3.6
46	危地马拉	0.7	108	多　哥	0.2
47	海　地	0.2	109	特立尼达和多巴哥	31.9
48	洪都拉斯	1.0	110	突尼斯	2.1
49	匈牙利	4.9	111	土耳其	3.7
50	冰　岛	6.0	112	土库曼斯坦	10.5
51	印　度	1.4	113	乌克兰	5.8
52	印度尼西亚	1.7	114	阿联酋	20.5
53	伊　朗	6.9	115	英　国	7.8
54	爱尔兰	8.6	116	美　国	17.3
55	以色列	8.9	117	乌拉圭	1.9
56	意大利	6.6	118	乌兹别克斯坦	3.6
57	牙买加	2.9	119	委内瑞拉	6.4
58	日　本	9.0	120	越　南	1.5
59	约　旦	3.1	121	也　门	0.9
60	哈萨克斯坦	14.2	122	赞比亚	0.2
61	肯尼亚	0.3	123	津巴布韦	0.7
62	韩　国	11.5			

注：本指标 CO_2 排放的计算使用了 IEA 能源数据库和《1996 IPCC 国家温室气体目录修订指南》（IPCC/OECD/IEA，1997，"1996 IPCC 指南"）的默认方法和排放因子。

>> 8. PM$_{10}$ <<

指标单位	微克/立方米				
来源机构/数据库	世界发展指标（WDI）数据库，由世界银行农业和环境服务部估计				
指标解释	"PM$_{10}$"是测度大气中颗粒污染物浓度的一个指标，表示直径小于 $10\mu m$ 的细悬浮颗粒在大气中的浓度。PM$_{10}$能深入渗透呼吸道并导致严重的健康损害				
网　址	http://data.worldbank.org/indicator/EN.ATM.PM10.MC.M3				
序　号	国　家	2010 年	序　号	国　家	2010 年
1	阿尔巴尼亚	38.4	63	科威特	90.7
2	阿尔及利亚	69.3	64	吉尔吉斯斯坦	35.0
3	安哥拉	57.8	65	拉脱维亚	12.3
4	阿根廷	56.8	66	黎巴嫩	24.9
5	亚美尼亚	44.5	67	利比亚	65.3

续表

序　号	国　家	2010 年	序　号	国　家	2010 年
6	澳大利亚	13.1	68	立陶宛	16.4
7	奥地利	27.4	69	卢森堡	12.5
8	阿塞拜疆	27.3	70	马其顿	16.8
9	巴林	44.1	71	马来西亚	17.9
10	孟加拉国	115.0	72	墨西哥	29.8
11	白俄罗斯	6.3	73	蒙古	95.7
12	比利时	21.2	74	摩洛哥	23.1
13	贝宁	48.5	75	莫桑比克	21.7
14	玻利维亚	56.6	76	缅甸	39.8
15	波斯尼亚和黑塞哥维那	20.8	77	尼泊尔	26.8
16	博茨瓦纳	63.5	78	荷兰	30.0
17	巴西	18.3	79	新西兰	10.8
18	保加利亚	40.3	80	尼加拉瓜	21.4
19	柬埔寨	41.9	81	尼日利亚	37.9
20	喀麦隆	59.2	82	挪威	16.1
21	加拿大	14.5	83	巴基斯坦	91.1
22	智利	46.2	84	巴拿马	44.6
23	中国	58.9	85	巴拉圭	63.6
24	哥伦比亚	19.1	86	秘鲁	42.5
25	刚果民主共和国	35.2	87	菲律宾	16.8
26	刚果共和国	56.6	88	波兰	32.9
27	哥斯达黎加	27.1	89	葡萄牙	18.1
28	科特迪瓦	29.5	90	卡塔尔	20.4
29	克罗地亚	22.4	91	罗马尼亚	11.3
30	塞浦路斯	26.7	92	俄罗斯联邦	14.5
31	捷克	16.2	93	沙特阿拉伯	96.3
32	丹麦	15.0	94	塞内加尔	77.1
33	多米尼加共和国	14.0	95	新加坡	23.4
34	厄瓜多尔	19.2	96	斯洛伐克	12.7
35	埃及	77.8	97	斯洛文尼亚	25.6
36	萨尔瓦多	28.3	98	南非	17.9
37	爱沙尼亚	9.3	99	西班牙	23.7
38	埃塞俄比亚	47.2	100	斯里兰卡	64.8
39	芬兰	15.2	101	苏丹	136.8
40	法国	11.9	102	瑞典	10.2
41	加蓬	6.8	103	瑞士	19.8
42	格鲁吉亚	49.4	104	叙利亚	54.3

续表

序　号	国　家	2010 年	序　号	国　家	2010 年
43	德国	15.6	105	塔吉克斯坦	29.1
44	加纳	22.2	106	坦桑尼亚	18.7
45	希腊	27.3	107	泰国	52.6
46	危地马拉	51.4	108	多哥	26.9
47	海地	34.7	109	特立尼达和多巴哥	97.2
48	洪都拉斯	33.6	110	突尼斯	23.4
49	匈牙利	15.0	111	土耳其	35.1
50	冰岛	17.6	112	土库曼斯坦	36.3
51	印度	52.0	113	乌克兰	15.4
52	印度尼西亚	60.1	114	阿联酋	89.4
53	伊朗	55.6	115	英国	12.8
54	爱尔兰	12.8	116	美国	17.8
55	以色列	21.4	117	乌拉圭	112.0
56	意大利	20.6	118	乌兹别克斯坦	31.0
57	牙买加	27.2	119	委内瑞拉	9.9
58	日本	24.1	120	越南	53.7
59	约旦	29.8	121	也门	34.4
60	哈萨克斯坦	18.1	122	赞比亚	26.9
61	肯尼亚	29.9	123	津巴布韦	34.0
62	韩国	30.3			

注：国家（地区）的数据是超过 10 万人的城市居民区中的城市人口加权的 PM_{10} 水平，为年均浓度估计，代表了普通城市居民的户外颗粒物年均暴露水平。

>> 9. 陆地保护区面积占土地面积的比例 <<

指标单位	%			
来源机构/数据库	世界银行数据库；原始数据来自联合国环境规划署和世界保护监测中心，由世界资源所编纂，根据的是各国政府提供的数据、国家立法和国际协定			
指标解释	陆地保护区是指面积至少在 1 000 公顷以上、被国家权威机构指定作为限制公众进入的科学保护区、国家公园、自然纪念地、自然保护区或野生动物禁猎区、景观保护区以及目的主要为可持续利用的管理区			
网　址	http://data.worldbank.org/indicator.cn/ER.LND.PTLD.ZS			
序　号	国　家	2010 年	序　号	国　家	2010 年
1	阿尔巴尼亚	9.8	63	科威特	1.6
2	阿尔及利亚	6.3	64	吉尔吉斯斯坦	6.9
3	安哥拉	12.4	65	拉脱维亚	18.0

序　号	国　家	2010 年	序　号	国　家	2010 年
4	阿根廷	5.5	66	黎巴嫩	0.5
5	亚美尼亚	8.0	67	利比亚	0.1
6	澳大利亚	10.6	68	立陶宛	14.5
7	奥地利	22.9	69	卢森堡	20.0
8	阿塞拜疆	7.1	70	马其顿	4.9
9	巴　林	1.3	71	马来西亚	18.1
10	孟加拉国	1.8	72	墨西哥	11.1
11	白俄罗斯	7.2	73	蒙　古	13.4
12	比利时	13.8	74	摩洛哥	1.5
13	贝　宁	23.8	75	莫桑比克	15.8
14	玻利维亚	18.5	76	缅　甸	6.3
15	波斯尼亚和黑塞哥维那	0.6	77	尼泊尔	17.0
16	博茨瓦那	30.9	78	荷　兰	12.4
17	巴　西	26.3	79	新西兰	26.2
18	保加利亚	9.2	80	尼加拉瓜	36.7
19	柬埔寨	25.8	81	尼日利亚	12.8
20	喀麦隆	9.2	82	挪　威	14.6
21	加拿大	7.5	83	巴基斯坦	10.1
22	智　利	16.6	84	巴拿马	18.7
23	中　国	16.6	85	巴拉圭	5.4
24	哥伦比亚	20.9	86	秘　鲁	13.6
25	刚果民主共和国	10.0	87	菲律宾	10.9
26	刚果共和国	9.4	88	波　兰	22.4
27	哥斯达黎加	20.9	89	葡萄牙	8.3
28	科特迪瓦	22.6	90	卡塔尔	2.5
29	克罗地亚	13.0	91	罗马尼亚	7.1
30	塞浦路斯	10.5	92	俄罗斯联邦	9.1
31	捷　克	15.1	93	沙特阿拉伯	31.3
32	丹　麦	4.9	94	塞内加尔	24.1
33	多米尼加共和国	22.2	95	新加坡	5.4
34	厄瓜多尔	25.1	96	斯洛伐克	23.2
35	埃　及	5.9	97	斯洛文尼亚	13.2
36	萨尔瓦多	0.8	98	南　非	6.9
37	爱沙尼亚	20.4	99	西班牙	8.6
38	埃塞俄比亚	18.4	100	斯里兰卡	21.5
39	芬　兰	9.0	101	苏　丹	4.2
40	法　国	16.5	102	瑞　典	10.9

序　号	国　家	2010 年	序　号	国　家	2010 年
41	加　蓬	15.1	103	瑞　士	24.9
42	格鲁吉亚	3.7	104	叙利亚	0.6
43	德　国	42.4	105	塔吉克斯坦	4.1
44	加　纳	14.7	106	坦桑尼亚	27.5
45	希　腊	16.2	107	泰　国	20.1
46	危地马拉	30.6	108	多　哥	11.3
47	海　地	0.3	109	特立尼达和多巴哥	31.2
48	洪都拉斯	18.2	110	突尼斯	1.3
49	匈牙利	5.1	111	土耳其	1.9
50	冰　岛	19.7	112	土库曼尼斯坦	3.0
51	印　度	5.0	113	乌克兰	3.5
52	印度尼西亚	14.1	114	阿联酋	5.6
53	伊　朗	7.1	115	英　国	26.4
54	爱尔兰	1.8	116	美　国	12.4
55	以色列	17.8	117	乌拉圭	0.3
56	意大利	15.1	118	乌兹别克斯坦	2.3
57	牙买加	18.9	119	委内瑞拉	53.8
58	日　本	16.5	120	越　南	6.2
59	约　旦	1.9	121	也　门	0.5
60	哈萨克斯坦	2.5	122	赞比亚	36.0
61	肯尼亚	11.8	123	津巴布韦	28.0
62	韩　国	2.4			

>> 10. 森林面积占土地面积的百分比 <<

指标单位	%
来源机构/数据库	世界银行数据库；最终数据来自联合国粮农组织
指标解释	森林面积是指由自然生长或人工种植且原地高度至少为 5 米的直立树木（无论是否属于生产性）所覆盖的土地，不包括农业生产系统中的立木（例如果树种植园和农林系统）以及城市公园和花园中的树木
网　址	http://data.worldbank.org/indicator/AG.LND.FRST.ZS

序　号	国　家	2010 年	序　号	国　家	2010 年
1	阿尔巴尼亚	28.3	63	科威特	0.4
2	阿尔及利亚	0.6	64	吉尔吉斯斯坦	5.0
3	安哥拉	46.9	65	拉脱维亚	53.9

续表

序　号	国　家	2010 年	序　号	国　家	2010 年
4	阿根廷	10.7	66	黎巴嫩	13.4
5	亚美尼亚	9.2	67	利比亚	0.1
6	澳大利亚	19.4	68	立陶宛	34.5
7	奥地利	47.2	69	卢森堡	33.5
8	阿塞拜疆	11.3	70	马其顿	39.6
9	巴　林	0.7	71	马来西亚	62.3
10	孟加拉国	11.1	72	墨西哥	33.3
11	白俄罗斯	42.5	73	蒙　古	7.0
12	比利时	22.4	74	摩洛哥	11.5
13	贝　宁	40.4	75	莫桑比克	49.6
14	玻利维亚	52.8	76	缅　甸	48.6
15	波斯尼亚和黑塞哥维那	42.8	77	尼泊尔	25.4
16	博茨瓦纳	20.0	78	荷　兰	10.8
17	巴　西	61.4	79	新西兰	31.4
18	保加利亚	36.2	80	尼加拉瓜	25.9
19	柬埔寨	57.2	81	尼日利亚	9.9
20	喀麦隆	42.1	82	挪　威	33.1
21	加拿大	34.1	83	巴基斯坦	2.2
22	智　利	21.8	84	巴拿马	43.7
23	中　国	22.2	85	巴拉圭	44.3
24	哥伦比亚	54.5	86	秘　鲁	53.1
25	刚果民主共和国	68.0	87	菲律宾	25.7
26	刚果共和国	65.6	88	波　兰	30.7
27	哥斯达黎加	51.0	89	葡萄牙	37.8
28	科特迪瓦	32.7	90	卡塔尔	0.0
29	克罗地亚	34.3	91	罗马尼亚	28.6
30	塞浦路斯	18.7	92	俄罗斯联邦	49.4
31	捷　克	34.4	93	沙特阿拉伯	0.5
32	丹　麦	12.8	94	塞内加尔	44.0
33	多米尼加共和国	40.8	95	新加坡	3.3
34	厄瓜多尔	39.7	96	斯洛伐克	40.2
35	埃　及	0.1	97	斯洛文尼亚	62.2
36	萨尔瓦多	13.9	98	南　非	7.6
37	爱沙尼亚	52.3	99	西班牙	36.4
38	埃塞俄比亚	12.3	100	斯里兰卡	29.7
39	芬　兰	72.9	101	苏　丹	29.4
40	法　国	29.1	102	瑞　典	68.7

续表

序 号	国 家	2010 年	序 号	国 家	2010 年
41	加 蓬	85.4	103	瑞 士	31.0
42	格鲁吉亚	39.5	104	叙利亚	2.7
43	德 国	31.8	105	塔吉克斯坦	2.9
44	加 纳	21.7	106	坦桑尼亚	37.7
45	希 腊	30.3	107	泰 国	37.1
46	危地马拉	34.1	108	多 哥	5.3
47	海 地	3.7	109	特立尼达和多巴哥	44.1
48	洪都拉斯	46.4	110	突尼斯	6.5
49	匈牙利	22.4	111	土耳其	14.7
50	冰 岛	0.3	112	土库曼斯坦	8.8
51	印 度	23.0	113	乌克兰	16.8
52	印度尼西亚	52.1	114	阿联酋	3.8
53	伊 朗	6.8	115	英 国	11.9
54	爱尔兰	10.7	116	美 国	33.2
55	以色列	7.1	117	乌拉圭	10.0
56	意大利	31.1	118	乌兹别克斯坦	7.7
57	牙买加	31.1	119	委内瑞拉	52.5
58	日 本	68.5	120	越 南	44.5
59	约 旦	1.1	121	也 门	1.0
60	哈萨克斯坦	1.2	122	赞比亚	66.5
61	肯尼亚	6.1	123	津巴布韦	40.4
62	韩 国	64.1			

>> 11. 获得改善饮用水源的人口占一国总人口的比例 <<

指标单位	%				
来源机构/数据库	世界卫生组织/联合国儿童基金会联合监测方案				
指标解释	改善饮用水源是指由于其自身结构或通过积极的干预，从而不受外界污染，尤其是不受排泄物污染的饮用水源				
网 址	http://www.wssinfo.org/data-estimates/table/				
序 号	国 家	2010 年	序 号	国 家	2010 年
1	阿尔巴尼亚	94.9	63	科威特	99.0
2	阿尔及利亚	83.8	64	吉尔吉斯斯坦	88.7
3	安哥拉	52.6	65	拉脱维亚	98.4
4	阿根廷	99.0	66	黎巴嫩	100.0

序 号	国 家	2010 年	序 号	国 家	2010 年
5	亚美尼亚	98.6	67	利比亚	54.4
6	澳大利亚	100.0	68	立陶宛	92.0
7	奥地利	100.0	69	卢森堡	100.0
8	阿塞拜疆	80.2	70	马其顿	99.5
9	巴 林	100.0	71	马来西亚	99.6
10	孟加拉国	82.9	72	墨西哥	93.9
11	白俄罗斯	99.7	73	蒙 古	84.8
12	比利时	100.0	74	摩洛哥	100.0
13	贝 宁	75.1	75	莫桑比克	46.6
14	玻利维亚	87.3	76	缅 甸	82.6
15	波斯尼亚和黑塞哥维那	98.8	77	尼泊尔	86.7
16	博茨瓦纳	96.8	78	荷 兰	100.0
17	巴 西	96.9	79	新西兰	100.0
18	保加利亚	99.5	80	尼加拉瓜	84.9
19	柬埔寨	65.0	81	尼日利亚	60.6
20	喀麦隆	74.2	82	挪 威	100.0
21	加拿大	99.8	83	巴基斯坦	91.2
22	智 利	98.2	84	巴拿马	94.2
23	中 国	91.5	85	巴拉圭	86.5
24	哥伦比亚	92.7	86	秘 鲁	84.8
25	刚果民主共和国	46.0	87	菲律宾	92.4
26	刚果共和国	72.2	88	波 兰	97.1
27	哥斯达黎加	96.3	89	葡萄牙	99.5
28	科特迪瓦	79.7	90	卡塔尔	100.0
29	克罗地亚	98.5	91	罗马尼亚	87.7
30	塞浦路斯	100.0	92	俄罗斯联邦	97.0
31	捷 克	99.8	93	沙特阿拉伯	97.0
32	丹 麦	100.0	94	塞内加尔	72.7
33	多米尼加共和国	82.1	95	新加坡	100.0
34	厄瓜多尔	91.1	96	斯洛伐克	100.0
35	埃 及	99.3	97	斯洛文尼亚	99.6
36	萨尔瓦多	89.6	98	南 非	91.4
37	爱沙尼亚	98.8	99	西班牙	100.0
38	埃塞俄比亚	47.2	100	斯里兰卡	91.4
39	芬 兰	100.0	101	苏 丹	54.9
40	法 国	100.0	102	瑞 典	100.0
41	加 蓬	87.7	103	瑞 士	100.0

序　号	国　家	2010 年	序　号	国　家	2010 年
42	格鲁吉亚	97.3	104	叙利亚	89.7
43	德　国	100.0	105	塔吉克斯坦	65.4
44	加　纳	86.2	106	坦桑尼亚	53.4
45	希　腊	99.8	107	泰　国	95.8
46	危地马拉	93.2	108	多　哥	58.4
47	海　地	63.9	109	特立尼达和多巴哥	93.9
48	洪都拉斯	88.3	110	突尼斯	95.9
49	匈牙利	100.0	111	土耳其	99.7
50	冰　岛	100.0	112	土库曼斯坦	70.9
51	印　度	90.7	113	乌克兰	98.0
52	印度尼西亚	83.7	114	阿联酋	99.7
53	伊　朗	95.1	115	英　国	100.0
54	爱尔兰	99.9	116	美　国	98.8
55	以色列	100.0	117	乌拉圭	99.7
56	意大利	100.0	118	乌兹别克斯坦	87.3
57	牙买加	93.1	119	委内瑞拉	92.9
58	日　本	100.0	120	越　南	93.9
59	约　旦	96.2	121	也　门	54.6
60	哈萨克斯坦	94.8	122	赞比亚	63.2
61	肯尼亚	60.1	123	津巴布韦	79.9
62	韩　国	97.7			

注：1. 利比亚 2010 年数据缺失，用 2001 年数据补值；2005 年数据缺失；2. 立陶宛 2010 年数据缺失，用 2009 年数据补值；3. 波兰 1990 年至今无数据，暂用东欧国家均值补值，本表统计的欧洲国家包括白俄罗斯共和国、爱沙尼亚共和国、拉脱维亚共和国、立陶宛共和国、哈萨克斯坦共和国、乌克兰共和国、保加利亚共和国、捷克共和国、匈牙利共和国、波兰共和国、摩尔多瓦共和国、罗马尼亚共和国、俄罗斯联邦、斯洛伐克共和国；4. 罗马尼亚 2010 年数据缺失，用 2008 年数据补值；5. 委内瑞拉 2010 年数据缺失，用 2007 的数据补值。

>> 12. 濒危动物物种占总物种的百分比 <<

指标单位	％			
来源机构/数据库	联合国开发计划署；最终数据来自世界自然保护联盟(2010)			
指标解释	"濒危动物物种占总物种的百分比"是指被世界自然保护联盟列为"极危"、"濒危"和"易危"3 个级别的动物物种(包括哺乳动物、鸟类、爬行动物、两栖动物、鱼类和无脊椎动物)占所有物种的百分比			
网　址	http://hdr.undp.org/en/reports/global/hdr2011/download/			

序　号	国　家	2010 年	序　号	国　家	2010 年
1	阿尔巴尼亚	15	63	科威特	9
2	阿尔及利亚	13	64	吉尔吉斯斯坦	6

序　号	国　家	2010 年	序　号	国　家	2010 年
3	安哥拉	4	65	拉脱维亚	4
4	阿根廷	9	66	黎巴嫩	10
5	亚美尼亚	7	67	利比亚	9
6	澳大利亚	22	68	立陶宛	4
7	奥地利	11	69	卢森堡	2
8	阿塞拜疆	8	70	马其顿	14
9	巴林	8	71	马来西亚	18
10	孟加拉国	9	72	墨西哥	17
11	白俄罗斯	4	73	蒙古	7
12	比利时	5	74	摩洛哥	16
13	贝宁	4	75	莫桑比克	7
14	玻利维亚	4	76	缅甸	8
15	波斯尼亚和黑塞哥维那	10	77	尼泊尔	6
16	博茨瓦纳	2	78	荷兰	5
17	巴西	10	79	新西兰	25
18	保加利亚	9	80	尼加拉瓜	4
19	柬埔寨	13	81	尼日利亚	7
20	喀麦隆	11	82	挪威	7
21	加拿大	7	83	巴基斯坦	9
22	智利	10	84	巴拿马	6
23	中国	12	85	巴拉圭	4
24	哥伦比亚	11	86	秘鲁	8
25	刚果民主共和国	6	87	菲律宾	19
26	刚果共和国	4	88	波兰	5
27	哥斯达黎加	7	89	葡萄牙	19
28	科特迪瓦	7	90	卡塔尔	8
29	克罗地亚	13	91	罗马尼亚	9
30	塞浦路斯	8	92	俄罗斯联邦	9
31	捷克	5	93	沙特阿拉伯	9
32	丹麦	6	94	塞内加尔	6
33	多米尼加共和国	17	95	新加坡	17
34	厄瓜多尔	12	96	斯洛伐克	5
35	埃及	10	97	斯洛文尼亚	13
36	萨尔瓦多	3	98	南非	15
37	爱沙尼亚	3	99	西班牙	16
38	埃塞俄比亚	7	100	斯里兰卡	19
39	芬兰	4	101	苏丹	5

序　号	国　家	2010 年	序　号	国　家	2010 年
40	法　国	14	102	瑞　典	5
41	加　蓬	6	103	瑞　士	6
42	格鲁吉亚	9	104	叙利亚	13
43	德　国	9	105	塔吉克斯坦	6
44	加　纳	5	106	坦桑尼亚	12
45	希　腊	16	107	泰　国	14
46	危地马拉	8	108	多　哥	4
47	海　地	19	109	特立尼达和多巴哥	6
48	洪都拉斯	7	110	突尼斯	11
49	匈牙利	8	111	土耳其	15
50	冰　岛	9	112	土库曼斯坦	8
51	印　度	13	113	乌克兰	8
52	印度尼西亚	16	114	阿联酋	9
53	伊　朗	9	115	英　国	10
54	爱尔兰	7	116	美　国	21
55	以色列	12	117	乌拉圭	12
56	意大利	14	118	乌兹别克斯坦	7
57	牙买加	15	119	委内瑞拉	8
58	日　本	15	120	越　南	12
59	约　旦	10	121	也　门	10
60	哈萨克斯坦	8	122	赞比亚	3
61	肯尼亚	8	123	津巴布韦	3
62	韩　国	10			

附表 Ⅱ

人类绿色发展指数 7 个指标 123 个国家 1990—2010 年数据变化表

>> 1. 获得改善卫生设施的人口占一国总人口的比例 动态变化（1990—2010 年）<<

指标单位	%
来源机构/数据库	世界卫生组织/联合国儿童基金会联合监测方案
网　址	http://www. wssinfo. org/data-estimates/table/

序　号	国　家	2010 年/1990 年变化率（%）	1990 年	1995 年	2000 年	2005 年	2010 年
1	阿尔巴尼亚	15.0	81.1	82.3	86.2	90.0	93.3
2	阿尔及利亚	7.3	88.6	90.0	92.2	94.0	95.1
3	安哥拉	96.3	29.2	34.6	42.2	49.8	57.2
4	阿根廷	10.6	86.7	89.3	91.6	93.8	95.9
5	亚美尼亚	1.6	88.8	88.7	88.9	89.6	90.2
6	澳大利亚	0.0	100.0	100.0	100.0	100.0	100.0
7	奥地利	0.0	100.0	100.0	100.0	100.0	100.0
8	阿塞拜疆	42.6	57.5	57.4	62.1	74.6	82.0
9	巴　林	0.2	99.0	99.1	99.1	99.2	99.2
10	孟加拉国	43.1	37.7	40.7	45.3	49.7	53.9
11	白俄罗斯	0.1	92.8	92.7	92.8	92.9	93.0
12	比利时	0.0	100.0	100.0	100.0	100.0	100.0
13	贝　宁	175.3	5.0	7.0	9.0	11.2	13.7
14	玻利维亚	60.6	28.3	32.8	37.0	41.2	45.4
15	波斯尼亚和黑塞哥维那	0.5	95.3	95.3	95.3	95.4	95.8
16	博茨瓦纳	65.4	38.6	45.9	52.0	58.0	63.8

续表

序　号	国　家	2010 年/1990 年变化率(%)	1990 年	1995 年	2000 年	2005 年	2010 年
17	巴　西	20.2	66.8	70.8	74.6	77.5	80.3
18	保加利亚	0.5	99.5	99.6	99.8	100.0	100.0
19	柬埔寨	272.1	8.5	10.4	17.6	24.5	31.6
20	喀麦隆	0.7	47.3	47.5	47.6	47.6	47.7
21	加拿大	0.0	99.8	99.8	99.8	99.8	99.8
22	智　利	15.7	84.8	88.3	91.8	95.1	98.1
23	中　国	173.4	23.7	34.3	44.6	54.9	64.8
24	哥伦比亚	16.2	66.9	70.0	72.7	75.3	77.7
25	刚果民主共和国	76.2	17.0	18.7	22.6	26.4	30.0
26	刚果共和国	−9.4	19.8	NA	19.8	19.0	18.0
27	哥斯达黎加	5.7	88.5	90.0	91.3	92.5	93.5
28	科特迪瓦	19.8	19.8	20.7	21.6	22.7	23.7
29	克罗地亚	0.0	98.2	98.2	98.2	98.2	98.2
30	塞浦路斯	0.0	100.0	100.0	100.0	100.0	100.0
31	捷　克	0.0	100.0	100.0	100.0	100.0	100.0
32	丹　麦	0.0	100.0	100.0	100.0	100.0	100.0
33	多米尼加共和国	12.7	72.7	75.0	77.6	79.9	81.9
34	厄瓜多尔	32.6	69.3	75.5	81.3	86.8	92.0
35	埃　及	32.3	71.7	78.5	85.6	92.6	94.9
36	萨尔瓦多	40.3	49.8	55.5	61.0	65.5	69.8
37	爱沙尼亚	−0.4	95.6	95.5	95.4	95.2	95.2
38	埃塞俄比亚	738.3	2.3	2.8	8.1	13.9	19.6
39	芬　兰	0.0	100.0	100.0	100.0	100.0	100.0
40	法　国	0.0	100.0	100.0	100.0	100.0	100.0
41	加　蓬	−8.9	36.1	36.2	35.8	33.7	32.9
42	格鲁吉亚	−3.0	96.5	96.3	95.4	94.5	93.6
43	德　国	0.0	100.0	100.0	100.0	100.0	100.0
44	加　纳	107.3	6.5	8.1	9.8	11.6	13.4
45	希　腊	2.1	96.6	97.4	98.2	98.6	98.6
46	危地马拉	28.1	62.0	66.6	71.0	75.3	79.4
47	海　地	23.9	20.9	22.0	22.8	24.5	25.9
48	洪都拉斯	62.3	48.8	56.8	64.5	72.1	79.2
49	匈牙利	0.0	100.0	100.0	100.0	100.0	100.0
50	冰　岛	0.0	100.0	100.0	100.0	100.0	100.0

序　号	国　家	2010年/1990年变化率(%)	1990年	1995年	2000年	2005年	2010年
51	印　度	93.0	17.7	21.2	25.5	29.9	34.2
52	印度尼西亚	63.3	35.3	41.2	47.4	52.6	57.7
53	伊　朗	23.0	80.6	83.0	88.5	93.9	99.1
54	爱尔兰	0.1	98.9	98.9	98.9	98.9	99.0
55	以色列	0.0	100.0	100.0	100.0	100.0	100.0
56	意大利	0.0	97.9	NA	NA	NA	97.9
57	牙买加	0.9	79.5	79.6	79.8	80.0	80.2
58	日　本	0.0	100.0	100.0	100.0	100.0	100.0
59	约　旦	1.0	97.1	97.3	97.5	97.8	98.0
60	哈萨克斯坦	0.9	96.4	96.5	96.8	97.1	97.3
61	肯尼亚	18.5	24.6	25.7	26.9	28.0	29.1
62	韩　国	0.0	100.0	100.0	100.0	100.0	100.0
63	科威特	0.0	100.0	100.0	100.0	100.0	100.0
64	吉尔吉斯斯坦	0.2	93.1	93.1	93.2	93.3	93.3
65	拉脱维亚	−0.1	78.7	NA	78.6	78.6	78.6
66	黎巴嫩	0.4	97.9	98.0	98.2	98.3	98.3
67	利比亚	0.0	96.5	96.5	96.5	96.5	96.6
68	立陶宛	0.0	86.7	NA	86.7	86.6	86.7
69	卢森堡	0.0	100.0	100.0	100.0	100.0	100.0
70	马其顿	1.3	89.9	NA	89.9	90.1	91.1
71	马来西亚	13.3	84.4	88.5	92.3	95.6	95.7
72	墨西哥	27.4	65.9	70.9	75.4	79.8	83.9
73	蒙　古	6.2	49.6	49.6	49.4	51.1	52.7
74	摩洛哥	31.5	53.0	58.9	63.8	68.3	69.7
75	莫桑比克	104.8	9.1	11.2	14.1	16.3	18.6
76	缅　甸	39.4	54.5	54.8	62.0	69.1	76.0
77	尼泊尔	408.6	6.7	13.8	20.9	27.6	34.1
78	荷　兰	0.0	100.0	100.0	100.0	100.0	100.0
79	新西兰	0.0	97.9	NA	NA	NA	97.9
80	尼加拉瓜	20.7	43.1	45.6	48.0	50.4	52.0
81	尼日利亚	−18.7	38.1	36.2	34.5	32.7	31.0
82	挪　威	0.0	100.0	100.0	100.0	100.0	100.0
83	巴基斯坦	76.3	26.8	32.2	37.4	42.4	47.3
84	巴拿马	23.2	57.7	61.7	65.4	68.5	71.1

续表

序　号	国　家	2010年/1990年变化率(%)	1990年	1995年	2000年	2005年	2010年
85	巴拉圭	87.4	37.8	47.8	57.7	67.7	70.8
86	秘鲁	30.3	54.3	58.6	62.9	66.9	70.8
87	菲律宾	30.5	56.8	61.1	65.4	69.7	74.1
88	波兰	−0.1	89.4	NA	89.4	89.4	89.3
89	葡萄牙	6.8	93.7	95.7	97.7	99.4	100.0
90	卡塔尔	0.0	100.0	100.0	100.0	100.0	100.0
91	罗马尼亚	1.4	71.1	71.7	71.8	72.1	72.1
92	俄罗斯联邦	−4.6	73.8	72.9	72.1	71.2	70.4
93	沙特阿拉伯	9.2	91.5	93.9	96.8	99.7	100.0
94	塞内加尔	41.4	35.8	39.5	43.2	46.9	50.6
95	新加坡	0.8	99.2	99.4	99.7	100.0	100.0
96	斯洛伐克	0.0	99.8	99.8	99.8	99.7	99.7
97	斯洛文尼亚	0.0	100.0	100.0	100.0	100.0	100.0
98	南非	15.5	63.9	66.0	68.7	71.3	73.8
99	西班牙	0.0	100.0	100.0	100.0	100.0	100.0
100	斯里兰卡	33.1	67.6	73.1	78.7	84.3	90.0
101	苏丹	−16.2	26.8	26.9	25.4	24.0	22.4
102	瑞典	0.0	100.0	100.0	100.0	100.0	100.0
103	瑞士	0.0	100.0	100.0	100.0	100.0	100.0
104	叙利亚	11.9	84.5	85.4	88.6	91.7	94.6
105	塔吉克斯坦	6.9	88.6	88.6	90.0	92.6	94.7
106	坦桑尼亚	75.2	6.6	7.7	8.8	10.1	11.6
107	泰国	14.3	81.7	86.6	91.3	93.6	93.5
108	多哥	−12.9	13.2	12.6	12.2	11.8	11.5
109	特立尼达和多巴哥	−0.6	92.6	92.5	92.3	92.2	92.1
110	突尼斯	22.8	72.6	77.8	81.9	85.7	89.1
111	土耳其	8.7	83.5	85.4	87.2	88.9	90.8
112	土库曼斯坦	1.0	98.1	98.1	98.3	98.8	99.1
113	乌克兰	−2.6	96.8	96.8	95.1	94.6	94.3
114	阿联酋	0.1	97.4	97.4	97.4	97.5	97.5
115	英国	0.0	100.0	100.0	100.0	100.0	100.0
116	美国	0.1	99.5	99.5	99.5	99.6	99.6
117	乌拉圭	3.7	95.2	95.6	96.7	97.7	98.7
118	乌兹别克斯坦	19.4	83.7	84.6	90.9	97.3	100.0

续表

序　号	国　家	2010 年/1990 年变化率(%)	1990 年	1995 年	2000 年	2005 年	2010 年
119	委内瑞拉	10.8	82.0	85.5	88.7	90.6	90.9
120	越　南	96.5	37.1	46.0	54.9	64.0	73.0
121	也　门	122.2	23.7	31.6	39.4	47.3	52.7
122	赞比亚	0.8	41.6	41.1	40.6	41.3	42.0
123	津巴布韦	−0.5	40.5	40.5	40.4	40.3	40.2

注：1. 亚美尼亚 1990 年数据缺失，使用 1992 年数据补值；2. 阿塞拜疆 1990 年数据缺失，使用 1994 年数据补值；3. 波斯尼亚和黑塞哥维那 1990 年数据缺失，使用 1994 年数据补值；4. 刚果共和国 1990 年数据缺失，使用 1997 年数据补值；5. 加蓬 1990 年数据缺失，使用 1994 年数据补值；6. 意大利 1990 年至今无数据，暂用 OECD 国家均值补。OECD 国家包括 34 个成员国：澳大利亚、奥地利、比利时、加拿大、智利、捷克、丹麦、爱沙尼亚、芬兰、法国、德国、希腊、匈牙利、冰岛、爱尔兰、以色列、意大利、日本、韩国、卢森堡、墨西哥、荷兰、新西兰、挪威、波兰、葡萄牙、斯洛伐克、斯洛文尼亚、西班牙、瑞典、瑞士、土耳其、英国、美国；7. 吉尔吉斯斯坦 1990 年数据缺失，使用 1991 年数据补值；8. 拉脱维亚 1990 年数据缺失，使用 1997 年数据补值；2010 年数据缺失，使用 2009 年数据补值；9. 黎巴嫩 1990 年数据缺失，使用 1993 年数据补值；2010 年数据缺失，使用 2005 年数据补值；10. 立陶宛 1990 年数据缺失，使用 1997 年数据补值；2010 年数据缺失，使用 2009 年数据补值；11. 马其顿 1990 年数据缺失，使用 2000 年数据补值；12. 蒙古 1990 年数据缺失，使用 1994 年数据补值；13. 缅甸 1990 年数据缺失，使用 1991 年数据补值；14. 新西兰 1990 年至今无数据，暂用 OECD 国家均值补值；15. 波兰 1990 年数据缺失，使用 1996 年数据补值；2010 年数据缺失，使用 2008 年数据补值；16. 罗马尼亚 2010 年数据缺失，使用 2008 年数据补值；17. 塔吉克斯坦 1990 年数据缺失，使用 1995 年数据补值；18. 乌克兰 1990 年数据缺失，使用 1994 年数据补值；19. 委内瑞拉 2010 年数据缺失，使用 2007 年数据补值。

>> 2. 一次能源强度动态变化(1990—2010 年) <<

指标单位	吨标准油/千美元(购买力平价法，2005 年不变价)
来源机构/数据库	国际能源署数据库
网　址	http://data.iea.org/ieastore/statslisting.asp

序　号	国　家	2010 年/1990 年变化率(%)	1990 年	1995 年	2000 年	2005 年	2010 年
1	阿尔巴尼亚	−59.2	0.2	0.1	0.1	0.1	0.1
2	阿尔及利亚	7.2	0.1	0.2	0.1	0.1	0.2
3	安哥拉	−25.4	0.2	0.2	0.2	0.2	0.1
4	阿根廷	−32.0	0.2	0.1	0.1	0.1	0.1
5	亚美尼亚	−78.2	0.7	0.3	0.3	0.2	0.2
6	澳大利亚	−25.3	0.2	0.2	0.2	0.2	0.2
7	奥地利	−10.4	0.1	0.1	0.1	0.1	0.1
8	阿塞拜疆	−80.9	0.8	0.9	0.6	0.4	0.1
9	巴　林	−25.9	0.5	0.4	0.4	0.4	0.4
10	孟加拉国	−13.3	0.2	0.2	0.1	0.1	0.1
11	白俄罗斯	−66.3	0.7	0.6	0.4	0.3	0.2

序 号	国 家	2010 年/1990 年 变化率(%)	1990 年	1995 年	2000 年	2005 年	2010 年
12	比利时	−11.8	0.2	0.2	0.2	0.2	0.2
13	贝 宁	−7.0	0.3	0.3	0.2	0.2	0.3
14	玻利维亚	32.9	0.1	0.1	0.1	0.2	0.2
15	波斯尼亚和黑塞哥维那	−83.3	1.4	0.3	0.2	0.2	0.2
16	博茨瓦纳	−31.1	0.1	0.1	0.1	0.1	0.1
17	巴 西	3.8	0.1	0.1	0.1	0.1	0.1
18	保加利亚	−52.6	0.4	0.4	0.3	0.3	0.2
19	柬埔寨	−42.3	NA	0.3	0.3	0.2	0.2
20	喀麦隆	−10.3	0.2	0.2	0.2	0.2	0.2
21	加拿大	−24.8	0.3	0.3	0.3	0.2	0.2
22	智 利	−17.6	0.2	0.1	0.2	0.1	0.1
23	中 国	−61.0	0.7	0.5	0.3	0.3	0.3
24	哥伦比亚	−31.5	0.1	0.1	0.1	0.1	0.1
25	刚果民主共和国	125.3	0.5	0.8	1.3	1.3	1.2
26	刚果共和国	4.5	0.1	0.1	0.1	0.1	0.1
27	哥斯达黎加	−9.1	0.1	0.1	0.1	0.1	0.1
28	科特迪瓦	57.4	0.2	0.2	0.2	0.3	0.3
29	克罗地亚	−14.7	0.1	0.2	0.1	0.1	0.1
30	塞浦路斯	−9.6	0.1	0.1	0.1	0.1	0.1
31	捷 克	−38.9	0.3	0.3	0.2	0.2	0.2
32	丹 麦	−18.9	0.1	0.1	0.1	0.1	0.1
33	多米尼加共和国	−32.6	0.1	0.2	0.2	0.1	0.1
34	厄瓜多尔	7.1	0.1	0.1	0.1	0.1	0.1
35	埃 及	−7.3	0.2	0.2	0.1	0.2	0.2
36	萨尔瓦多	−10.2	0.1	0.1	0.1	0.1	0.1
37	爱沙尼亚	−59.0	0.6	0.4	0.3	0.2	0.3
38	埃塞俄比亚	−24.0	0.6	0.6	0.5	0.5	0.4
39	芬 兰	−12.4	0.2	0.3	0.2	0.2	0.2
40	法 国	−13.8	0.2	0.2	0.1	0.1	0.1
41	加 蓬	23.4	0.1	0.1	0.1	0.1	0.1
42	格鲁吉亚	−63.5	0.4	0.4	0.3	0.2	0.2
43	德 国	−29.9	0.2	0.1	0.1	0.1	0.1
44	加 纳	−34.3	0.4	0.4	0.4	0.3	0.3
45	希 腊	−17.2	0.1	0.1	0.1	0.1	0.1
46	危地马拉	11.8	0.1	0.1	0.2	0.2	0.2
47	海 地	45.7	0.2	0.2	0.2	0.3	0.2

续表

序　号	国　家	2010年/1990年 变化率(%)	1990年	1995年	2000年	2005年	2010年
48	洪都拉斯	−6.7	0.2	0.2	0.2	0.2	0.2
49	匈牙利	−28.3	0.2	0.2	0.2	0.2	0.2
50	冰　岛	61.1	0.3	0.3	0.4	0.3	0.5
51	印　度	−38.6	0.3	0.3	0.3	0.2	0.2
52	印度尼西亚	−16.2	0.3	0.2	0.3	0.3	0.2
53	伊　朗	32.2	0.2	0.3	0.3	0.3	0.3
54	爱尔兰	−41.3	0.2	0.1	0.1	0.1	0.1
55	以色列	−17.1	0.1	0.1	0.1	0.1	0.1
56	意大利	−4.5	0.1	0.1	0.1	0.1	0.1
57	牙买加	−16.5	0.2	0.2	0.2	0.2	0.2
58	日　本	−6.2	0.1	0.1	0.1	0.1	0.1
59	约　旦	−26.4	0.3	0.3	0.3	0.3	0.2
60	哈萨克斯坦	−33.6	0.6	0.7	0.4	0.4	0.4
61	肯尼亚	1.7	0.3	0.3	0.3	0.3	0.3
62	韩　国	−4.9	0.2	0.2	0.2	0.2	0.2
63	科威特	49.0	0.2	0.2	0.3	0.2	0.3
64	吉尔吉斯斯坦	−60.5	0.7	0.4	0.3	0.3	0.3
65	拉脱维亚	−48.0	0.3	0.3	0.2	0.1	0.2
66	黎巴嫩	4.7	0.1	0.1	0.2	0.1	0.1
67	利比亚	9.6	0.2	0.3	0.3	0.2	0.2
68	立陶宛	−61.0	0.3	0.3	0.2	0.2	0.1
69	卢森堡	−42.0	0.2	0.2	0.1	0.1	0.1
70	马其顿	0.2	0.2	0.2	0.2	0.2	0.2
71	马来西亚	8.1	0.2	0.2	0.2	0.2	0.2
72	墨西哥	−13.4	0.1	0.1	0.1	0.1	0.1
73	蒙　古	−48.7	0.6	0.6	0.5	0.4	0.3
74	摩洛哥	16.4	0.1	0.1	0.1	0.1	0.1
75	莫桑比克	−52.8	1.1	1.0	0.8	0.6	0.5
76	缅　甸	−78.9	0.1	0.1	0.0	0.0	0.0
77	尼泊尔	−25.8	0.4	0.4	0.4	0.4	0.3
78	荷　兰	−18.8	0.2	0.2	0.1	0.1	0.1
79	新西兰	−18.7	0.2	0.2	0.2	0.2	0.2
80	尼加拉瓜	−23.0	0.3	0.3	0.3	0.3	0.2
81	尼日利亚	−34.5	0.5	0.5	0.5	0.4	0.3
82	挪　威	−7.5	0.2	0.1	0.1	0.1	0.1
83	巴基斯坦	−14.2	0.2	0.2	0.2	0.2	0.2

序 号	国 家	2010年/1990年变化率(%)	1990年	1995年	2000年	2005年	2010年
84	巴拿马	-13.5	0.1	0.1	0.1	0.1	0.1
85	巴拉圭	-11.7	0.2	0.2	0.2	0.2	0.2
86	秘鲁	-22.2	0.1	0.1	0.1	0.1	0.1
87	菲律宾	-33.0	0.2	0.2	0.2	0.1	0.1
88	波兰	-53.7	0.3	0.3	0.2	0.2	0.2
89	葡萄牙	-1.4	0.1	0.1	0.1	0.1	0.1
90	卡塔尔	-29.4	0.3	0.4	0.3	0.3	0.2
91	罗马尼亚	-56.2	0.3	0.3	0.2	0.2	0.1
92	俄罗斯联邦	-25.7	0.5	0.5	0.5	0.4	0.3
93	沙特阿拉伯	57.8	0.2	0.2	0.2	0.3	0.3
94	塞内加尔	-0.6	0.2	0.2	0.2	0.2	0.2
95	新加坡	-17.3	0.2	0.2	0.1	0.1	0.1
96	斯洛伐克	-51.4	0.3	0.3	0.3	0.2	0.2
97	斯洛文尼亚	-19.4	0.2	0.2	0.2	0.2	0.1
98	南非	-10.8	0.3	0.4	0.3	0.3	0.3
99	西班牙	-12.3	0.1	0.1	0.1	0.1	0.1
100	斯里兰卡	-35.0	0.2	0.1	0.1	0.1	0.1
101	苏丹	-53.0	0.4	0.3	0.3	0.2	0.2
102	瑞典	-28.3	0.2	0.2	0.2	0.2	0.2
103	瑞士	-17.8	0.1	0.1	0.1	0.1	0.1
104	叙利亚	-21.6	0.3	0.2	0.3	0.3	0.2
105	塔吉克斯坦	-48.8	0.3	0.4	0.4	0.2	0.2
106	坦桑尼亚	-22.0	0.5	0.5	0.5	0.4	0.4
107	泰国	18.5	0.2	0.2	0.2	0.2	0.2
108	多哥	32.5	0.4	0.5	0.5	0.5	0.5
109	特立尼达和多巴哥	51.5	0.5	0.4	0.6	0.6	0.7
110	突尼斯	-21.0	0.1	0.1	0.1	0.1	0.1
111	土耳其	-4.7	0.1	0.1	0.1	0.1	0.1
112	土库曼斯坦	-55.4	1.3	1.6	1.4	0.8	0.6
113	乌克兰	-21.6	0.6	0.8	0.7	0.5	0.5
114	阿联酋	27.1	0.2	0.2	0.2	0.2	0.2
115	英国	-37.5	0.2	0.2	0.1	0.1	0.1
116	美国	-29.2	0.2	0.2	0.2	0.2	0.2
117	乌拉圭	-3.0	0.1	0.1	0.1	0.1	0.1
118	乌兹别克斯坦	-50.7	1.1	1.3	1.3	0.9	0.6
119	委内瑞拉	5.1	0.2	0.2	0.2	0.3	0.2

续表

序 号	国 家	2010 年/1990 年变化率(%)	1990 年	1995 年	2000 年	2005 年	2010 年
120	越 南	−20.8	0.3	0.2	0.2	0.2	0.2
121	也 门	9.1	0.1	0.1	0.1	0.1	0.1
122	赞比亚	−18.6	0.6	0.6	0.6	0.5	0.4
123	津巴布韦	49.6	1.9	1.9	1.8	2.6	2.9

注：由于柬埔寨的数据始于 1995 年，因此其变化率计算期间相应为 1995—2010 年。

>> 3. 人均二氧化碳排放量动态变化(1990—2010 年) <<

指标单位	吨/人
来源机构/数据库	《燃料燃烧 CO_2 排放(2012 版)》，国际能源署
网 址	http://www.iea.org/publications/freepublications/publication/name,32870,en.html

序 号	国 家	2010 年/1990 年变化率(%)	1990 年	1995 年	2000 年	2005 年	2010 年
1	阿尔巴尼亚	−38.3	1.9	0.6	1.0	1.3	1.2
2	阿尔及利亚	33.4	2.1	2.0	2.1	2.4	2.8
3	安哥拉	124.5	0.4	0.3	0.4	0.4	0.9
4	阿根廷	37.7	3.1	3.4	3.8	3.9	4.2
5	亚美尼亚	−77.4	5.8	1.1	1.1	1.3	1.3
6	澳大利亚	12.3	15.1	15.7	17.6	18.0	17.0
7	奥地利	12.5	7.4	7.5	7.7	9.1	8.3
8	阿塞拜疆	−70.0	9.1	4.2	3.7	3.9	2.7
9	巴 林	−21.2	23.7	20.8	22.1	25.0	18.7
10	孟加拉国	176.4	0.1	0.2	0.2	0.3	0.4
11	白俄罗斯	−43.7	12.2	6.0	5.9	6.3	6.9
12	比利时	−9.7	10.8	11.4	11.6	10.7	9.8
13	贝 宁	856.8	0.1	0.0	0.2	0.3	0.5
14	玻利维亚	83.1	0.8	0.9	0.9	1.0	1.4
15	波斯尼亚和黑塞哥维那	−3.6	5.5	1.0	3.7	4.1	5.3
16	博茨瓦纳	8.0	2.1	2.1	2.4	2.4	2.3
17	巴 西	53.2	1.3	1.5	1.7	1.7	2.0
18	保加利亚	−32.3	8.6	6.3	5.2	5.9	5.8
19	柬埔寨	102.4	NA	0.1	0.2	0.2	0.3
20	喀麦隆	16.9	0.2	0.2	0.2	0.2	0.3
21	加拿大	0.6	15.6	15.9	17.4	17.3	15.7
22	智 利	73.2	2.4	2.7	3.4	3.6	4.1

序　号	国　家	2010 年/1990 年 变化率（%）	1990 年	1995 年	2000 年	2005 年	2010 年
23	中国	174.3	2.0	2.5	2.4	3.9	5.4
24	哥伦比亚	−3.2	1.4	1.6	1.5	1.3	1.3
25	刚果民主共和国	−42.8	0.1	0.0	0.0	0.0	0.0
26	刚果共和国	58.6	0.3	0.2	0.2	0.2	0.4
27	哥斯达黎加	65.7	0.8	1.3	1.1	1.3	1.4
28	科特迪瓦	39.9	0.2	0.2	0.4	0.3	0.3
29	克罗地亚	−4.8	4.5	3.4	4.0	4.7	4.3
30	塞浦路斯	35.9	6.6	8.0	9.1	9.3	9.0
31	捷　克	−27.3	15.0	12.0	11.9	11.7	10.9
32	丹　麦	−13.6	9.8	11.1	9.5	8.9	8.5
33	多米尼加共和国	75.5	1.1	1.4	2.0	1.9	1.9
34	厄瓜多尔	61.8	1.3	1.4	1.5	1.8	2.1
35	埃　及	58.7	1.4	1.3	1.5	2.1	2.2
36	萨尔瓦多	126.3	0.4	0.8	0.9	1.0	0.9
37	爱沙尼亚	−39.4	22.7	11.1	10.7	12.5	13.8
38	埃塞俄比亚	50.8	0.0	0.0	0.0	0.1	0.1
39	芬　兰	7.5	10.9	11.0	10.6	10.5	11.7
40	法　国	−8.9	6.1	6.0	6.2	6.2	5.5
41	加　蓬	81.5	1.0	1.2	1.1	1.6	1.8
42	格鲁吉亚	−84.0	6.9	1.7	1.0	1.0	1.1
43	德　国	−22.2	12.0	10.6	10.0	9.8	9.3
44	加　纳	112.3	0.2	0.2	0.3	0.3	0.4
45	希　腊	9.9	6.8	7.1	8.0	8.6	7.5
46	危地马拉	99.1	0.4	0.6	0.8	0.8	0.7
47	海　地	60.5	0.1	0.1	0.2	0.2	0.2
48	洪都拉斯	117.6	0.4	0.6	0.7	1.0	1.0
49	匈牙利	−23.6	6.4	5.5	5.3	5.6	4.9
50	冰　岛	−17.9	7.4	7.3	7.6	7.4	6.0
51	印　度	102.5	0.7	0.8	1.0	1.1	1.4
52	印度尼西亚	116.2	0.8	1.1	1.3	1.5	1.7
53	伊　朗	111.3	3.3	4.2	4.8	6.0	6.9
54	爱尔兰	1.6	8.5	9.0	10.7	10.5	8.6
55	以色列	24.5	7.2	8.3	8.8	8.4	8.9
56	意大利	−6.0	7.0	7.2	7.5	7.9	6.6

序　号	国　家	2010年/1990年变化率(%)	1990年	1995年	2000年	2005年	2010年
57	牙买加	−2.1	3.0	3.4	3.8	3.9	2.9
58	日　本	4.2	8.6	9.1	9.3	9.6	9.0
59	约　旦	5.6	2.9	2.9	3.0	3.3	3.1
60	哈萨克斯坦	−1.6	14.5	10.6	7.6	10.4	14.2
61	肯尼亚	14.4	0.2	0.2	0.2	0.2	0.3
62	韩　国	115.4	5.3	8.0	9.3	9.7	11.5
63	科威特	132.2	13.8	22.2	25.3	31.0	31.9
64	吉尔吉斯斯坦	−74.4	5.1	1.0	0.9	1.0	1.3
65	拉脱维亚	−48.6	7.0	3.5	2.9	3.3	3.6
66	黎巴嫩	137.9	1.9	3.7	3.8	3.6	4.4
67	利比亚	28.7	6.3	7.4	7.6	7.4	8.1
68	立陶宛	−55.1	8.9	3.9	3.2	4.0	4.0
69	卢森堡	−23.3	27.3	19.9	18.5	24.5	21.0
70	马其顿	−10.7	4.5	4.2	4.2	4.3	4.0
71	马来西亚	138.9	2.7	4.0	4.8	5.8	6.5
72	墨西哥	18.1	3.3	3.3	3.6	3.7	3.8
73	蒙　古	−25.3	5.8	4.4	3.7	3.7	4.3
74	摩洛哥	81.5	0.8	1.0	1.0	1.3	1.4
75	莫桑比克	33.8	0.1	0.1	0.1	0.1	0.1
76	缅　甸	61.7	0.1	0.2	0.2	0.2	0.2
77	尼泊尔	163.3	0.0	0.1	0.1	0.1	0.1
78	荷　兰	8.0	10.4	11.1	10.8	11.2	11.3
79	新西兰	1.4	6.9	7.1	8.0	8.2	7.0
80	尼加拉瓜	73.4	0.4	0.5	0.7	0.7	0.8
81	尼日利亚	−3.1	0.3	0.3	0.3	0.4	0.3
82	挪　威	20.1	6.7	7.5	7.5	7.9	8.0
83	巴基斯坦	48.0	0.5	0.6	0.7	0.7	0.8
84	巴拿马	125.8	1.1	1.5	1.7	2.1	2.4
85	巴拉圭	61.2	0.5	0.7	0.6	0.6	0.7
86	秘　鲁	62.9	0.9	1.0	1.0	1.0	1.4
87	菲律宾	32.1	0.6	0.8	0.9	0.8	0.8
88	波　兰	−11.2	9.0	8.7	7.6	7.7	8.0
89	葡萄牙	15.2	3.9	4.8	5.8	6.0	4.5
90	卡塔尔	24.4	29.7	37.3	40.1	45.7	36.9

续表

序　号	国　家	2010 年/1990 年变化率(%)	1990 年	1995 年	2000 年	2005 年	2010 年
91	罗马尼亚	−51.0	7.2	5.2	3.8	4.3	3.5
92	俄罗斯联邦	−24.1	14.7	10.6	10.3	10.6	11.2
93	沙特阿拉伯	64.8	9.9	11.2	12.6	13.9	16.2
94	塞内加尔	49.9	0.3	0.3	0.4	0.4	0.4
95	新加坡	28.5	9.6	11.8	11.8	11.9	12.4
96	斯洛伐克	−39.8	10.7	7.6	6.9	7.1	6.4
97	斯洛文尼亚	19.4	6.3	6.7	7.1	7.8	7.5
98	南　非	−3.7	7.2	7.0	6.7	7.0	6.9
99	西班牙	10.7	5.3	5.9	7.1	7.8	5.8
100	斯里兰卡	196.3	0.2	0.3	0.6	0.7	0.6
101	苏　丹	51.4	0.2	0.2	0.2	0.2	0.3
102	瑞　典	−17.7	6.2	6.5	5.9	5.6	5.1
103	瑞　士	−7.5	6.1	5.9	5.9	5.9	5.6
104	叙利亚	23.6	2.3	2.3	2.5	3.0	2.8
105	塔吉克斯坦	−80.7	2.1	0.4	0.4	0.4	0.4
106	坦桑尼亚	99.0	0.1	0.1	0.1	0.1	0.1
107	泰　国	154.9	1.4	2.4	2.5	3.2	3.6
108	多　哥	25.4	0.2	0.1	0.2	0.2	0.2
109	特立尼达和多巴哥	241.0	9.4	9.7	16.3	25.8	31.9
110	突尼斯	40.4	1.5	1.6	1.9	2.0	2.1
111	土耳其	58.5	2.3	2.6	3.1	3.2	3.6
112	土库曼斯坦	−16.3	12.5	8.1	7.9	9.5	10.4
113	乌克兰	−56.2	13.3	7.6	5.9	6.5	5.8
114	阿联酋	−28.5	28.7	29.6	28.2	26.6	20.5
115	英　国	−19.0	9.6	8.9	8.9	8.8	7.8
116	美　国	−11.0	19.5	19.3	20.2	19.5	17.3
117	乌拉圭	59.2	1.2	1.4	1.6	1.6	1.9
118	乌兹别克斯坦	−39.1	5.8	4.5	4.8	4.1	3.6
119	委内瑞拉	19.3	5.3	5.4	5.2	5.6	6.3
120	越　南	476.0	0.3	0.4	0.6	1.0	1.5
121	也　门	67.3	0.5	0.6	0.7	0.9	0.9
122	赞比亚	−54.7	0.3	0.2	0.2	0.2	0.1
123	津巴布韦	−52.8	1.5	1.3	1.0	0.8	0.7

注：由于柬埔寨的数据始于 1995 年，因此其变化率计算期间相应为 1995—2010 年。

>> 4. PM₁₀ 动态变化(1990—2010 年) <<

指标单位	微克/立方米
来源机构/数据库	世界发展指标(WDI)数据库，由世界银行农业和环境服务部估计
网　址	http://data.worldbank.org/indicator/EN.ATM.PM10.MC.M3

序　号	国　家	2010年/1990年变化率(%)	1990年	1995年	2000年	2005年	2010年
1	阿尔巴尼亚	−58.5	92.6	41.2	56.0	47.7	38.4
2	阿尔及利亚	−38.3	112.5	98.7	83.1	68.6	69.3
3	安哥拉	−48.6	112.4	116.3	118.4	58.0	57.8
4	阿根廷	−45.2	103.6	75.7	68.1	74.5	56.8
5	亚美尼亚	−87.9	366.5	117.4	82.8	64.0	44.5
6	澳大利亚	−39.2	21.6	19.5	17.8	15.3	13.1
7	奥地利	−29.3	38.7	33.9	36.5	33.0	27.4
8	阿塞拜疆	−82.1	153.0	117.9	111.8	67.7	27.3
9	巴林	−41.4	75.2	68.0	52.8	52.9	44.1
10	孟加拉国	−49.7	228.4	194.4	161.8	141.3	115.0
11	白俄罗斯	−74.0	24.3	13.6	9.9	6.6	6.3
12	比利时	−30.8	30.7	28.3	28.1	24.4	21.2
13	贝宁	−36.6	76.5	63.0	49.3	42.0	48.5
14	玻利维亚	−46.2	105.3	107.3	81.9	84.4	56.6
15	波斯尼亚和黑塞哥维那	−41.7	35.8	24.9	25.2	19.3	20.8
16	博茨瓦纳	−30.7	91.6	76.2	78.8	65.8	63.5
17	巴西	−53.1	39.1	32.2	31.5	24.7	18.3
18	保加利亚	−62.7	108.0	83.8	68.9	58.1	40.3
19	柬埔寨	−60.9	107.1	54.4	51.9	44.1	41.9
20	喀麦隆	−51.4	121.8	106.0	93.3	68.7	59.2
21	加拿大	−41.3	24.8	22.9	21.4	18.6	14.5
22	智利	−47.8	88.5	69.1	58.7	49.5	46.2
23	中国	−48.2	113.7	87.9	87.9	77.5	58.9
24	哥伦比亚	−49.5	37.7	29.0	25.4	21.8	19.1
25	刚果民主共和国	−50.2	70.6	72.3	63.9	48.9	35.2
26	刚果共和国	−54.4	124.3	104.5	75.0	59.6	56.6
27	哥斯达黎加	−34.0	41.1	36.8	32.2	31.1	27.1
28	科特迪瓦	−66.1	87.2	65.5	51.3	38.9	29.5
29	克罗地亚	−50.9	45.5	35.7	32.7	29.5	22.4
30	塞浦路斯	−55.6	60.2	50.9	50.0	35.9	26.7
31	捷克	−60.3	40.9	25.4	24.6	21.2	16.2

续表

序 号	国 家	2010 年/1990 年 变化率（%）	1990 年	1995 年	2000 年	2005 年	2010 年
32	丹 麦	−46.2	28.0	24.2	21.7	17.3	15.0
33	多米尼加共和国	−67.9	43.5	36.2	34.0	18.6	14.0
34	厄瓜多尔	−47.3	36.5	29.9	28.1	25.2	19.2
35	埃 及	−64.1	216.7	168.3	124.6	120.6	77.8
36	萨尔瓦多	−35.9	44.1	47.4	41.2	34.9	28.3
37	爱沙尼亚	−80.4	47.2	23.8	16.6	13.3	9.3
38	埃塞俄比亚	−56.4	108.4	103.5	86.9	67.8	47.2
39	芬 兰	−29.4	21.6	19.1	18.9	16.8	15.2
40	法 国	−34.7	18.3	15.8	15.9	14.1	11.9
41	加 蓬	−21.6	8.6	8.0	6.6	7.5	6.8
42	格鲁吉亚	−77.9	223.8	141.7	67.7	50.5	49.4
43	德 国	−41.6	26.8	22.8	22.4	18.5	15.6
44	加 纳	−41.2	37.7	36.0	38.8	30.5	22.2
45	希 腊	−57.4	64.1	54.8	45.5	36.3	27.3
46	危地马拉	−24.6	68.2	65.8	81.3	71.6	51.4
47	海 地	−48.8	67.8	54.5	42.3	36.4	34.7
48	洪都拉斯	−21.9	43.0	45.2	45.4	47.1	33.6
49	匈牙利	−55.4	33.5	26.0	23.7	17.4	15.0
50	冰 岛	−24.8	23.4	20.2	18.7	14.9	17.6
51	印 度	−52.1	108.6	106.4	90.7	66.2	52.0
52	印度尼西亚	−54.8	133.2	116.1	119.5	90.1	60.1
53	伊 朗	−40.9	94.1	101.5	93.6	61.7	55.6
54	爱尔兰	−45.3	23.3	21.4	20.4	15.4	12.8
55	以色列	−67.7	66.3	54.3	47.8	28.5	21.4
56	意大利	−49.5	40.9	36.9	32.9	27.0	20.6
57	牙买加	−51.1	55.5	48.1	39.5	35.9	27.2
58	日 本	−42.7	42.0	36.1	32.8	30.1	24.1
59	约 旦	−72.1	107.1	80.2	65.7	49.4	29.8
60	哈萨克斯坦	−59.3	44.4	35.1	27.3	21.6	18.1
61	肯尼亚	−53.1	63.6	50.2	41.8	32.5	29.9
62	韩 国	−40.2	50.6	49.8	45.3	35.3	30.3
63	科威特	−20.0	113.4	130.8	125.9	103.0	90.7
64	吉尔吉斯斯坦	−55.8	79.2	33.7	28.6	21.9	35.0
65	拉脱维亚	−67.8	38.3	28.3	17.8	15.2	12.3
66	黎巴嫩	−36.4	39.1	51.6	45.4	36.2	24.9
67	利比亚	−35.3	100.9	120.9	99.6	92.4	65.3

序　号	国　家	2010 年/1990 年 变化率（%）	1990 年	1995 年	2000 年	2005 年	2010 年
68	立陶宛	−68.6	52.2	30.5	20.9	19.1	16.4
69	卢森堡	−54.8	27.6	20.9	17.5	14.0	12.5
70	马其顿	−63.4	45.9	29.4	23.8	20.3	16.8
71	马来西亚	−46.7	33.6	27.6	24.3	23.0	17.9
72	墨西哥	−54.8	66.0	55.2	43.5	37.9	29.8
73	蒙　古	−47.1	180.8	119.8	121.5	103.1	95.7
74	摩洛哥	−40.1	38.5	42.3	35.6	29.5	23.1
75	莫桑比克	−80.6	111.5	96.6	44.5	29.0	21.7
76	缅　甸	−62.8	107.0	87.0	84.0	64.0	39.8
77	尼泊尔	−60.2	67.3	57.7	49.7	37.1	26.8
78	荷　兰	−32.6	44.5	37.5	37.2	32.9	30.0
79	新西兰	−24.6	14.3	15.3	15.7	12.8	10.8
80	尼加拉瓜	−53.9	46.5	33.5	32.7	26.6	21.4
81	尼日利亚	−80.5	194.7	120.3	96.4	67.4	37.9
82	挪　威	−25.2	21.5	19.2	18.4	15.8	16.1
83	巴基斯坦	−57.4	213.8	193.5	177.3	117.8	91.1
84	巴拿马	−24.5	59.1	59.8	53.2	50.0	44.6
85	巴拉圭	−40.5	106.9	105.6	93.1	85.5	63.6
86	秘　鲁	−55.3	95.1	79.9	74.5	58.2	42.5
87	菲律宾	−69.3	54.7	51.9	41.5	23.4	16.8
88	波　兰	−44.2	59.0	42.7	40.0	36.5	32.9
89	葡萄牙	−63.2	49.2	45.9	30.1	26.7	18.1
90	卡塔尔	−60.8	52.1	44.3	41.4	44.7	20.4
91	罗马尼亚	−68.5	35.8	31.2	21.1	14.8	11.3
92	俄罗斯联邦	−64.3	40.8	26.4	27.4	18.6	14.5
93	沙特阿拉伯	−39.8	159.9	164.8	148.2	117.8	96.3
94	塞内加尔	−18.3	94.3	81.4	108.1	93.3	77.1
95	新加坡	−70.3	79.0	36.9	29.5	26.3	23.4
96	斯洛伐克	−72.4	46.0	23.4	17.2	14.9	12.7
97	斯洛文尼亚	−33.8	38.6	36.8	31.8	30.1	25.6
98	南　非	−46.3	33.4	26.2	22.1	24.4	17.9
99	西班牙	−42.2	41.1	41.0	40.2	33.1	23.7
100	斯里兰卡	−30.7	93.4	86.4	96.0	93.9	64.8
101	苏　丹	−56.9	317.1	230.2	231.8	204.2	136.8
102	瑞　典	−30.9	14.8	14.3	12.8	11.5	10.2
103	瑞　士	−41.8	34.1	26.9	25.9	24.0	19.8

续表

序　号	国　家	2010 年/1990 年变化率(%)	1990 年	1995 年	2000 年	2005 年	2010 年
104	叙利亚	−58.9	132.2	122.4	97.2	89.9	54.3
105	塔吉克斯坦	−65.5	84.3	51.9	49.3	38.5	29.1
106	坦桑尼亚	−66.9	56.4	53.2	39.9	25.7	18.7
107	泰　国	−31.7	77.0	74.7	69.7	70.0	52.6
108	多　哥	−52.0	56.0	47.2	50.8	34.5	26.9
109	特立尼达和多巴哥	−26.8	132.9	127.2	98.9	79.1	97.2
110	突尼斯	−66.8	70.5	53.5	46.3	30.1	23.4
111	土耳其	−54.6	77.2	65.8	53.0	40.5	35.1
112	土库曼斯坦	−79.6	178.3	84.1	76.7	54.0	36.3
113	乌克兰	−78.2	70.7	46.7	30.4	22.6	15.4
114	阿联酋	−67.3	273.2	174.4	118.8	120.1	89.4
115	英　国	−47.1	24.2	21.1	17.2	14.3	12.8
116	美　国	−40.0	29.6	25.8	23.8	21.7	17.8
117	乌拉圭	−51.2	229.4	184.2	157.6	156.4	112.0
118	乌兹别克斯坦	−71.8	110.1	89.2	85.9	58.7	31.0
119	委内瑞拉	−52.3	20.7	12.8	11.5	10.6	9.9
120	越　南	−57.5	126.5	79.9	69.5	62.8	53.7
121	也　门	−74.2	133.3	111.0	95.9	76.3	34.4
122	赞比亚	−78.4	124.7	90.3	78.4	55.5	26.9
123	津巴布韦	−38.5	55.3	71.9	50.3	39.6	34.0

注：1. 亚美尼亚、阿塞拜疆、吉尔吉斯斯坦、塔吉克斯坦、土库曼斯坦和也门的数据仅从 1992 年开始，故其 1990 年数据以 1992 年数据替代，变化率计算期间为 1992—2010 年；2. 斯洛文尼亚的数据始于 1994 年，因此其 1990 年数据以 1994 年数据替代，其变化率的计算期间为 1994—2010 年。

>> 5. 陆地保护区面积占土地面积的比例动态变化(1990—2010 年)<<

指标单位	%
来源机构/数据库	世界银行数据库；原始数据来自联合国环境规划署和世界保护监测中心，由世界资源所编纂，根据的是各国政府提供的数据、国家立法和国际协定
网　址	http://data.worldbank.org/indicator.cn/ER.LND.PTLD.ZS

序　号	国　家	2010 年/1990 年变化率(%)	1990 年	1995 年	2000 年	2005 年	2010 年
1	阿尔巴尼亚	190.9	3.4	3.5	7.1	8.9	9.8
2	阿尔及利亚	0.0	6.3	6.3	6.3	6.3	6.3

序 号	国 家	2010 年/1990 年变化率(%)	1990 年	1995 年	2000 年	2005 年	2010 年
3	安哥拉	0.0	12.4	12.4	12.4	12.4	12.4
4	阿根廷	18.1	4.6	5.3	5.5	5.5	5.5
5	亚美尼亚	15.3	6.9	6.9	6.9	8.0	8.0
6	澳大利亚	41.2	7.5	8.1	8.8	10.4	10.6
7	奥地利	14.0	20.1	21.1	22.9	22.9	22.9
8	阿塞拜疆	15.4	6.2	6.8	6.8	7.1	7.1
9	巴 林	0.0	1.3	1.3	1.3	1.3	1.3
10	孟加拉国	6.0	1.7	1.7	1.8	1.8	1.8
11	白俄罗斯	10.3	6.5	7.2	7.2	7.2	7.2
12	比利时	324.0	3.2	3.6	6.6	13.7	13.8
13	贝 宁	0.0	23.8	23.8	23.8	23.8	23.8
14	玻利维亚	111.3	8.8	14.3	18.2	18.5	18.5
15	波斯尼亚和黑塞哥维那	9.5	0.5	0.5	0.5	0.6	0.6
16	博茨瓦纳	2.0	30.3	30.9	30.9	30.9	30.9
17	巴 西	193.2	9.0	11.1	16.9	25.0	26.3
18	保加利亚	357.2	2.0	4.1	4.5	9.1	9.2
19	柬埔寨	78207.0	0.0	17.5	22.9	25.2	25.8
20	喀麦隆	30.5	7.0	7.6	8.7	9.2	9.2
21	加拿大	61.0	4.7	5.2	5.9	6.9	7.5
22	智 利	3.3	16.0	16.5	16.5	16.6	16.6
23	中 国	22.9	13.5	14.0	15.5	16.6	16.6
24	哥伦比亚	8.4	19.3	19.3	19.4	20.4	20.9
25	刚果民主共和国	0.2	10.0	10.0	10.0	10.0	10.0
26	刚果共和国	73.7	5.4	6.8	7.8	9.4	9.4
27	哥斯达黎加	12.0	18.7	20.7	20.8	20.9	20.9
28	科特迪瓦	0.0	22.6	22.6	22.6	22.6	22.6
29	克罗地亚	66.0	7.8	8.1	10.1	10.4	13.0
30	塞浦路斯	49.1	7.1	10.3	10.5	10.5	10.5
31	捷 克	10.4	13.6	15.0	15.0	15.0	15.1
32	丹 麦	16.7	4.2	4.3	4.5	4.6	4.9
33	多米尼加共和国	0.0	22.2	22.2	22.2	22.2	22.2
34	厄瓜多尔	16.1	21.6	23.5	25.1	25.1	25.1
35	埃 及	203.2	1.9	2.0	4.3	5.9	5.9
36	萨尔瓦多	86.0	0.4	0.4	0.4	0.4	0.8
37	爱沙尼亚	15.4	17.7	18.5	19.3	19.9	20.4
38	埃塞俄比亚	3.9	17.7	17.7	17.7	17.7	18.4

序　号	国　家	2010年/1990年变化率（％）	1990年	1995年	2000年	2005年	2010年
39	芬　兰	115.0	4.2	8.7	8.9	9.0	9.0
40	法　国	62.4	10.2	11.5	13.8	16.4	16.5
41	加　蓬	226.8	4.6	4.6	5.7	15.1	15.1
42	格鲁吉亚	32.2	2.8	2.8	3.7	3.7	3.7
43	德　国	32.8	31.9	33.9	38.7	41.9	42.4
44	加　纳	0.3	14.6	14.7	14.7	14.7	14.7
45	希　腊	182.2	5.7	6.7	7.4	13.2	16.2
46	危地马拉	18.2	25.9	27.2	29.0	30.4	30.6
47	海　地	0.0	0.3	0.3	0.3	0.3	0.3
48	洪都拉斯	34.0	13.6	15.0	18.2	18.2	18.2
49	匈牙利	12.8	4.6	4.7	5.1	5.1	5.1
50	冰　岛	105.0	9.6	9.9	9.9	11.3	19.7
51	印　度	7.3	4.7	4.9	5.0	5.0	5.0
52	印度尼西亚	41.1	10.0	10.9	13.6	14.1	14.1
53	伊　朗	35.2	5.2	5.6	5.9	7.1	7.1
54	爱尔兰	177.6	0.6	0.9	1.0	1.8	1.8
55	以色列	9.5	16.3	17.8	17.8	17.8	17.8
56	意大利	204.1	5.0	7.9	9.4	15.1	15.1
57	牙买加	84.3	10.2	14.1	18.9	18.9	18.9
58	日　本	23.2	13.4	15.2	15.9	16.5	16.5
59	约　旦	162.6	0.7	1.1	1.9	1.9	1.9
60	哈萨克斯坦	5.0	2.4	2.4	2.5	2.5	2.5
61	肯尼亚	1.0	11.6	11.8	11.8	11.8	11.8
62	韩　国	10.6	2.2	2.2	2.3	2.4	2.4
63	科威特	0.0	1.6	1.6	1.6	1.6	1.6
64	吉尔吉斯斯坦	9.2	6.4	6.8	6.9	6.9	6.9
65	拉脱维亚	178.3	6.5	6.5	15.2	17.7	18.0
66	黎巴嫩	0.0	0.5	0.5	0.5	0.5	0.5
67	利比亚	0.4	0.1	0.1	0.1	0.1	0.1
68	立陶宛	634.8	2.0	11.3	11.4	14.5	14.5
69	卢森堡	65.3	12.1	12.7	19.9	20.0	20.0
70	马其顿	15.2	4.2	4.7	4.8	4.9	4.9
71	马来西亚	5.9	17.1	18.0	18.1	18.1	18.1
72	墨西哥	404.6	2.2	3.9	7.5	10.4	11.1
73	蒙　古	226.3	4.1	8.5	13.4	13.4	13.4
74	摩洛哥	33.6	1.2	1.5	1.5	1.5	1.5

序　号	国　家	2010年/1990年 变化率（%）	1990年	1995年	2000年	2005年	2010年
75	莫桑比克	6.8	14.8	14.8	14.8	15.8	15.8
76	缅　甸	101.9	3.1	3.4	4.5	6.3	6.3
77	尼泊尔	121.0	7.7	14.0	17.0	17.0	17.0
78	荷　兰	11.1	11.2	11.5	11.8	12.2	12.4
79	新西兰	3.3	25.4	25.5	25.9	26.2	26.2
80	尼加拉瓜	138.3	15.4	29.3	36.7	36.7	36.7
81	尼日利亚	11.0	11.6	12.8	12.8	12.8	12.8
82	挪　威	107.3	7.0	7.9	9.1	12.5	14.6
83	巴基斯坦	0.0	10.1	10.1	10.1	10.1	10.1
84	巴拿马	8.6	17.2	17.7	17.7	18.7	18.7
85	巴拉圭	87.1	2.9	3.8	4.4	5.4	5.4
86	秘　鲁	189.2	4.7	4.8	7.7	13.6	13.6
87	菲律宾	24.4	8.7	9.1	10.8	10.9	10.9
88	波　兰	46.5	15.3	20.5	22.3	22.4	22.4
89	葡萄牙	41.9	5.8	6.6	8.0	8.0	8.3
90	卡塔尔	42.3	1.7	2.3	2.3	2.5	2.5
91	罗马尼亚	145.0	2.9	4.7	4.7	7.1	7.1
92	俄罗斯联邦	82.1	5.0	7.8	9.0	9.1	9.1
93	沙特阿拉伯	312.7	7.6	31.2	31.3	31.3	31.3
94	塞内加尔	0.1	24.1	24.1	24.1	24.1	24.1
95	新加坡	7.9	5.0	5.0	5.2	5.4	5.4
96	斯洛伐克	20.3	19.3	19.4	21.1	23.2	23.2
97	斯洛文尼亚	72.5	7.6	8.5	9.0	12.4	13.2
98	南　非	5.6	6.5	6.9	6.9	6.9	6.9
99	西班牙	11.4	7.7	8.4	8.6	8.6	8.6
100	斯里兰卡	6.0	20.3	20.4	21.5	21.5	21.5
101	苏　丹	0.0	4.2	4.2	4.2	4.2	4.2
102	瑞　典	80.4	6.0	7.1	10.2	10.7	10.9
103	瑞　士	71.9	14.5	16.3	22.2	24.0	24.9
104	叙利亚	151.8	0.3	0.3	0.3	0.6	0.6
105	塔吉克斯坦	113.6	1.9	4.1	4.1	4.1	4.1
106	坦桑尼亚	3.5	26.6	26.9	27.0	27.2	27.5
107	泰　国	36.5	14.7	16.9	19.9	20.1	20.1
108	多　哥	0.0	11.3	11.3	11.3	11.3	11.3
109	特立尼达和多巴哥	2.5	30.5	31.2	31.2	31.2	31.2
110	突尼斯	3.4	1.3	1.3	1.3	1.3	1.3

续表

序　号	国　家	2010年/1990年变化率(%)	1990年	1995年	2000年	2005年	2010年
111	土耳其	10.1	1.7	1.9	1.9	1.9	1.9
112	土库曼斯坦	0.0	3.0	3.0	3.0	3.0	3.0
113	乌克兰	91.8	1.8	2.7	3.5	3.5	3.5
114	阿联酋	2004.6	0.3	0.3	0.3	5.6	5.6
115	英　国	19.7	22.0	23.6	24.3	26.2	26.4
116	美　国	0.1	12.4	12.4	12.4	12.4	12.4
117	乌拉圭	3.3	0.3	0.3	0.3	0.3	0.3
118	乌兹别克斯坦	6.3	2.1	2.3	2.3	2.3	2.3
119	委内瑞拉	33.9	40.1	53.7	53.7	53.8	53.8
120	越　南	37.6	4.5	5.4	6.0	6.2	6.2
121	也　门	917261.6	NA	0.0	0.5	0.5	0.5
122	赞比亚	0.0	36.0	36.0	36.0	36.0	36.0
123	津巴布韦	55.2	18.0	18.0	18.0	28.0	28.0

注：也门1990年无数据，因此变化率以1995年为基年计算。

>> 6. 森林面积动态变化(1990—2010年) <<

指标单位	千公顷
来源机构/数据库	联合国粮农组织
网　址	http://foris.fao.org/static/data/fra2010/FRA2010GlobaltablesEnJune29.xls

序　号	国　家	2010年/1990年变化率(%)	1990年	2000年	2005年	2010年
1	阿尔巴尼亚	−1.6	789	769	782	776
2	阿尔及利亚	−10.5	1 667	1 579	1 536	1 492
3	安哥拉	−4.1	60 976	59 728	59 104	58 480
4	阿根廷	−15.5	34 793	31 861	30 599	29 400
5	亚美尼亚	−24.5	347	304	283	262
6	澳大利亚	−3.4	154 500	154 920	153 920	149 300
7	奥地利	2.9	3 776	3 838	3 862	3 887
8	阿塞拜疆	0.0	936	936	936	936
9	巴　林	n.s.	n.s.	n.s.	n.s.	1
10	孟加拉国	−3.5	1 494	1 468	1 455	1 442
11	白俄罗斯	10.9	7 780	8 273	8 436	8 630
12	比利时	0.1	677	667	673	678
13	贝　宁	−20.8	5 761	5 061	4 811	4 561

序　号	国　家	2010年/1990年变化率(%)	1990年	2000年	2005年	2010年
14	玻利维亚	−8.9	62 795	60 091	58 734	57 196
15	波斯尼亚和黑塞哥维那	−1.1	2 210	2 185	2 185	2 185
16	博茨瓦纳	−17.3	13 718	12 535	11 943	11 351
17	巴　西	−9.6	574 839	545 943	530 494	519 522
18	保加利亚	18.0	3 327	3 375	3 651	3 927
19	柬埔寨	−22.0	12 944	11 546	10 731	10 094
20	喀麦隆	−18.1	24 316	22 116	21 016	19 916
21	加拿大	0.0	310 134	310 134	310 134	310 134
22	智　利	6.3	15 263	15 834	16 043	16 231
23	中　国	31.6	157 141	177 000	193 044	206 861
24	哥伦比亚	−3.2	62 519	61 509	61 004	60 499
25	刚果民主共和国	−3.9	160 363	157249	155 692	154 135
26	刚果共和国	−1.4	22 726	22 556	22 471	22 411
27	哥斯达黎加	1.6	2 564	2 376	2 491	2 605
28	科特迪瓦	1.8	10 222	10 328	10 405	10 403
29	克罗地亚	3.8	1 850	1 885	1 903	1 920
30	塞浦路斯	7.5	161	172	173	173
31	捷　克	1.1	2 629	2 637	2 647	2 657
32	丹　麦	22.2	445	486	534	544
33	多米尼加共和国	0.0	1 972	1 972	1 972	1 972
34	厄瓜多尔	−28.6	13 817	11 841	10 853	9 865
35	埃　及	59.1	44	59	67	70
36	萨尔瓦多	−23.9	377	332	309	287
37	爱沙尼亚	6.1	2 090	2 243	2 252	2 217
38	埃塞俄比亚	−18.6	15 114	13 705	13 000	12 296
39	芬　兰	1.2	21 889	22 459	22 157	22 157
40	法　国	9.7	14 537	15 353	15 714	15 954
41	加　蓬	0.0	22 000	22 000	22 000	22 000
42	格鲁吉亚	−1.3	2 779	2 768	2 755	2 742
43	德　国	3.1	10 741	11 076	11 076	11 076
44	加　纳	−33.7	7 448	6 094	5 517	4 940
45	希　腊	18.3	3 299	3 601	3 752	3 903
46	危地马拉	−23.0	4 748	4 208	3 938	3 657
47	海　地	−12.9	116	109	105	101
48	洪都拉斯	−36.2	8 136	6 392	5 792	5 192
49	匈牙利	12.7	1 801	1 907	1 983	2 029

续表

序 号	国 家	2010 年/1990 年 变化率（%）	1990 年	2000 年	2005 年	2010 年
50	冰 岛	233.3	9	18	25	30
51	印 度	7.0	63 939	65 390	67 709	68 434
52	印度尼西亚	−20.3	118 545	99 409	97 857	94 432
53	伊 朗	0.0	11 075	11 075	11 075	11 075
54	爱尔兰	58.9	465	635	695	739
55	以色列	16.7	132	153	155	154
56	意大利	20.5	7 590	8 369	8 759	9 149
57	牙买加	−2.3	345	341	339	337
58	日 本	0.1	24 950	24 876	24 935	24 979
59	约 旦	0.0	98	98	98	98
60	哈萨克斯坦	−3.3	3 422	3 365	3 337	3 309
61	肯尼亚	−6.5	3 708	3 582	3 522	3 467
62	韩 国	−2.3	6 370	6 288	6 255	6 222
63	科威特	100.0	3	5	6	6
64	吉尔吉斯斯坦	14.1	836	858	869	954
65	拉脱维亚	5.7	3 173	3 241	3 297	3 354
66	黎巴嫩	4.6	131	131	137	137
67	利比亚	0.0	217	217	217	217
68	立陶宛	11.1	1 945	2 020	2 121	2 160
69	卢森堡	1.2	86	87	87	87
70	马其顿	9.4	912	958	975	998
71	马来西亚	−8.6	22 376	21 591	20 890	20 456
72	墨西哥	−7.8	70 291	66 751	65 578	64 802
73	蒙 古	−13.1	12 536	11 717	11 308	10 898
74	摩洛哥	1.6	5 049	5 017	5 081	5 131
75	莫桑比克	−10.0	43 378	41 188	40 079	39 022
76	缅 甸	−19.0	39 218	34 868	33 321	31 773
77	尼泊尔	−24.5	4 817	3 900	3 636	3 636
78	荷 兰	5.8	345	360	365	365
79	新西兰	7.1	7 720	8 266	8 311	8 269
80	尼加拉瓜	−31.0	4 514	3 814	3464	3 114
81	尼日利亚	−47.5	17 234	13 137	11089	9 041
82	挪 威	10.2	9 130	9 301	9 683	10 065
83	巴基斯坦	−33.2	2 527	2 116	1 902	1 687
84	巴拿马	−14.3	3 792	3 369	3 310	3 251
85	巴拉圭	−16.9	21 157	19 368	18 475	17 582

序 号	国 家	2010年/1990年变化率(%)	1990年	2000年	2005年	2010年
86	秘 鲁	−3.1	70 156	69 213	68 742	67 992
87	菲律宾	16.7	6 570	7 117	7 391	7 665
88	波 兰	5.1	8 881	9 059	9 200	9 337
89	葡萄牙	3.9	3 327	3 420	3 437	3 456
90	卡塔尔	3.2	6 371	6 366	6 391	6 573
91	罗马尼亚	0.0	808 950	809 269	808 790	809 090
92	俄罗斯联邦	0.0	977	977	977	977
93	沙特阿拉伯	−9.4	9 348	8 898	8 673	8 473
94	塞内加尔	0.0	2	2	2	2
95	新加坡	0.6	1 922	1 921	1 932	1 933
96	斯洛伐克	5.5	1 188	1 233	1 243	1 253
97	斯洛文尼亚	0.0	9 241	9 241	9241	9 241
98	南 非	31.5	13 818	16 988	17293	18 173
99	西班牙	−20.9	2 350	2 082	1 933	1 860
100	斯里兰卡	−8.4	76 381	70 491	70 220	69 949
101	苏 丹	19.3	472	518	541	563
102	瑞 典	3.4	27 281	27 389	28 203	28 203
103	瑞 士	7.7	1 151	1 194	1 217	1 240
104	叙利亚	32.0	372	432	461	491
105	塔吉克斯坦	0.5	408	410	410	410
106	坦桑尼亚	−19.4	41 495	37 462	35 445	33 428
107	泰 国	−3.0	19 549	19 004	18 898	18 972
108	多 哥	−58.1	685	486	386	287
109	特立尼达和多巴哥	−6.2	241	234	230	226
110	突尼斯	56.5	643	837	924	1 006
111	土耳其	17.1	9 680	10 146	10 740	11 334
112	土库曼斯坦	0.0	4 127	4 127	4 127	4 127
113	乌克兰	4.6	9 274	9 510	9 575	9 705
114	阿联酋	29.4	245	310	312	317
115	英 国	10.3	2 611	2 793	2 845	2 881
116	美 国	2.6	296 335	300 195	302 108	304 022
117	乌拉圭	89.6	920	1 412	1 520	1 744
118	乌兹别克斯坦	7.6	3 045	3 212	3 295	3 276
119	委内瑞拉	−11.1	52 026	49 151	47 713	46 275
120	越 南	47.4	9 363	11 725	13 077	13 797
121	也 门	0.0	549	549	549	549

序　号	国　家	2010 年/1990 年 变化率(%)	1990 年	2000 年	2005 年	2010 年
122	赞比亚	−6.3	52 800	51 134	50 301	49 468
123	津巴布韦	−29.5	22 164	18 894	17 259	15 624

注：n.s. 表示数据过小，不显著。

>> 7. 获得改善饮用水源的人口占一国总人口的比例动态变化(1990—2010 年)<<

指标单位	%
来源机构/数据库	世界卫生组织/联合国儿童基金会联合监测方案
网　址	http://www.wssinfo.org/data-estimates/table/

序　号	国　家	2010 年/1990 年 变化率(%)	1990 年	1995 年	2000 年	2005 年	2010 年
1	阿尔巴尼亚	−2.0	96.9	97.0	97.0	96.0	94.9
2	阿尔及利亚	−10.7	93.9	92.8	89.4	85.9	83.8
3	安哥拉	24.1	42.4	43.4	45.7	48.8	52.6
4	阿根廷	5.9	93.5	95.1	96.6	97.9	99.0
5	亚美尼亚	8.7	90.7	90.5	92.6	95.5	98.6
6	澳大利亚	0.0	100.0	100.0	100.0	100.0	100.0
7	奥地利	0.0	100.0	100.0	100.0	100.0	100.0
8	阿塞拜疆	14.7	69.9	70.7	74.0	77.9	80.2
9	巴林	5.4	94.9	96.0	98.9	100.0	100.0
10	孟加拉国	8.8	76.2	77.5	79.4	81.2	82.9
11	白俄罗斯	0.0	99.7	99.7	99.7	99.7	99.7
12	比利时	0.0	100.0	100.0	100.0	100.0	100.0
13	贝宁	31.6	57.1	61.7	66.1	70.6	75.1
14	玻利维亚	27.2	68.6	74.2	78.9	83.2	87.3
15	波斯尼亚和黑塞哥维那	1.6	97.3	97.3	97.6	98.4	98.8
16	博茨瓦纳	5.3	91.9	93.6	94.8	95.9	96.8
17	巴西	9.5	88.5	91.1	93.5	95.3	96.9
18	保加利亚	−0.4	99.9	99.8	99.7	99.6	99.5
19	柬埔寨	107.0	31.4	33.8	44.2	54.6	65.0
20	喀麦隆	51.3	49.0	55.6	62.1	68.7	74.1
21	加拿大	0.0	99.8	99.8	99.8	99.8	99.8
22	智利	8.9	90.2	92.5	94.7	96.7	98.2
23	中国	37.1	66.7	73.7	80.1	86.3	91.5

序 号	国 家	2010年/1990年变化率(%)	1990年	1995年	2000年	2005年	2010年
24	哥伦比亚	5.0	88.3	89.6	90.6	91.7	92.7
25	刚果民主共和国	6.6	43.2	43.4	44.0	44.9	46.0
26	刚果共和国	3.2	70.0	70.0	70.8	71.6	72.2
27	哥斯达黎加	3.4	93.1	94.2	95.0	95.7	96.3
28	科特迪瓦	4.9	76.0	76.7	77.5	78.6	79.7
29	克罗地亚	0.1	98.4	98.5	98.5	98.5	98.5
30	塞浦路斯	0.0	100.0	100.0	100.0	100.0	100.0
31	捷 克	0.0	99.8	99.8	99.8	99.8	99.8
32	丹 麦	0.0	100.0	100.0	100.0	100.0	100.0
33	多米尼加共和国	−7.6	88.9	87.5	86.1	84.3	82.1
34	厄瓜多尔	19.3	76.4	80.0	83.6	87.4	91.1
35	埃 及	6.8	92.9	94.5	96.1	97.7	99.3
36	萨尔瓦多	20.8	74.2	79.0	83.2	86.6	89.6
37	爱沙尼亚	0.0	98.8	98.8	98.8	98.8	98.8
38	埃塞俄比亚	246.9	13.6	19.7	28.9	38.1	47.2
39	芬 兰	0.0	100.0	100.0	100.0	100.0	100.0
40	法 国	0.0	100.0	100.0	100.0	100.0	100.0
41	加 蓬	5.9	82.8	83.3	85.3	86.6	87.7
42	格鲁吉亚	14.5	85.0	85.5	89.2	93.2	97.3
43	德 国	0.0	100.0	100.0	100.0	100.0	100.0
44	加 纳	61.8	53.3	62.5	71.1	79.0	86.2
45	希 腊	3.7	96.2	97.6	98.9	99.8	99.8
46	危地马拉	14.5	81.4	84.4	87.4	90.4	93.2
47	海 地	4.0	61.4	62.1	61.8	63.1	63.9
48	洪都拉斯	21.3	72.8	76.9	80.8	84.7	88.2
49	匈牙利	4.5	95.7	97.3	99.0	100.0	100.0
50	冰 岛	0.0	100.0	100.0	100.0	100.0	100.0
51	印 度	29.0	70.3	75.5	80.6	85.7	90.7
52	印度尼西亚	20.0	69.8	73.7	77.7	80.8	83.7
53	伊 朗	5.1	90.6	91.6	93.1	94.3	95.1
54	爱尔兰	0.0	99.8	99.8	99.8	99.8	99.9
55	以色列	0.0	100.0	100.0	100.0	100.0	100.0
56	意大利	0.0	100.0	100.0	100.0	100.0	100.0
57	牙买加	−0.3	93.4	93.4	93.4	93.3	93.1
58	日 本	0.0	100.0	100.0	100.0	100.0	100.0
59	约 旦	−0.5	96.7	96.9	96.7	96.4	96.2

续表

序　号	国　家	2010年/1990年 变化率(%)	1990年	1995年	2000年	2005年	2010年
60	哈萨克斯坦	−1.4	96.2	96.0	95.6	95.1	94.8
61	肯尼亚	40.7	42.7	47.4	51.8	56.1	60.1
62	韩　国	9.1	89.6	90.6	93.4	96.1	97.7
63	科威特	0.0	99.0	99.0	99.0	99.0	99.0
64	吉尔吉斯斯坦	14.6	77.5	77.1	81.4	86.0	88.7
65	拉脱维亚	−0.1	98.5	98.4	98.4	98.4	98.4
66	黎巴嫩	0.0	100.0	100.0	100.0	100.0	100.0
67	利比亚	0.1	54.4	54.4	54.4	NA	54.4
68	立陶宛	0.0	92.0	NA	92.0	91.9	92.0
69	卢森堡	0.0	100.0	100.0	100.0	100.0	100.0
70	马其顿	0.3	99.2	99.2	99.2	99.3	99.5
71	马来西亚	13.0	88.2	92.5	96.4	99.5	99.6
72	墨西哥	14.1	82.3	85.6	88.6	91.3	93.9
73	蒙　古	57.1	54.0	55.7	65.0	76.8	84.8
74	摩洛哥	12.4	73.0	75.8	78.0	80.1	82.0
75	莫桑比克	35.8	34.3	37.3	41.1	43.8	46.6
76	缅　甸	48.6	55.6	58.9	66.9	74.8	82.6
77	尼泊尔	29.5	66.9	72.3	77.4	82.2	86.7
78	荷　兰	0.0	100.0	100.0	100.0	100.0	100.0
79	新西兰	0.0	100.0	100.0	100.0	100.0	100.0
80	尼加拉瓜	14.9	73.9	76.9	80.0	82.9	84.9
81	尼日利亚	28.5	47.2	51.2	54.8	57.9	60.6
82	挪　威	0.0	100.0	100.0	100.0	100.0	100.0
83	巴基斯坦	6.9	85.3	86.8	88.3	89.7	91.2
84	巴拿马	12.5	83.7	87.4	90.3	92.6	94.2
85	巴拉圭	65.9	52.1	63.2	73.7	83.7	86.5
86	秘　鲁	13.4	74.8	77.6	80.2	82.6	84.8
87	菲律宾	9.0	84.8	86.7	88.5	90.5	92.4
88	波　兰	0.0	97.1	NA	NA	NA	97.1
89	葡萄牙	3.5	96.1	97.1	97.9	98.8	99.5
90	卡塔尔	0.0	100.0	100.0	100.0	100.0	100.0
91	罗马尼亚	16.5	75.3	79.9	84.2	87.7	87.7
92	俄罗斯联邦	4.1	93.2	94.1	95.1	96.0	97.0
93	沙特阿拉伯	5.5	92.0	93.3	95.0	96.7	97.0
94	塞内加尔	22.0	59.6	62.9	66.2	69.4	72.7
95	新加坡	0.0	100.0	100.0	100.0	100.0	100.0

序 号	国 家	2010 年/1990 年 变化率(%)	1990 年	1995 年	2000 年	2005 年	2010 年
96	斯洛伐克	0.2	99.8	99.8	99.8	99.9	100.0
97	斯洛文尼亚	0.0	99.6	99.6	99.6	99.6	99.6
98	南 非	10.7	82.6	83.8	86.5	89.1	91.4
99	西班牙	0.0	100.0	100.0	100.0	100.0	100.0
100	斯里兰卡	35.2	67.6	73.4	79.3	85.3	91.4
101	苏 丹	−18.6	67.4	65.5	62.0	58.5	54.9
102	瑞 典	0.0	100.0	100.0	100.0	100.0	100.0
103	瑞 士	0.0	100.0	100.0	100.0	100.0	100.0
104	叙利亚	4.7	85.7	86.1	87.5	88.7	89.7
105	塔吉克斯坦	7.4	60.9	60.5	60.8	63.1	65.4
106	坦桑尼亚	−2.8	55.0	54.7	54.3	53.9	53.4
107	泰 国	10.9	86.4	89.1	91.7	94.3	95.8
108	多 哥	20.5	48.5	50.8	53.2	55.8	58.4
109	特立尼达和多巴哥	6.0	88.6	90.1	91.7	93.3	93.9
110	突尼斯	17.6	81.5	85.8	89.4	92.8	95.9
111	土耳其	16.8	85.4	88.9	92.9	96.6	99.7
112	土库曼斯坦	−18.0	86.4	86.4	83.3	75.3	70.8
113	乌克兰	1.4	96.6	96.6	96.9	97.5	98.0
114	阿联酋	0.0	99.7	99.7	99.7	99.7	99.6
115	英 国	0.0	100.0	100.0	100.0	100.0	100.0
116	美 国	0.4	98.4	98.5	98.6	98.7	98.7
117	乌拉圭	3.4	96.5	96.9	97.9	98.9	99.7
118	乌兹别克斯坦	−3.0	90.0	89.6	88.7	87.8	87.3
119	委内瑞拉	3.3	89.9	91.1	92.1	92.8	92.9
120	越 南	61.8	58.1	67.4	76.6	85.5	93.9
121	也 门	−17.7	66.3	63.3	59.9	56.5	54.6
122	赞比亚	30.5	48.5	50.9	53.6	58.5	63.2
123	津巴布韦	1.1	79.1	79.4	79.6	79.7	79.9

注：1. 亚美尼亚 1990 年数据缺失，用 1992 年数据补值；2. 刚果共和国 1990 年数据缺失，用 1997 年数据补值；3. 加蓬 1990 年数据缺失，用 1994 年数据补值；4. 韩国 1990 年数据缺失，用 1991 年数据补值；5. 吉尔吉斯斯坦 1990 年数据缺失，用 1991 年数据补值；6. 利比亚 2010 年数据缺失，用 2001 年数据补值；2005 年数据缺失；7. 立陶宛 1990 年数据缺失，用 1997 年数据补值；1995 年数据缺失；2010 年数据缺失，用 2009 年数据补值；8. 波兰 1990 年至今无数据，暂用东欧国家均值补值，本表统计的欧洲国家包括白俄罗斯共和国、爱沙尼亚共和国、拉脱维亚共和国、立陶宛共和国、哈萨克斯坦共和国、乌克兰共和国、保加利亚共和国、捷克共和国、匈牙利共和国、波兰共和国、摩尔多瓦共和国、罗马尼亚共和国、俄罗斯联邦、斯洛伐克共和国；9. 罗马尼亚 2010 年数据缺失，用 2008 年数据补值；10. 塔吉克斯坦 1990 年数据缺失，用 1993 年数据补值；11. 土库曼斯坦 1990 年数据缺失，用 1994 年数据补值；12. 乌克兰 1990 年数据缺失，用 1994 年数据补值；13. 委内瑞拉 2010 年数据缺失，用 2007 年数据补值。

附表Ⅲ

人类绿色发展指数 4 个辅助指标数据表

>> 1. 城市垃圾回收率 <<

指标单位	%
来源机构/数据库	世界卫生组织/联合国儿童基金会联合监测方案
指标解释	回收被定义为垃圾原料的在生产过程中的再加工,即将其在垃圾流中转换,而不包含垃圾作为燃料的再利用。再加工为原产品或再加工为不同的产品都被包含在回收的范围内。在生产工厂内部的回收则不被算在内
网　址	http://epp.eurostat.ec.europa.eu/portal/page/portal/waste/data/sectors/municipal_waste

序　号	国　家	最新数据年份	指标值
1	阿尔及利亚	2003	0.1
2	澳大利亚	2003	30.3
3	奥地利	2009	30.2
4	比利时	2009	35.8
5	喀麦隆	2009	0.4
6	加拿大	2004	26.8
7	智　利	2009	0.4
8	古　巴	2009	5.1
9	塞浦路斯	2009	13.7
10	捷克共和国	2009	2.1
11	丹　麦	2009	34.2
12	爱沙尼亚	2009	11.2
13	芬　兰	2009	24
14	法　国	2009	18.2
15	德　国	2009	46.6

续表

序　号	国　家	最新数据年份	指标值
16	希　腊	2009	16.4
17	匈牙利	2009	13.4
18	冰　岛	2009	13
19	爱尔兰	2009	31.8
20	意大利	2009	12.4
21	日　本	2003	16.8
22	韩　国	2004	49.2
23	拉脱维亚	2009	7.4
24	黎巴嫩	2009	7.7
25	立陶宛	2009	3.1
26	卢森堡	2009	26.6
27	马耳他	2009	4.1
28	马绍尔群岛	2007	30.8
29	毛里求斯	2009	2.9
30	墨西哥	2006	3.3
31	摩纳哥	2009	8.3
32	摩洛哥	2000	2
33	荷　兰	2009	27.2
34	新西兰	1999	15.3
35	尼日尔	2005	4
36	挪　威	2009	27.3
37	秘　鲁	2001	14.7
38	波　兰	2009	11.8
39	葡萄牙	2009	8.2
40	罗马尼亚	2009	0.9
41	新加坡	2009	57
42	斯洛伐克	2009	2.2
43	斯洛文尼亚	2009	37.8
44	西班牙	2009	14.7
45	瑞　典	2009	35.4
46	瑞　士	2009	34.2
47	叙利亚	2003	1.1
48	英　国	2009	26.9
49	美　国	2005	23.8

>> 2. 可替代能源和核能占能源使用总量的百分比 <<

指标单位	%			
来源机构/数据库	世界银行数据库；国际能源署			
指标解释	可替代能源和核能属于清洁能源，是指在生成过程中不会产生二氧化碳的非碳水化合物能源。包括水能、核能、地热能和太阳能等			
网　址	http://data.worldbank.org/indicator/EG.USE.COMM.CL.ZS			
序　号	国　家	2010 年	序　号	国　家	2010 年
1	阿尔巴尼亚	31.7	63	科威特	7.9
2	阿尔及利亚	0.0	64	吉尔吉斯斯坦	6.2
3	安哥拉	2.2	65	拉脱维亚	15.7
4	阿根廷	6.4	66	黎巴嫩	0.6
5	亚美尼亚	35.6	67	利比亚	30.4
6	澳大利亚	1.4	68	立陶宛	7.0
7	奥地利	10.9	69	卢森堡	1.4
8	阿塞拜疆	2.5	70	马其顿	1.0
9	巴林	0.5	71	马来西亚	0.4
10	孟加拉国	0.0	72	墨西哥	7.6
11	白俄罗斯	20.9	73	蒙古	0.8
12	比利时	2.6	74	摩洛哥	0.1
13	贝宁	10.8	75	莫桑比克	6.0
14	玻利维亚	0.0	76	缅甸	0.3
15	波斯尼亚和黑塞哥维那	14.7	77	尼泊尔	30.3
16	博茨瓦纳	25.4	78	荷兰	2.1
17	巴西	0.0	79	新西兰	14.0
18	保加利亚	5.2	80	尼加拉瓜	3.1
19	柬埔寨	21.7	81	尼日利亚	6.8
20	喀麦隆	6.1	82	挪威	2.7
21	加拿大	4.0	83	巴基斯坦	1.7
22	智利	10.8	84	巴拿马	32.5
23	中国	2.8	85	巴拉圭	10.1
24	哥伦比亚	2.5	86	秘鲁	0.5
25	刚果民主共和国	35.2	87	菲律宾	31.4
26	刚果共和国	1.5	88	波兰	4.3
27	哥斯达黎加	8.7	89	葡萄牙	9.6

序 号	国 家	2010 年	序 号	国 家	2010 年
28	科特迪瓦	0.1	90	卡塔尔	97.1
29	克罗地亚	2.9	91	罗马尼亚	8.9
30	塞浦路斯	17.3	92	俄罗斯联邦	22.8
31	捷 克	3.6	93	沙特阿拉伯	0.4
32	丹 麦	1.8	94	塞内加尔	10.4
33	多米尼加共和国	6.1	95	新加坡	13.6
34	厄瓜多尔	1.7	96	斯洛伐克	8.5
35	埃 及	35.5	97	斯洛文尼亚	0.6
36	萨尔瓦多	0.0	98	南 非	6.9
37	爱沙尼亚	0.5	99	西班牙	24.3
38	埃塞俄比亚	1.3	100	斯里兰卡	26.3
39	芬 兰	19.4	101	苏 丹	2.5
40	法 国	45.0	102	瑞 典	19.3
41	加 蓬	3.3	103	瑞 士	4.9
42	格鲁吉亚	27.3	104	叙利亚	2.0
43	德 国	13.3	105	塔吉克斯坦	41.1
44	加 纳	6.5	106	坦桑尼亚	39.3
45	希 腊	4.0	107	泰 国	1.0
46	危地马拉	5.0	108	多 哥	59.0
47	海 地	0.7	109	特立尼达和多巴哥	1.1
48	洪都拉斯	5.6	110	突尼斯	0.4
49	匈牙利	0.0	111	土耳其	0.3
50	冰 岛	16.7	112	土库曼斯坦	0.2
51	印 度	82.5	113	乌克兰	6.8
52	印度尼西亚	2.7	114	阿联酋	0.0
53	伊 朗	8.5	115	英 国	18.8
54	爱尔兰	0.4	116	美 国	8.6
55	以色列	1.1	117	乌拉圭	11.7
56	意大利	2.1	118	乌兹别克斯坦	18.0
57	牙买加	4.9	119	委内瑞拉	2.1
58	日 本	6.0	120	越 南	8.6
59	约 旦	0.6	121	也 门	4.0
60	哈萨克斯坦	17.3	122	赞比亚	11.9
61	肯尼亚	1.8	123	津巴布韦	3.6
62	韩 国	0.9			

>> 3. 各国其他林地面积占土地面积的百分比 <<

指标单位	%				
来源机构/数据库	联合国粮农组织				
指标解释	未被列入"森林"的土地，其面积超过 0.5 公顷；树高超过 5 米和林冠覆盖率达到 5％～10％，或树木在原生境可以达到这些阈值；或灌木、灌丛和树木的总覆盖率超过 10％。不包括主要为农业和城市用途的土地				
网　址	http://www.fao.org/forestry/fra/fra2010/en/				

序　号	国　家	2010 年	序　号	国　家	2010 年
1	阿尔巴尼亚	9	47	约　旦	1
2	阿尔及利亚	1	48	哈萨克斯坦	6
3	阿根廷	22	49	肯尼亚	50
4	亚美尼亚	2	50	吉尔吉斯斯坦	2
5	澳大利亚	18	51	拉脱维亚	2
6	奥地利	1	52	黎巴嫩	10
7	阿塞拜疆	1	53	立陶宛	1
8	孟加拉国	2	54	卢森堡	1
9	白俄罗斯	3	55	马其顿	6
10	比利时	1	56	墨西哥	10
11	贝　宁	26	57	蒙　古	1
12	玻利维亚	2	58	莫桑比克	19
13	波斯尼亚和黑塞哥维那	11	59	缅　甸	31
14	博茨瓦纳	61	60	尼泊尔	13
15	巴　西	5	61	新西兰	10
16	柬埔寨	1	62	尼加拉瓜	18
17	喀麦隆	27	63	尼日利亚	4
18	加拿大	10	64	挪　威	9
19	智　利	20	65	巴基斯坦	2
20	中　国	11	66	巴拿马	11
21	哥伦比亚	20	67	秘　鲁	17
22	刚果共民主共和国	5	68	菲律宾	34
23	刚果共和国	31	69	葡萄牙	2
24	科特迪瓦	8	70	罗马尼亚	1
25	克罗地亚	10	71	俄罗斯联邦	4
26	塞浦路斯	23	72	沙特阿拉伯	1
27	丹　麦	1	73	塞内加尔	26
28	多米尼加共和国	9	74	斯洛文尼亚	1
29	厄瓜多尔	5	75	南　非	20

序　号	国　家	2010 年	序　号	国　家	2010 年
30	萨尔瓦多	10	76	西班牙	19
31	爱沙尼亚	3	77	苏　丹	21
32	埃塞俄比亚	41	78	瑞　典	7
33	芬　兰	4	79	瑞　士	2
34	法　国	3	80	塔吉克斯坦	1
35	格鲁吉亚	1	81	坦桑尼亚	13
36	希　腊	20	82	多　哥	23
37	危地马拉	15	83	特立尼达和多巴哥	16
38	洪都拉斯	13	84	突尼斯	2
39	冰　岛	1	85	土耳其	13
40	印　度	1	86	美　国	2
41	印度尼西亚	12	87	乌兹别克斯坦	2
42	伊　朗	3	88	委内瑞拉	8
43	爱尔兰	1	89	越　南	4
44	以色列	2	90	也　门	3
45	意大利	6	91	赞比亚	8
46	牙买加	17			

>> 4. 受威胁植物物种占总物种的百分比 <<

指标单位	%				
来源机构/数据库	世界自然保护联盟				
指标解释	"受威胁植物物种占总物种的百分比"是指被世界自然保护联盟列为"极危"、"濒危"和"易危"3 个级别的植物物种占所有物种的百分比				
网　址	http://www.iucnredlist.org/about/publications-links#Red_List_Index				
序　号	国　家	2010 年	序　号	国　家	2010 年
1	伊　朗	0.09	51	哈萨克斯坦	2.19
2	特立尼达和多巴哥	0.12	52	尼加拉瓜	2.20
3	乌克兰	0.14	53	阿根廷	2.43
4	克罗地亚	0.14	54	英　国	2.46
5	罗马尼亚	0.14	55	委内瑞拉	2.69
6	乌拉圭	0.15	56	约　旦	2.73
7	埃　及	0.16	57	泰　国	3.10
8	巴基斯坦	0.17	58	刚果民主共和国	3.15
9	匈牙利	0.17	59	南　非	3.24
10	波斯尼亚和黑塞哥维那	0.18	60	乌兹别克斯坦	3.26
11	加拿大	0.19	61	吉尔吉斯斯坦	3.32

序　号	国　家	2010 年	序　号	国　家	2010 年
12	比利时	0.20	62	塔吉克斯坦	3.39
13	亚美尼亚	0.21	63	玻利维亚	3.48
14	利比亚	0.21	64	柬埔寨	3.60
15	芬　兰	0.22	65	刚果共和国	3.66
16	爱尔兰	0.25	66	智　利	3.77
17	沙特阿拉伯	0.28	67	新西兰	4.06
18	葡萄牙	0.29	68	新加坡	4.21
19	土耳其	0.31	69	危地马拉	4.48
20	斯洛伐克	0.33	70	肯尼亚	4.57
22	挪　威	0.38	71	西班牙	4.67
23	瑞　士	0.46	72	海　地	5.17
24	阿尔及利亚	0.48	73	多米尼加共和国	5.24
25	瑞　典	0.54	74	美　国	5.43
26	尼泊尔	0.55	75	哥伦比亚	5.64
27	日　本	0.58	76	哥斯达黎加	5.64
28	丹　麦	0.61	77	洪都拉斯	5.99
29	奥地利	0.63	78	墨西哥	6.35
30	塞内加尔	0.63	79	越　南	6.55
31	波　兰	0.66	80	印　度	7.56
32	韩　国	0.67	81	俄罗斯联邦	7.72
33	捷　克	0.67	82	秘　鲁	8.20
34	赞比亚	0.70	83	科特迪瓦	8.22
35	苏　丹	0.88	84	印度尼西亚	8.41
36	法　国	0.92	85	巴拿马	8.79
37	多　哥	0.96	86	菲律宾	9.01
38	巴拉圭	1.02	87	加　纳	9.55
39	孟加拉国	1.04	88	巴　西	9.64
40	希　腊	1.33	89	坦桑尼亚	9.77
41	贝　宁	1.47	90	尼日利亚	11.36
42	缅　甸	1.53	91	加　蓬	12.15
43	安哥拉	1.56	92	中　国	13.80
44	津巴布韦	1.58	93	也　门	14.94
45	澳大利亚	1.61	94	斯里兰卡	19.62
46	德　国	1.63	95	喀麦隆	21.05
47	塞浦路斯	1.65	96	马来西亚	25.31
48	埃塞俄比亚	1.77	97	牙买加	42.34
49	萨尔瓦多	2.08	98	厄瓜多尔	60.43
50	意大利	2.10			

主要执笔人

	报告内容		撰稿人
导言			李晓西
人类绿色发展指数（HGDI）的理论、编制与测算			李晓西等
人类绿色发展指数（HGDI）指标解释	极端贫困类指标	低于最低食物能量摄取标准的人口比例	张琦、李菲
	收入类指标	不平等调整后收入指数	张生玲、蔡宁
	健康类指标	不平等调整后预期寿命指数	张占军、蔡宁
	教育类指标	不平等调整后教育指数	杜育红、蔡宁
	卫生类指标	获得改善卫生设施的人口占一国总人口的比例	王诺、宋涛
	能源类指标	一次能源强度	林卫斌、李英子
	气候变化类指标	人均二氧化碳排放量	刘一萌、田贺忠
	空气污染类指标	PM_{10}	田贺忠、刘一萌
	土地类指标	陆地保护区面积占土地面积的比例	张正旺、刘杨
	森林类指标	森林面积占土地面积的百分比	王天明、李菲
	水类指标	获得改善饮用水源的人口占一国总人口的比例	王红瑞、宋涛
	生态类指标	受威胁动物占总物种的百分比	白瑞雪、张正旺
附录及附表	附录	HGDI 与 IHDI 排名比较	刘一萌、白瑞雪、荣婷婷、宋涛、李菲、蔡宁、刘杨、李英子、吴依桐
	附表 I	各类指标数据汇总表(12)	
	附表 II	各类指标动态变化表(7)	
	附表 III	人类绿色发展指数辅助指标数据表(4)	